Leben und Zeitalter der Königin

VICTORIA

DOROTHY MARSHALL

Leben und Zeitalter der Königin
VICTORIA

VERLAG WELSERMÜHL · WELS

Abbildungen auf den vorhergehenden Seiten:

Prinzessin Victoria im Alter von 11 Jahren, Gemälde von Westall.

Pappkarton, bestehend aus sechs Fächern, deren Deckel mit Victorias Porträt geschmückt sind. Diese Schachtel stammt aus Victorias Besitz im Kensington-Palast. Nach dem Stil des Bildes zu urteilen, muß die Prinzessin zum Zeitpunkt der Herstellung des Kartons etwa 14 Jahre alt gewesen sein.

Schutzumschlagbilder:

Vorderseite: Königin Victoria (Gemälde von Franz Xaver Winterhalter).
Rückseite: Besuch der Königin in Brighton 1837 (I. Caldwell).

Originaltitel: »The Life and Times of Victoria«.
Deutsche Übersetzung: Hermann Reidt.
Zeichnungen: Paul Watkins.
Layout: Juanita Grout.
Gesamtherstellung: Druck- und Verlagsanstalt Welsermühl, Wels.
Printed in Austria.
ISBN 3 85339 163 X

Inhalt

1897.
LONGEST REIGN
ON RECORD

Einleitung

War Victoria Alexandra, Königin von England, Schottland und Wales, Kaiserin von Indien, eine Siegerin, wie es ihr Name zu verkünden scheint? Oder war sie eher eine Besiegte, weil sie widerstrebend die Allmacht des Throns, die noch ihre Vorgänger besessen hatten, an Kräfte abgeben mußte, die sich im Laufe des 19. Jahrhunderts allmählich in einem verfassungsmäßig bestimmten Regierungssystem manifestierten?

Königswürde gibt dem Geschäft des Regierens ein menschliches Gesicht.

Robert Runcie,
Erzbischof von
Canterbury

Es waren neue Kräfte, die tiefer als in Personen in den Wandlungen einer ganzen Epoche zu erkennen sind. Kräfte, die besonders stark in Großbritannien durch die technische und industrielle Revolution, durch die darauffolgende Bevölkerungsexplosion und Verstädterung, durch die politisch-geistige Gärung im Gefolge der Französischen Revolution im Zuge des gemeineuropäischen Demokratisierungsprozesses, aber auch durch die allgemeine Vertiefung und schulmäßige Verbreitung des Wissens vom Menschen und von den Naturgesetzen, nicht zuletzt aber auch durch die Erweiterung des Blickfeldes im Gefolge der schnellen Entwicklung des Verkehrswesens zu Wasser und zu Lande freigesetzt worden waren.

Was die Herrschergestalt der Königin Victoria so faszinierend macht, ist nicht nur der geschichtliche Hintergrund ihres vielschichtigen Zeitalters, das sie in einer einzigartigen Regierungsspanne von 64 Jahren exemplarisch umfaßte. Sie verschloß sich der Entwicklung nicht, sondern bezog sie in ihr eigenes Leben ein. Es ist vor allem auch die Tatsache, daß sie im Brodeln gegensätzlicher Tendenzen als Frau sich zu einem bedeutenden politischen Faktor entfaltete. Eine Frau zudem, die gleichzeitig der übergroßen Aufgabe einer Mutter von neun Kindern und einer leidenschaftlich liebenden Gattin gerecht wurde.

Victoria war keine umstrittene Herrscherin. Mit 18 Jahren bestieg sie den Thron, den ihre hannoveranischen Vorgänger in Mißkredit gebracht hatten und der noch während ihrer langen Regierungszeit von republikanischen Bewegungen mehrfach bedroht war. Ihre Schwächen und Fehler, ihre innerste Abneigung gegen die Schliche der großen Politik, ihre spätere scheinbare Unfähigkeit, sich vom Tode ihres Gatten zu erholen, brachten ihr Kritik und Feindschaft ein. Aber ihr gesundes Naturell, ihre Hartnäckigkeit, ihre Lauterkeit, verbunden mit weiblicher Schläue auf dem Hintergrund moralischer Festigkeit,

haben sie immer wieder aus schwierigen Lebens- und Regierungsphasen emporgetragen. Freilich hatte sie zu ihrem Glück auch Männer um sich, die sie auf ihre Aufgabe vorbereiten halfen und ihr immer wieder den Weg ebneten: Ihren Onkel Leopold, König der Belgier, ihren ersten Premierminister, Lord Melbourne, später Robert Peel, den sie und ihr Mann sich zum Freund wandelten, und Benjamin Disraëli, den einfühlsamen Staatsmann und Schriftsteller.
Da war vor allem Prinz Albert von Sachsen-Coburg-Gotha. Heute würden wir ihn als vorbildlichen »Hausmann« bezeichnen. Er war ein Mann, der für diese nicht gerade einfache Ehe wie geschaffen schien und auch bestens vorbereitet war. Albert war ein Prinzgemahl, der seine Frau umsorgte, ihr allmählich viele politischen Pflichten abnahm und doch bescheiden im Hintergrund blieb. Ein Mann, der sich schließlich geradezu für die Königin aufgeopfert hat. Nach zwanzigjähriger Ehe ließ er sie gebrochen und passiv zurück.
Da waren auch ihre Kinder, mit deren Schicksal Victoria lebenslang eng verbunden blieb und die sie aus der Ferne noch lenkte und beschützte.
Umstritten war Victoria zu Beginn ihrer Regierungszeit wegen ihrer halbdeutschen Herkunft und wegen ihres deutschen Gatten. Aber Albert brachte ein gründliches, ernsthaftes und doch wiederum harmonisches Element in den Hofstaat und die etwas leichtsinnige Lebensart der englischen Aristokratie. Er schuf Ordnung im Chaos des königlichen Haushaltes, gewann die Sympathie des höheren Bürgertums und der Wissenschaftler. Er war ein unermüdlicher Berater, der nicht nur Victorias ungestümes und gefühlsbetontes Temperament ertrug und ausglich, er veränderte auch langsam ihr anfänglich mehr auf Vergnügen und Leichtherzigkeit gestimmtes Wesen zu höchster Verantwortlichkeit gegenüber Volk und Verfassung ihres Landes, zu tiefem Pflichtgefühl gegenüber ihrer unmittelbaren Umgebung, zum Verständnis für Kunst und Wissenschaft, zu denen sie ursprünglich nur einen mittelbaren Zugang hatte.
So wurde Victoria unmerklich zu einer Symbolgestalt des britischen Imperiums, zum Vorbild der Nation als Mutter und Ehefrau. Sie schien die bürgerlichen Tugenden ihres Zeitalters mehr als die des britischen Adels zu repräsentieren – eine wahrhafte Königin und zugleich Bürgerin, so als ob sie sich ganz zwangsläufig aus dem Hintergrund der religiös-moralischen Traditionen des britischen Volkes entwickelt hätte: zugleich Ausdruck ihrer selbst wie des Grundcharakters aller Briten und ihrer Epoche. So jedenfalls erschien sie an der Schwelle des 20. Jahrhunderts vor den Augen ihrer Zeitgenossen.
Die geschichtliche Bedeutung der Königin Victoria liegt auch in der Tatsache, daß ihre Beziehungen weit über die insularen Landesgren-

zen hinausgriffen. Durch Verwandtschaft war Königin Victoria mit vielen kontinentalen Fürstenhäusern verbunden. Diese Bindungen stellten zugleich ein weitmaschiges politisches Nachrichten- und Einflußnetz dar, das sich über ganz Europa erstreckte, von Griechenland bis Portugal, von Belgien über Preußen nach Rußland, von Dänemark über Hessen nach Württemberg, ja bis in kleinste Verästelungen, etwa zum Fürstentum Waldeck und zu den einst bürgerlichen Battenbergern, und sogar über den Ozean nach Kanada.
Victoria selbst war sicher keine politische Kraft ersten Ranges wie etwa ihre Premierminister Peel, Disraëli, Palmerston und Gladstone. Aber die Minister und die bewegenden Kräfte der Zeit konnten die Herrscherin nicht umgehen und ohne sie nicht verhandeln. Bis fast zum letzten Tag ihres 81jährigen Lebens nahm sie Einfluß – eine wahrhafte Matriarchin und verständnisvolle Mittlerin. Wir Deutschen denken mit Bedauern daran, daß ihr Lieblingsenkel, Kaiser Wilhelm II., so wenig von dieser Kraft des ausgleichenden Einflusses besaß.
Nach einem Jahrhundert der Weltkriege und Umwälzungen stellen wir heute mit Erstaunen fest, wie klar umrissen in einem so vielgestaltigen Land wie Großbritannien ein ganzes Zeitalter in einer Symbolgestalt sich darzustellen vermag.
Die Autorin unseres Buches hat es verstanden, nicht nur die Grundzüge der viktorianischen Epoche freizulegen, sie hat auch dieses gleichnishafte Vorbild einer Herrscherin in diese Zeit gestellt. Sie zeichnet ein blutvolles Menschenbild mit all seinen Vorzügen und Schwächen, ohne in wissenschaftlich verbrämten Psychologismus oder in Illustriertenbanalität zu verfallen. Nur eine Historikerin, eine Frau, konnte diese Victoria so darstellen, so ungekünstelt, jedem Leser verständlich und frei vom besserwisserischen Hochmut der Nachgeborenen. Sie schildert Zeiten und Personen mit der Anteilnahme und der Sympathie, die allein zu deren innerstem Kern vorzudringen erlauben.
Reiches Bildmaterial aus zeitgenössischen Quellen ruft diese Gestalt einer bedeutenden Königin in ihrem öffentlichen und privaten Wirken vor unsere Augen und in unser Verständnis zurück.

Now we'll play at Bob Cherry —open you mouth
SWEET MEATS
Vittoria
Leopold
William Heath
DESIGN FOR

Kindheit 1819–1837

In dreifacher Hinsicht ist das Leben Königin Victorias von Interesse: Es vereinigt einen starken Charakter mit einem typisch viktorianischen Frauenleben und dem Leben einer großen und erfolgreichen Monarchin. Victoria war irgendwie die Vorläuferin der modernen Karrierefrau, die in sich die Rollen der hingebungsvollen Ehefrau und Mutter mit der Rolle des ersten Beraters eines großen internationalen Konzerns verband, eines Konzerns, der im Verlaufe ihrer Beratertätigkeit ständig an Mitteln und Größe zunahm. Hinzu kommt, daß diese Doppelrolle sich im grellen Licht der nationalen Öffentlichkeit vollzog. Victoria mußte gleichzeitig Ehefrau, Mutter und Königin sein.

Dieses Dilemma zieht sich wie ein roter Faden durch das Labyrinth ihres Lebens. Bei der Meisterung beider Rollen half ihr glücklicherweise ein unwandelbarer Glaube an ihre eigene Urteilsfähigkeit, Recht von Unrecht unterscheiden zu können. Sie war eine einmalig ehrliche Frau. Einmal soll sie erklärt haben, daß Zweckmäßigkeit ein Wort sei, das ihr nichts sage. Die Folge war, daß sie Menschen und Probleme in Schwarz und Weiß sah. Niemals ließ sie zu, daß Unbestimmtheit die Deutlichkeit ihrer Entscheidungen abschwächte.

Victoria wurde in eine Welt der Veränderung und der Konflikte hineingeboren. Großbritannien verspürte noch die Folgen des langen Kampfes mit dem zuerst revolutionären und dann napoleonischen Frankreich. Im Norden Englands und in den Midlands griffen die Arme der Industrialisierung immer weiter um sich, immer neue Baumwollspinnereien wurden erbaut, und aus immer neuen Hochöfen floß massenproduziertes Eisen. Die Bevölkerung schien sich in unkontrollierbarer Weise zu vermehren, was wiederum das Elend der Arbeitslosigkeit verstärkte, die unter den Arbeitern dieser neuen Industrien durch die Nachkriegsdepression hervorgerufen worden war. Unter neuem Druck zerbröckelte die traditionelle Gesellschaftsstruktur. Die Menschen dachten nicht länger in Begriffen der »Ordnung und des Ranges« auf der Grundlage von Geburt, sondern in Klassenvorstellungen mit deren wirtschaftlichen Merkmalen als eines Maßstabes für den Platz des Menschen in der Gesellschaft. Selbst die moralischen Werte, auf denen diese Gesellschaft beruhte, verwandelten sich, je mehr die neuen Kräfte mit Forderungen auftraten und die festgestellten Normen der Vergangenheit verdrängten. Auf der einen Seite gab es da die Tradition der Zügellosigkeit während der Regentschaftszeit – sowohl der spätere William IV. als auch Victorias eigener Vater lebten ganz offen mit ihren Mätressen zusammen, der Schauspielerin Mrs. Jordan bzw. Madame St. Laurent.

Auf der anderen Seite war da die neue Ernsthaftigkeit der Evangelisationsbewegung, die einesteils einem echten religiösen Empfinden

Vorhergehende Seiten: Karikatur von William Heath, 1830. Sie nimmt König Leopolds Plan, einen Nebenhof um Victoria zu gründen, aufs Korn: Die Herzogin von Kent als Regentin, Leopold mit Prinzessin Victoria auf seinen Knien, während ihre Mutter vom Thron herabblickt. Im Hintergrund hält Wellington eine Rede vor dem Staatsrat.

entsprang und andererseits auf der Überzeugung beruhte, daß die herrschenden Klassen den unteren Schichten ein Beispiel geben müßten, wenn die Gesellschaft das Elend und die Unzufriedenheit der Nachkriegsjahre überleben sollte. George IV. blieb bis ans Ende seiner Tage ein unbußfertiger Roué, jedoch sorgten Umstände dafür, daß der Herzog von Clarence und der Herzog von Kent zum Rang innenpolitischer Achtbarkeit aufstiegen. Ein wenig von diesem Konflikt zeigt sich bei Victoria selbst. Der Ausdruck »viktorianisch« hat zwar die Bedeutung einer strengen und sogar prüden Moralität angenommen, die junge Victoria sehnte sich aber nach Vergnügen und Fröhlichkeit. Sie hatte Glück mit ihren Beratern und mit ihrer Ehe, sonst hätte sie bei ihrer liebesdurstigen und gefühlsbetonten Veranlagung niemals stellvertretend für all das auftreten können, was in der Frauenwelt des 19. Jahrhunderts als höchst respektabel galt.
Königin Victoria wurde am 24. Mai 1819 im Kensington-Palast geboren. Ihre Coburger Großmutter nannte sie »Maiblume«, aber die Ursache für ihre Geburt war politischer und nicht romantischer Natur. Am 6. November 1817 war die einzige Tochter des Prinzregenten, Charlotte, Frau von Leopold von Sachsen-Coburg, im Kindbett gestorben. Es war unwahrscheinlich, daß der Regent weitere legitime Kinder haben würde. Sein Widerwille gegen seine Frau Caroline war so stark, daß ihr intimer Verkehr vor vielen Jahren aufgehört hatte.

Oben: Der Kensington-Palast, wo Victoria im Mai 1819 geboren wurde. Der Stich aus dem Jahre 1826 zeigt den Südostflügel des Palastes.

Nächste Seite links: Königin Victoria im Staatskleid, 1859, nach einem Porträt von Franz Xaver Winterhalter.
Rechts daneben: John Martins Gemälde von Victorias Krönung am 28. Juli 1838 in der Westminster-Abtei. Martin hat den peinlichen Augenblick eingefangen, als der 80jährige Lord Rolle rückwärts die Stufen hinunterfiel, während er der Königin seine Ehrerbietung erwies.

Tatsächlich versuchte er ohne Erfolg, sich von ihr scheiden zu lassen, nachdem er als George IV. auf den britischen Thron gelangt war. Nur der Tod Carolines hätte ihm eine Wiederheirat ermöglicht, und so bestand keine Hoffnung, daß er einen legitimen Erben als Nachfolger hinterlassen könnte. Nur zwei seiner Brüder, die Herzöge von York und Cumberland, waren verheiratet, und auch sie hatten keine legitimen Erben.

Hieraus ergab sich eine rege diplomatische Tätigkeit, um den übrigen Brüdern Bräute zu vermitteln. William, Herzog von Clarence, heiratete Adelaide von Sachsen-Meiningen, Adolphus, Herzog von Cambridge, heiratete Augusta von Hessen-Kassel, während der verwitwete Prinz Leopold von Sachsen-Coburg sich darüber freuen konnte, daß seine Schwester, die verwitwete Prinzessin von Leiningen, den

Links: Prinzessin Charlotte, einzige Tochter König Georges IV. und vermeintliche Thronerbin, die im Mai 1816 Prinz Leopold von Sachsen-Coburg heiratete. Dieses Bild zeigt Charlotte und Leopold in Covent Garden.

Unten: Charlottes plötzlicher Tod rief große Unruhe in der königlichen Familie hervor. Es folgte eine unwürdige Heiratsgeschäftigkeit unter den ledigen Brüdern der Regentin. Die Herzöge von Clarence, Cambridge und Kent heirateten alle im Jahre 1818. Diese Karikatur erschien im April 1819 und zeigt links Clarence und Adelaide von Sachsen-Meiningen, deren Kinder alle im Kindesalter starben. In der Mitte der Herzog von Cambridge und Augusta von Hessen-Kassel mit ihrem Sohn George. Rechts der Herzog von Kent mit Viktoria von Leiningen in fortgeschrittener Schwangerschaft. Ihr Kind sollte den Erben des Herzogs von Cambridge von der Nachfolge ausschließen. Schließlich der Herzog von Cumberland, der bis dahin kein legitimes Kind gezeugt hatte.

Herzog von Kent nahm. Victoria machte später einmal die Bemerkung, ihr Onkel »ist stets bereit und auch höchst befähigt, seiner Familie zu helfen«. Zwei Jahre später, bloß acht Monate nach der Geburt seiner Tochter, starb der Herzog von Kent und hinterließ seiner Witwe aus einem Witwenlegat ein winziges Einkommen von weniger als 300 Pfund.

Ohne Hilfe durch ihren Bruder Leopold, der damals noch in Claremont in England lebte, wäre es der Herzogin übel ergangen. Niemand sah schon in ihrer kleinen Tochter mit dem Namen Alexandrina Victoria die zukünftige Königin, weil man von dem Herzog von Clarence, nach dem Beginn der Regentschaft im Jahre 1820 jetzt Thronerbe, Kinder erwartete. Das war eine ganz vernünftige Annahme, denn er hatte bereits eine große Anzahl von illegitimen Kindern, und seine ihm angetraute Ehefrau war noch jung. Aber keines seiner legitimen Kinder überlebte die Kindheit, seine letzte Tochter starb im Jahre 1821. Daher waren Mutter und Tochter von den Zuwendungen Leopolds abhängig, bis im Jahre 1825 angesichts der Tatsache, daß Victoria nunmehr als Williams IV. vermutliche Nachfolgerin angesehen werden mußte, das Parlament der Herzogin zum Unterhalt und zur Erziehung ihrer Tochter eine Jahresrente in Höhe von 6000 Pfund aussetzte. Leopold konnte sich diese Unterstützung wohl leisten, denn das Parlament hatte ihm anläßlich seiner Heirat mit Prinzessin Charlotte eine Jahresrente in Höhe von 50 000 Pfund gewährt.

Die Witwe und ihre Tochter lebten sehr einfach in Räumlichkeiten, die ihnen im Kensington-Palast zugewiesen worden waren. Im Sommer weilten sie abwechselnd auch in Ramsgate oder in Claremont. Sie pflegten nur wenige Kontakte mit dem Hof. Es hatte keine verlorene Liebesmühe zwischen dem Regenten und dem Herzog von Kent gegeben, und erst im Jahre 1826 lud man Victoria und ihre Mutter zum Aufenthalt im Cumberland Lodge ein, als der König selbst im Royal Lodge in Windsor weilte. Von Gicht geplagt und geschminkt, wie George IV. nun einmal war, blieb doch noch genug von seinem alten Charme übrig, um auf seine kleine Nichte Eindruck zu machen. Er schenkte ihr sein diamantenumrahmtes Porträt, das ihr Lady Conyngham auf die Schulter heftete. Aus der Sicht Victorias erwies sich der Besuch als erfreulich, trotz des Kusses, den sie ihrem Onkel geben mußte, vor allem aber durch die Fahrt im königlichen Reisewagen rund um Virginia Water und an Bord eines Kahns, von dem aus die Gesellschaft Fische angelte, während auf einem benachbarten Boot eine Musikkapelle aufspielte. Der Besuch wurde im folgenden Jahr wiederholt, aber da »regnete es furchtbar«, leider.

Von William IV. blieben Victoria weniger freundliche Erinnerungen, wohl weil sie damals bereits alt genug war, um die Spannungen zu er-

Links: Edward, Herzog von Kent, der weniger als acht Monate nach der Geburt seiner Tochter Victoria starb: Porträt von George Dawe, 1818.

Rechts: Victorias Onkel William IV., der zu ihrer Mutter stets in gespanntem Verhältnis stand. Victoria schrieb später: »Er war ein seltsamer Mann, sehr seltsam und eigenartig, aber seine Absichten sind oft mißdeutet worden.« Gemälde von Sir Martin Archer-Shee, 1833.

kennen, die zwischen ihm und ihrer Mutter herrschten. Wilhelm selbst war ein freundlicher Mann, wenn auch ein wenig exzentrisch, und er war darauf bedacht, seiner Nichte seine Gunst zu erweisen. Victoria schrieb später von ihm: »Er war stets gut zu mir, und ich weiß, daß er es auch so *meinte.* Ich bin dankbar dafür und werde mich seiner Güte stets dankbar erinnern. Er war ein seltsamer Mann, sehr seltsam und eigenartig, aber seine Absichten sind oft mißdeutet worden.«

Übrigens empfand seine Frau, Königin Adelaide, überraschenderweise eine tiefe Zuneigung für ihren ältlichen und knollenaugigen Gemahl und war eine einmalig sanfte Person. In den Jahren vor ihres Gatten Thronbesteigung hatte sie kommentar- und klaglos seinen von Mrs. Jordan stammenden Kindern in Bushey ein glückliches Heim geschaffen. Das gab dann Anlaß zu einigen Schwierigkeiten miteinander, denn die Herzogin von Kent hatte vielleicht ein übertriebenes

Bewußtsein von ihrer Stellung als der Mutter einer künftigen Königin und war daher entschlossen, ihre Tochter gegen jeden ansteckenden Einfluß zu schützen. Sie fand es höchst schockierend, daß ein Mann ganz offen seine Bastarde anerkannte, obgleich der Hof unter William und Adelaide fast schon einen bürgerlichen Charakter aufwies. Trotzdem hielt die Herzogin ihre Tochter soweit wie möglich davon entfernt, ja sie fand eine Entschuldigung, um Victoria von der Teilnahme an der Krönung ihres Onkels fernzuhalten. Hinter dieser Zurschaustellung von Prüderie verbargen sich tiefere, halb unbewußte Motive für das Verhalten der Herzogin. Während ihrer frühen Witwenjahre hatte sie die Vernachlässigung zu spüren bekommen, mit der man sie behandelte, ebenso den Mangel an Unterstützung, den sie von seiten der königlichen Familie erfuhr.
Dieses Gefühl war noch angefacht worden von einem Mann, der einen starken und unglücklichen Einfluß auf sie ausübte: Sir John Conroy, ihrem Schatzmeister. Er war der Stallmeister ihres Mannes gewesen, und der Herzog hatte ihn zu einem seiner Testamentsvollstrecker bestimmt. Von anglo-irischer Abstammung, besaß Conroy einen gewissen kecken Charme, wenn ihn auch die meisten seiner Zeitgenossen als ziemlich vulgär und seine Manieren gegenüber Frauen als zu familiär empfanden. Victorias Mutter und ihre Tante, Prinzessin Sophia, die ebenfalls im Kensington-Palast Appartements innehatte, vertrauten ihm blindlings. Das war von Übel. Conroy war ein Mann von beträchtlichem Ehrgeiz. Er hoffte seinen Einfluß über die Herzogin dazu zu benützen, um sich selbst als Macht hinter dem Thron eine erfolgreiche Karriere zu verschaffen, wenn William IV. sterben sollte, ehe Victoria volljährig war. Seine Politik lief daher darauf hinaus, Victoria und ihre Mutter von jedem Menschen zu isolieren, der diese Pläne behindern könnte. Es besteht wenig Zweifel daran, daß Conroy zur Erhöhung der Spannungen zwischen der Herzogin und dem Hof seinen Einfluß geltend gemacht hat.
Conroys Plan scheint darauf hinausgelaufen zu sein, dem lange geübten Vorbild der Hannoveraner zu folgen, nämlich einen Konkurrenzhof um die Thronerbin aufzubauen. Eine der Methoden bestand darin, eine Art königlicher Rundreise zu veranstalten, bei der sich Victoria (und mehr noch ihre Mutter als mögliche Regentin) dem Volk vorstellen sollte. Daher wurden vom Jahre 1832 an, als Victoria 13 Jahre alt geworden war, eine Reihe von Besuchen bei den großen Adelsgeschlechtern veranstaltet, die nicht fest mit dem Hof verbunden waren. Victorias Erziehung zog Vorteile aus solchen Reisen. Wenn ihre Mutter ihr einerseits den Umgang mit dem höfischen Leben und ihren zukünftigen Verpflichtungen vorenthielt, so erwarb Victoria sich doch einige Kenntnis von dem Land, über das sie einst

herrschen sollte. Trotzdem war es, außer im rein geographischen Sinne, ein begrenztes Wissen. Victoria lernte das Leben in den großen Landschlössern mit deren aristokratischer Lebensart kennen, aber sie sah wenig vom Leben der Massen, außer was sie am Rande der Straßen beobachtete, über die ihre Kutsche fuhr, oder in den Gasthäusern, in denen sie gelegentlich zu übernachten gezwungen war. Schon auf ihrer ersten Reise warf sie einen Blick auf die neue Industrienation, die am Ende ihres Lebens das England der Kutschenzeit ihrer frühen Jugend ablösen sollte. Nach dem Pferdewechsel in Birmingham berichtete die junge Reisende in ihrem Tagebuch von »einem ungewöhnlichen Gebäude, das in Flammen stand. Das Land setzt sich fort in Schwarz, mit flammenden Maschinen, Kohle im Überfluß, rauchenden und brennenden Kohlenhaufen, unterbrochen von elenden Hütten und Karren und zerlumpten Kindern.«

Diese halbköniglichen Rundreisen erregten den Zorn Williams IV., weil die Herzogin sich bemühte, überall da, wo sie hinkamen, von den örtlichen Würdenträgern mit Reden und Treuebekundungen empfangen zu werden. Als die Gesellschaft auf ihrem Weg nach Welshpool in Shrewsbury angekommen war, schenkte der Bürgermeister der jungen Prinzessin eine mit Silber beschlagene Kiste aus Eichenholz, die mit Shrewsbury-Cakes gefüllt war. In Welshpool selbst angelangt, begleitete sie eine Eskorte in die Stadt, die von einer Miliztruppe mit »Triumphbögen, Zweigen, Blumen, Flaggen und Bändern« geschmückt worden war. Als sie schließlich den Park betraten, wurden sie mit Kanonensalut empfangen. Für den König war aber bei jedem Salutschuß mit seiner Gloriole einer königlichen Rundreise das Maß voll, und ärgerlich befahl er, es sei damit aufzuhören.

Der letzte Bruch zwischen ihm und der Herzogin scheint jedoch erst dadurch verursacht worden zu sein, daß sie ihre Gemächer im Kensington-Palast ausdehnte und renovieren ließ, ohne hierzu die königliche Zustimmung eingeholt zu haben, obgleich auch dies vielleicht nur die Folge eines Mißverständnisses war.

Gelegenheit für einen öffentlichen Ausbruch des Streites bot ein Bankett Williams IV. anläßlich seines Geburtstages, bei dem er die Herzogin persönlich mit der Erklärung angriff, er hege die einzige Befürchtung, er könne sterben, bevor seine Nichte mündig wäre, und daß infolgedessen die Regentschaft in die Hände einer in seiner Nähe sitzenden Person gelangen könnte, die von üblen Beratern umgeben sei und die in der Position, in die sie gelangen werde, zum richtigen Handeln unfähig wäre. Es konnte nicht überraschen, daß die Herzogin zu sprachloser Entrüstung gefror und die arme Victoria in Tränen ausbrach, was sie in der Erregung stets nur zu gern tat.

Nichtsdestotrotz stimmte Victoria in ihrem Innern wahrscheinlich

Victorias Selbstbildnis nach ihrer Typhuserkrankung im Oktober 1835 in Ramsgate.

mit ihrem Onkel überein, und sie war zumindest der Ansicht, daß sich ihre Mutter mit schlechten Ratgebern umgeben hatte, die die Regentschaft, sollte sie sich als notwendig erweisen, für ihren eigenen Vorteil zu nutzen planten. Bis zu diesem Augenblick hatte sie genügend Beweise hierfür erhalten, und ihre Abneigung gegen Sir John Conroy war tief und von Dauer. Im Oktober 1835 war sie in Ramsgate an Typhus erkrankt, und den ganzen Monat über lag sie schwer krank darnieder. Während der Genesungsschwäche hatte Sir John, unterstützt von der Herzogin, Victoria das schriftliche Versprechen zu entringen versucht, daß sic ihm die Schlüsselposition ihres Privatsekretärs übertragen werde, sobald sie Königin würde. Später erzählte sie Lord Melbourne, sie habe irgendwie doch die Kraft und den Entschluß zur Ablehnung gefunden. Die schreckliche Mißstimmung, die sie danach erduldete, war eine Erfahrung, die sie jahrelang weder vergeben noch vergessen konnte. Dieser Zustand verbitterte Victorias Beziehungen zu ihrer Mutter und vermittelte ihr auch keine Liebe zur Hofdame ihrer Mutter, Lady Flora Hastings, eine Tatsache, die für beide noch schreckliche Folgen haben sollte. Ihr kühles Ver-

Die Eisenbahn von Stockton nach Darlington

Im Jahre 1814 baute George Stephenson seine erste Lokomotive, und vier Jahre später regte er an, man solle auf der geplanten Eisenbahnstrecke von Stockton nach Darlington Dampflokomotiven einsetzen. Die Strecke wurde am 27. September 1825 eröffnet und war die erste Eisenbahn zur Personenbeförderung in der Welt. Die eingleisige Strecke hatte alle 400 Meter ein Überholgleis und war 6 km lang. Stephenson selbst fuhr den ersten Zug von Brusselton nach Stockton.

Rechts: Fotos der Pioniere der Eisenbahn von Stockton nach Darlington, zusammen mit ihren Lokomotiven und mit Ankündigungen. In der Mitte die erste auf der Strecke verwendete Maschine.

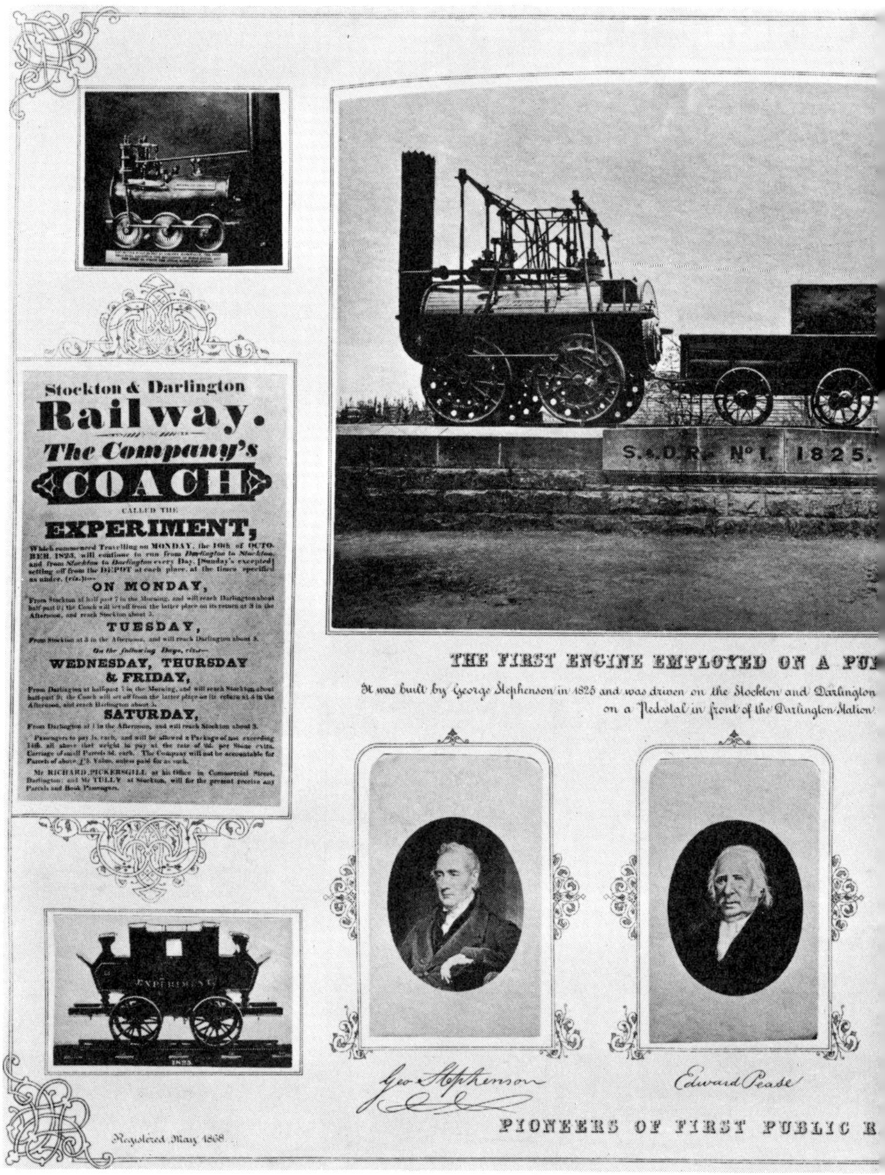

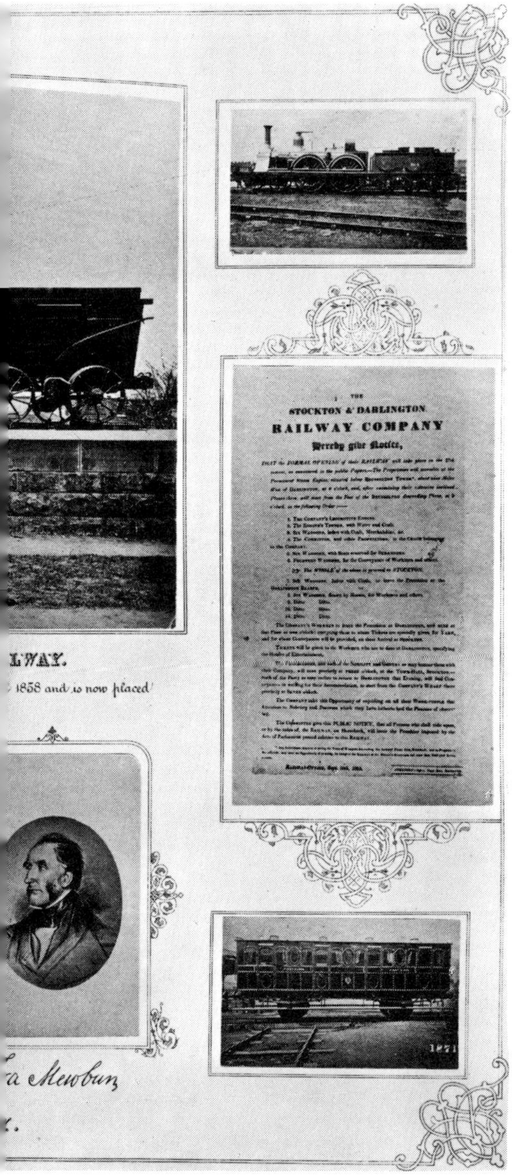

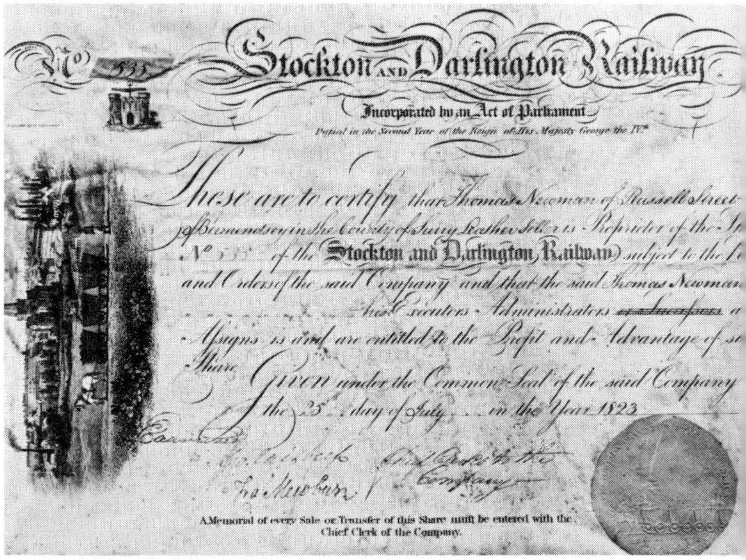

Rechts oben: Ein Anteilschein vom 25. Juli 1823 für die Stockton-und-Darlington-Eisenbahn-Gesellschaft.

Oben und unten: Eröffnungsfeier und der erste Zug der Eisenbahn von Stockton nach Darlington im September 1825.

halten zeigt sich deutlich in ihrem Tagebuch, das ihr die Mutter an ihrem dreizehnten Geburtstag geschenkt hatte, damit sie von ihrer anschließenden Reise nach Wales Bericht erstatten könne. Es war ein Glück für spätere Geschichtsschreiber, daß Victoria die damals begonnene Gewohnheit, die Tagesereignisse aufzuschreiben, ihr ganzes Leben lang beibehielt und so unschätzbare Aufschlüsse zu ihren unmittelbaren Reaktionen auf die Geschehnisse gegeben hat.
Bis zu ihrer Thronbesteigung muß Victorias Tagebuch in seinen Begrenzungen gesehen werden. Es war kein geheimes Tagebuch. Ihre Mutter und ihre Gouvernante sahen es regelmäßig durch, und die junge Victoria lernte die kluge Praxis, ihre Gedanken für sich zu behalten, sofern sie sich kritisch auf die Leute in ihrer Umgebung bezogen. Sie beschränkte sich auf einen peinlich genauen Bericht von ihren täglichen Handlungen: wo sie auf ihren Reisen die Pferde wechselten, Beschreibungen der Orte, wo sie übernachteten, die Namen der Leute, denen sie begegneten, und später die Titel der Bücher, die sie las, oder der Konzerte, die sie besuchte. Ihre persönlichen Ansichten beschränkten sich auf derartige Gegenstände, und der Historiker kann daraus zumindest erfahren, wer ihre bevorzugten Sänger, Schauspieler oder Schriftsteller waren. Sie erwähnt nicht die Eifersüchteleien und Zwänge, die sie später veranlaßten, ihre Jugend als traurig zu bezeichnen. Sie berichtet nicht einmal von dem letzten Zwist mit Conroy, noch von der ganzen Verstimmung und Bitterkeit, die der Streit verursacht hatte.
Es sind gerade die Auslassungen in ihren frühen Tagebüchern, die besten Aufschluß über Victorias persönliche Gefühle geben. In einem Alter, in dem gewöhnlich ein wohlerzogenes Mädchen Gefühle und Empfindsamkeit äußert, war auch sie gefühlsbetont. Sie war auch ein sehr ehrliches Mädchen, das niemals Gefühle zum Ausdruck zu bringen versuchte, die sie nicht empfand, oder etwas zu loben, was sie nicht schätzte. Dieser Charakterzug war ihr durchs ganze Leben eigen, und er verursachte ihr beträchtlichen Ärger in der Rolle als Königin, sobald sie wußte, daß sie Gefühle ausdrücken sollte, die sie als Frau nicht haben konnte. Während ihres ganzen Lebens lernte Victoria niemals die Kunst der Verstellung. Genauso, wie sie Ausdrücke wie »lieber« oder »mein liebster« an Leute zu verschwenden liebte, die sie mochte – und es waren viele –, genauso ist es für sie charakteristisch, daß sie niemals, sooft Lady Floras Name in ihrem Tagebuch auftaucht, »liebe Lady Flora« sagt.
Ihre dauernde Zuneigung, ja Ergebenheit, galt ihrer ständigen Begleiterin Luise Lehzen. Ursprünglich war die Lehzen als Gouvernante von Victorias Halbschwester Feodora nach England gekommen, war aber von 1824 an die Gouvernante der Prinzessin

Victoria geworden. Sie war die Tochter eines deutschen Pfarrers, und George IV. hatte sie im Jahre 1827 zur hannoveranischen Baronin ernannt, um ihre gesellschaftliche Position zu heben. Als es im Jahre 1830 klar war, daß Victoria ihrem Onkel auf den Thron folgen würde, fand ihre Mutter, eine Gouvernante von höherem Rang sei wünschenswert, und die Baronin wurde als Gouvernante durch die Herzogin von Cumberland ersetzt. Dieser Wechsel unterbrach jedoch nicht die Bindung zwischen der Baronin Lehzen und ihrem Zögling, da die Baronin danach Victorias Hofdame wurde.

Eine solche Beziehung zwischen einem Teenager und einer älteren Frau, die nicht nur ihre ständige Begleiterin, sondern ihr auch ergeben ist, stellt während ihrer Dauer eine der engsten Bindungen dar, die eine Heranwachsende eingehen kann. Besonders dann, wenn aus irgendeinem Grunde die Beziehung zwischen Mutter und Tochter einen mehr formalen Charakter angenommen hat. Baronin Lehzen war gleichzeitig Beraterin, Vertraute, Gesellschafterin und Vorbild, auch wenn Victoria in späteren Jahren erklärte, sie habe die Baronin gleichzeitig verehrt, aber auch irgendwie gefürchtet. Im Tagebuch wird sie »meine teure Lehzen«, »liebste, beste Lehzen« genannt. Nach dem unerträglichen Druck, dem sie während ihrer Genesung durch Sir John Convoy ausgesetzt gewesen war, ist es aufschlußreich, in ihrem Tagebuch zu lesen: »Die *liebe, gute* Lehzen sorgt so für mich und ist mir gegenüber unermüdlich so aufmerksam, daß ich ihr niemals zu vergelten vermag, was sie für mich erduldet und getan hat. Sie ist die zärtlichste, ergebenste, anhänglichste und *desinteressierteste* Freundin, die ich besitze, und ich liebe sie aufs *herzlichste.*«

Die Unterstreichung ist sicher kennzeichnend, und am Vorabend ihrer Thronbesteigung sollte Victoria niederschreiben, daß die Lehzen »natürlich die beste Freundin ist, die ich habe«. Im Tagebuch stehen weniger »liebe Mamas« als »liebe Lehzens«, obwohl doch gerade die Herzogin von Kent ihr ganzes Leben dem widmete, was sie als das Wohlergehen ihrer Tochter betrachtete, und obwohl sich Victoria in ihrem Tagebuch so ausdrückte, wie es eine pflichtbewußte Tochter tun sollte. Die Herzogin bestand z. B. darauf, daß die Tochter selbst nachts im Schlafzimmer ihrer Mutter schlief, aus Furcht vor einem *Coup* des Herzogs von Cumberland, der im Falle von Victorias Tod den Thron erben würde.

Im Rückblick auf diese Jahre beschrieb die Königin später ihre Kindheit als »ziemlich melancholisch«. Im Hinblick auf Altersgenossinnen war es sicher eine recht einsame Jugend. Nachdem ihre Halbschwester Feodora, die freilich zwölf Jahre älter als sie selbst war, geheiratet hatte und nach Deutschland gegangen war, blieb Victoire Conroy Victorias einziger ständiger Spielgefährte, eine Ka-

Prinzessin Feodora von Leiningen, Victorias Halbschwester aus erster Ehe der Herzogin von Kent. Im Jahre 1828 heiratete sie den Prinzen Ernst von Hohenlohe-Langenburg.

meradschaft, die sich nach 1835 immer stärker durch ihre Abneigung gegen Victoires Vater vergiftete. Als Feodora nach sechs Jahren Abwesenheit in England zu Besuch weilte, wurde sie von Victoria, nun 14 Jahre alt, überschwenglich »als meine liebste Schwester« bezeichnet. Victoria besaß ihr ganzes Leben lang einen hochentwickelten Familiensinn.

Zweifellos wurde dieser von der allgemeinen Meinung gefördert, daß man seine Verwandten liebe, er entsprang aber auch ihrer eigenen gefühlsbetonten und liebevollen Natur, der es an Menschen gebrach, an die sie ihre Liebe verschwenden konnte. Als sie vom Tode ihrer Tante Sophia Mensdorff-Pouilly, einer Schwester der Herzogin von Kent, erfuhr, schrieb Victoria:

»Meine arme, liebe Tante, ich liebte sie *so sehr,* und ihr Verlust trifft mich schwer. Die Zeit mag heilen, aber sie kann nie, nie die Erinnerung an diesen Verlust auslöschen.«

Für heutige Leser hätte ihr Kummer überzeugender gewirkt, wenn sie nicht noch hinzugefügt hätte:

»Über ihren Verlust wäre ich ebenso traurig gewesen, hätte ich sie *nicht* gekannt, weil mir alle Verwandten Mamas teuer sind; weil ich sie aber gesehen habe, da sie länger als eine Woche mit mir in einem Hause gelebt hat ..., trifft er mich noch härter und läßt mich die Schwere des Verlustes, den wir erlitten haben, noch mehr empfinden.«

Da dieser Besuch zwei Jahre vorher stattgefunden hatte, muß die 16 Jahre alte Victoria, wenn auch unbewußt, ihren Schmerz dramatisiert haben! Immer ließ sie ihren Gefühlen freien Lauf, und diese waren niemals nur lau.

Es liegt etwas Rührendes in der Art, wie Victoria die Besuche ihrer Coburger Verwandten begrüßte. Ihre Umgebung, bis auf den verhaßten Sir John und die älteren Männer, mit denen sie bei gesellschaftlichen Anlässen zusammentraf, bestand fast nur aus Frauen, so daß die junge Prinzessin in ihrer Jugendzeit wenig Begegnungen mit männlichen Wesen erlebte. Zum Glück waren jedoch die meisten Besucher Vettern, deren Ankunft bei Victoria freudige Zustimmung auslöste. Als im Jahre 1833 ihre Württemberger Vettern Ernst und Alexander nach England kamen, beschrieb sie sie als »beide *äußerst groß*! Alexander ist *sehr nett,* und Ernst zeigt einen *sehr freundlichen Ausdruck.* Sie sind *extrem liebenswürdig.*«

Schon im Alter von vierzehn hatte sich Victoria für männliche Schönheit aufgeschlossen gezeigt. Als sie im Jahre 1836 hörte, daß ihr Vetter Ferdinand, der sich kürzlich mit Maria, der jungen Königin von Portugal, hatte ferntrauen lassen, zusammen mit ihrem Onkel Ferdinand und ihrem jüngeren Vetter Augustus, auf seinem Weg nach

Portugal in England die Reise unterbrechen wollte, war die junge Victoria wiederum hocherfreut. Sie war auch nicht enttäuscht, als die Besucher ankamen. »Beide sind sie«, so schrieb sie, »liebe und reizende junge Männer ... Ich glaube, Ferdinand ist netter als Augustus, seine Augen sind so schön, und er hat einen so lebhaften, klugen Ausdruck.« Sie waren am 17. März angekommen, und im April klagte sie schon: »Oh, könnte ich doch noch ein paar solcher Tage mit dem lieben Onkel und dem lieben Augustus verbringen, die ich so sehr liebe! Ich werde mich sehr einsam und unglücklich fühlen, wenn sie uns wieder verlassen.« Später schrieb sie von Ferdinand, daß sie ihn »wie den *liebsten aller Brüder*« liebe.

Das Vergnügen, das der Besuch Victoria bereitet hatte, schwand bald dahin, jedenfalls verglichen mit der Ankunft ihres anderen Onkels Ernst, regierenden Herzogs von Sachsen-Coburg, und seiner beiden Söhne Ernst und Albert. Victoria interessierte sich stets für das Äußere von Menschen, vielleicht, weil sie so gut mit ihrem Zeichenstift umzugehen und schnell eine Gestalt zu erfassen verstand. Dies war ihr erster Eindruck von den neuen Vettern:

> »Ernst ist so groß wie Ferdinand und Augustus; er hat dunkles Haar und schöne dunkle Augen und Augenbrauen, aber Nase und Mund sind nicht gut; er zeigt eine sehr freundliche, ehrliche und intelligente Haltung im Äußeren und hat eine sehr gute Figur. Albert ist fast so groß wie Ernst, jedoch kräftiger, ist äußerst nett; sein Haar hat fast die gleiche Farbe wie meines; seine Augen sind groß und blau, und er hat eine schöne Nase und einen sehr zarten Mund mit schönen Zähnen; der Charme seiner Erscheinung liegt aber in seinem Ausdruck, der höchst erfreulich ist; *gleichzeitig* voller Güte und Zartheit, und sehr gescheit und intelligent.«

»Albert ist äußerst nett: sein Haar hat fast die gleiche Farbe wie meines«

Nach einem Tag in der Gesellschaft der Vettern schrieb sie: »Ich mag meine Vettern außerordentlich gern, sie sind so freundlich, so gut und so fröhlich.« Der Besuch war ein großer Erfolg. Victoria fand, daß Albert vielleicht der »nachdenklichere« von beiden Brüdern sei, aber sie waren beide »sehr, sehr fröhlich und lustig und glücklich«, was, wie sie ziemlich spitz bemerkte, »junge Leute auch sein sollten.«

Zu diesem Zeitpunkt scheinen ihre Sympathien unparteiisch beiden Vettern gegolten zu haben. Sie waren »die *meist*-geliebten Vettern, die ich wirklich so *sehr, sehr liebe*; viel mehr als alle anderen Vettern in der *Welt*«. Als die Cousins nach einem dreiwöchigen Besuch aufbrachen, küßte sie Victoria aufs herzlichste und weinte »bitter, sehr bitter«. Von allen Verwandten während ihrer Jugendzeit war Victoria jedoch ihrem Onkel Leopold, seit 1830 König der Belgier, am meisten zugetan.

Niemand könnte Victoria jedoch als hilfloses und anhängliches weibliches Wesen bezeichnen, obwohl sie sich in ihrem frühen Witwenstand bemühte, als solches zu gelten, aber in Verbindung mit ihrer intensiven Hartnäckigkeit in ihren Entschlüssen brauchte sie in ihrem Leben dringend jemanden, möglichst männlichen Geschlechts, an den sie sich anlehnen konnte. Modern ausgedrückt, sie brauchte »eine Vaterfigur«, sollte sie sich sicher und glücklich fühlen. Es erwies sich einfach notwendig für sie, jemand, der in ihrem Leben eine Rolle zu spielen hatte, in ungeschminkter Weise mit ihrer Zuneigung zu überschütten. Weil sie aber gleichzeitig gewitzt und ehrlich war, hatte der Empfänger dieser Zuneigung gleichfalls jemand zu sein, auf dessen Urteil sie sich verlassen konnte und dessen Charakter sie bewunderte.

Sie hatte das Glück, daß ihr das Schicksal im Verlaufe ihres Lebens fünf solcher Männer bescherte, ihren Onkel Leopold, Lord Melbourne, ihren Gatten Albert, Disraëli und – in recht verschiedener Weise – ihren schottischen Diener John Brown. Mit ihnen allen verband sie eine ganz besondere Beziehung; jeder war mit einer anderen Phase ihres Lebens verbunden, als Mädchen, als junge Königin, als Ehefrau und als Witwe.

Wahrscheinlich war es unvermeidlich, daß ihr Onkel Leopold der Mann unter allen Männern war, zu dem sie in ihrer Jugend besonders aufschaute: die Konkurrenz konnte man übersehen, nämlich die andere männliche Gestalt in ihrer ständigen Begleitung, den verhaßten Conroy. Bis zu seiner Thronbesteigung als König der Belgier wohnte Leopold ständig in Claremont, wohin er selbst noch nach 1830 gelegentlich zurückkehrte.

Während ihrer ersten Jahre bedeutete der Onkel Victoria sowohl Sicherheit wie Vergnügen. Sorgfältig erinnerte er später seine Nichte daran, daß er es gewesen war, der seine verwitwete Schwester und ihr Kind in jenem harten Winter 1820 getröstet und aufrechterhalten hatte. Er ermöglichte es ihnen, zu einer Zeit in England zu bleiben, als es noch wenig wahrscheinlich erschien, daß seine Nichte einmal Königin würde. Später erinnerte er sie auch daran, daß »du in jüngeren Tagen in Claremont am wenigsten gepeinigt worden bist, und wo ich dich für gewöhnlich bei guter Laune sah«. Obwohl nach seiner Thronbesteigung die gleichen persönlichen Kontakte nicht mehr möglich waren, überließ er Victoria niemals lange dem Gefühl der Vernachlässigung, obwohl sie ihn manchmal mahnte, ein Brief sei überfällig. Ihr Onkel redete sie mit »Meine teuerste Liebe« an und schrieb ihr zu ihrem Geburtstag stets einen Brief, in dem sich Liebe mit gutem Rat mischte, wie ihn die Eltern und Verwandten des 19. Jahrhunderts für ihre Pflicht hielten. Als Victoria dreizehn Jahre

Gegenüberstehende Seite: Prinzessin Victoria mit der Herzogin von Kent im Jahre 1834. Stich von George Hayter.

alt und es fast sicher war, daß sie den Thron besteigen würde, regte diese Wahrscheinlichkeit Leopold zu den Worten an: »Die Vorsehung hat Dich bestimmt, eine besonders herausragende Position einzunehmen, jetzt muß es Dein besonderes Bemühen sein, sie auszufüllen.« Dann fuhr er fort, ihr zu versichern, daß sie »in ihrem Onkel stets den treuen Freund finden« werde, »als der er sich Dir von frühester Jugend an erwiesen hat, und immer wenn Du Hilfe oder Rat brauchst, rufe ihn in vollkommenem Vertrauen.«

König Leopold war nicht nur ein liebevoller Onkel, er war auch ein vollendeter Politiker, der sich dessen sehr wohl bewußt war, daß ein jetzt gesätes Saatkorn nach vielen Jahren in der Form von Einfluß auf die Königin von England Früchte tragen könnte.

Victoria war zu jung, um dies zu erkennen. Die Liebe für ihren Onkel war noch unbegrenzt und unkritisch. Als Leopold nach einer Abwesenheit von vier Jahren mit seiner zweiten Frau Louise, einer Tochter des Königs von Frankreich, Louis Philippe, England einen Besuch abstatten konnte, reisten Victoria und ihre Mutter nach Ramsgate, um sie willkommen zu heißen. Am Abend jenes 29. September 1835 schrieb seine Nichte fröhlich: »Was für ein Glück war es für mich, mich in die Arme des liebsten aller Onkel werfen zu können, der zu mir stets wie ein Vater gewesen ist und den ich so *sehr herzlich* liebe.«

»Der liebste aller Onkel, der zu mir stets wie ein Vater gewesen ist und den ich so sehr herzlich liebe«

Als er im nächsten Jahr nach Claremont zurückkehrte, strömt Victorias Tagebuch erneut von Bewunderung und Liebe über. »Er ist *so* tüchtig, *so* vernünftig und *so* klug; er allein kann mir in *allen* Dingen einen guten Rat geben. Sein Rat ist vollkommen. Er ist wirklich ›il mio secondo padre‹ oder besser ›solo padre‹; er ist wirklich wie mein eigener Vater, denn ich habe keinen.« Der Gegensatz zu der Einschüchterung, der sie Sir John seit ihres Onkels letztem Besuch ausgesetzt hatte, muß der Nichte Leopolds Hilfe doppelt wertvoll gemacht haben.

Spätestens um das Jahr 1836 bereitete Leopold seine Nichte auf ihre zukünftigen Pflichten vor. Victoria berichtete, daß sie über »viele wichtige Dinge« gesprochen hätten ...

Die Tage ihrer Kindheit waren fast vorüber. Wie gut hatte man Victoria für die vor ihr liegenden Aufgaben vorbereitet? Die meisten Historiker scheinen darin übereinzustimmen, daß ihre Erziehung für ein Mädchen im Privatleben zwar ausgereicht hätte, daß sie jedoch nur mittelmäßig für eine zukünftige Königin von England gewesen sei. Um gerecht gegenüber ihrer Mutter und den Lehrern, die für sie ausgewählt worden waren, zu bleiben, muß man sich daran erinnern, daß Victoria von Natur kein akademischer Typ war. Später brachte sie Lord Melbourne mit ihrer Beschreibung von ihres Lehrers Erschrekken über ihre »falschen Quantitäten« zum Lachen, und sie gestand:

»Ich glaubte, ich hätte nur wenig Nutzen aus dem Gelernten gezogen, denn ich konnte keinen Satz konstruieren.« Es kam jedoch die beruhigende Antwort zurück: »O doch, Sie haben es gekonnt. Sie wissen, daß es solche Bücher gibt und solche Autoren und dergleichen.«
Mit den Jahren hatte es Victoria tatsächlich geschafft, eine Menge Lektüre zu bewältigen. Onkel Leopold stand wie immer mit seinem Rat bereit. Er sagte zu seiner Nichte, daß »ich die Geschichte für das wichtigste Studium für Dich halte. Wenn nicht aus dieser wichtigen Quelle des Wissens, so wird es schwer für Dich sein, etwas über die Wege und Sitten der Menschheit zu erfahren.« Er bot ihr an, ihr für diesen Zweck ein Exemplar von Sullys *Memoiren* zu beschaffen, und Victoria schrieb ihm zurück, sie nehme das Angebot an. »Geschichte studieren ist eine meiner größten Freuden.« Jetzt lese sie mit ihrem Lehrer, dem Reverend George Davys, Russells *Modernes Europa* und Clarendons *Geschichte der Rebellion.* Zusätzlich vergnügte sie sich damit, Stammtafeln der Könige und Königinnen aufzustellen, und sie informierte ihren Onkel, daß sie gerade eine Tafel »der englischen Herrscher und ihrer Gemahlinnen« fertiggestellt habe, »da die Geschichte meines eigenen Landes natürlich eine meiner ersten Pflichten ist«.
Sechs Monate später schrieb sie, daß sie jetzt »mit großem Interesse« Sully lese und daß sie in dessen *Memoiren* viel finde, was »sich auf die Gegenwart bezieht, und viel guter Rat und Urteilskraft befindet sich darin«. Sie fügte hinzu: »Wie Du sehr richtig bemerkst, ist es für mich äußerst notwendig, den ›Ereignissen des Tages‹ zu folgen und dies unparteiisch zu tun.« Außerhalb ihrer regelmäßigen Unterrichtsstunden lasen sie und die Baronin Lehzen sich gegenseitig vor, ein Verfahren, das sie später gern mit ihrem Gatten fortsetzte, und dieses laute Vorlesen wurde zu einer regelmäßigen Gewohnheit am Morgen, während Victorias Haar gemacht wurde. So lautet ein typischer Eintrag in ihrem Tagebuch: »Ich las Lehzen aus Madame de Sévigné vor, während mein Haar gemacht wurde.«
Einige der Kommentare zu ihrer Lektüre sind enthüllend. Von Madame de Sévigné schreibt Victoria: »Wie wirklich elegant und natürlich ist ihr Stil! Er ist so voller Naivität, Klugheit und Anmut.« Niemand hat je den eigenen Stil der Königin als »elegant« bezeichnet, wohl aber könnten andere Eigenschaftswörter auf die lebhaften und oft klugen Bemerkungen in ihren Briefen und in ihrem Tagebuch angewendet werden. Im späteren Leben mag sie in Fragen der Grammatik und der Rechtschreibung gelegentlich Lord Melbourne befragt haben, aber niemand, der Königin Victorias Niederschrift las, war je im Zweifel hinsichtlich ihrer Meinungen. Direktheit und Einfachheit waren Eigenschaften, die sie auch an den Büchern anderer Leute

schätzte. Sie hielt *Die Erklärungen des Evangeliums Matthäus* des Bischofs von Chester für »ein wirklich sehr schönes Buch« und fügte hinzu: »Genau diese Art Buch mag ich gern: es ist ganz schlicht und verständlich und voller Wahrheit und guter Gefühle.«

Immer wieder begegnet man ihrer Vorliebe für ähnliche Eigenschaften bei ihren Mitmenschen. Ihren Gesangslehrer Lablache rühmte sie als »höchst gutgelaunten, angenehmen, liebenswürdigen und ehrlichen Mann«. Ihr Vetter Ferdinand seinerseits redete »so klar und so vernünftig«, und bei längerer Bekanntschaft mit ihm fand sie ihn »so vernünftig, so natürlich, so unaffektiert und unkünstlich und wirklich so gut«. Solche Eigenschaften sollte sie während ihres ganzen Lebens hoch einschätzen. Sie verarbeitete richtig, was sie las, aber darüber hinaus war sie auch recht gut in den Sprachen. Lord Melbourne meinte, sie könne »wie die Welt nun einmal ist, darin wie jedes andere Mädchen als vollkommen betrachtet werden, denn sie spricht und schreibt gut Deutsch; sie versteht Italienisch, spricht fließend Französisch und schreibt es mit großer Eleganz«.

Victoria selbst war sich ihrer Grenzen stets wohl bewußt, besonders was die Naturwissenschaften anbetraf. Sie gestand, daß sie als junge Königin, als sie einmal Tischdame von Sir John Herschel war, »nicht soviel davon profitiert« habe, wie sie es vom Zuhören bei dem Gespräch zwischen ihm und Lord Melbourne hätte tun können, weil »ich dumm war«. Sie hatte eine Abneigung gegen Unterhaltungen, aus denen sie sich ausgeschlossen fühlte, und infolgedessen zeigte sie als Königin die Neigung, die Gesellschaft von gelehrten Männern zu meiden.

Hingegen hielt es Victoria für eine eher zu ihr passende Aufgabe, sich diejenigen Fertigkeiten anzueignen, die in damaliger Zeit als wesentliche Attribute weiblicher Bildung angesehen wurden. Von früher Jugend an hatte man sie Zeichnen, Malen, Singen, Klavierspielen und Tanzen gelehrt; und sie tat dies alles gern, vielleicht mit Ausnahme des Klavierspielens. Sie skizzierte gut und machte es sich zur Gewohnheit, die verschiedensten Leute, mit denen sie zusammentraf – vom Zigeuner bis zum Opernsänger – aus dem Gedächtnis zu zeichnen. Gesangsstunden bedeuteten ihr ein großes Vergnügen. Ihr erster Gesangslehrer war John Sale von St. Margaret in Westminster. Seit 1835 durfte sie jedoch unter Lablache weiterlernen. Bei ihrer ersten Stunde war sie so nervös, daß sie kaum einen Ton hervorbrachte. Lablache war jedoch ein guter Lehrer und sie eine gute Schülerin. Die Natur hatte Victoria mit einer klaren und klangvollen Stimme begabt. Solange sie lebte, berichteten die Leute von den glockenreinen Lauten, in denen sie ihre öffentlichen Reden vortrug. Während ihrer Jugend stellte die Musik, insbesondere die Vokalmusik, eines ihrer größten Vergnügen dar. Victoria bewunderte die »liebe Oper«, und als sie den Kensington-Palast mit dem Buckingham-Palast vertauschte, erinnerte sie sich voller Sehnsucht an die »herrlichen Konzerte, die sie dort gehört hatte. Ihr musikalischer Geschmack tendierte zum Melodisch-Dramatischen. Rossini und die italienische Oper waren ihr weit lieber als Händel, dessen »Messias« sie, mit Ausnahme von einem oder zwei Chorälen und Liedern, als »schwerfällig und ermüdend« bezeichnete. Ihre Lieblingssängerin war die »sehr junge und hübsche« Giulia Grisi, die »vortrefflich sang«.

Fast ebenso begeistert war Victoria vom Theater, obwohl sie es nach dem Tode des Prinzgemahls ablehnte, öffentliche Vorstellungen zu besuchen. In ihren frühen Tagebüchern beschreibt sie des längeren die Schauspiele, die sie gesehen hatte, und das Geschick oder das Beiwerk, mit denen die Spieler ihre Rollen durchhielten. In ihrem Lob hebt Victoria die gleichen Eigenschaften hervor, die sie an Menschen am meisten schätzte. Charles Mathew zum Beispiel erregte ihre Bewunderung, weil er »so natürlich und amüsant« war »und niemals vulgär, sondern stets ein Gentleman«.

Die Einfachheit ihrer Lebensführung und das Zögern ihrer Mutter, sie zu Hofe zu führen, boten Victoria weniger Gelegenheit, ihrer Liebe zum Tanz nachzugeben. Ein roter Tag im Kalender war daher ihr vierzehnter Geburtstag, weil König William und die Königin ihr zu Ehren einen großen Ball für junge Leute gaben. Sie tanzte acht Quadrillen und kam erst um halb eins nach Hause. Sie wurde, um den Ausdruck ihres höchsten Lobes zu benutzen, »aufs allerbeste unterhalten«. Ihr ganzes Leben über – mit Ausnahme ihrer bitteren Witwenjahre – tanzte Victoria gern, und in ihrer unbewußten Würde voller Anmut machte sie auf dem Tanzboden die beste Figur.

Bis zu ihrer Typhuserkrankung bereitete ihr das Ausreiten auf ihrem Pony Rosa großes Vergnügen. Ebenso wie ihrem Pony war Victoria dem König-Karl-Spaniel ihrer Mutter, Dash, zugetan. Als sie nach der Thronbesteigung in den Buckingham-Palast umzog, stellte sie mit Beruhigung fest, »daß der liebe Dashy« in seinem neuen Garten »recht glücklich« sei. Ständig widmete sie sich ihren Hunden. In ihren Augen war Grausamkeit gegen Tiere ein unverzeihliches Vergehen. Als sie im Sterben lag, ließ sie sich den kleinen Pommeraner Turi aufs Bett legen.

Ihre Mutter, die Herzogin von Kent, hatte sich große Mühe gegeben, ihre Tochter in jeder Beziehung zur Engländerin zu machen, und mindestens in diesem Punkte hatte sie sowohl Victoria wie auch England einen Dienst erwiesen. Die Entwicklungsjahre mit ihren Vergnügungen und Verstimmungen waren für das Mädchen nunmehr fast vorüber, und bald sollte es Königin von England werden.

Die junge Königin

1837-1839

William IV. starb am 20. Juni 1837. Bis zu seinem Tode hatte das schlechte Verhältnis zwischen dem König und der Herzogin von Kent fortbestanden. Erst am 19. Mai, am Vorabend des 18. Geburtstages der Prinzessin, hatte ihr der Onkel einen persönlichen Brief geschrieben und ihr darin ein unabhängiges Einkommen von 10 000 Pfund und eine eigene Wohnung, frei von mütterlicher Kontrolle, angeboten. Dieses Vorhaben und der besorgniserregende Gesundheitszustand des Königs veranlaßten Conroy und die Herzogin zu einem letzten Versuch, Victorias Mutter die Regentschaft zu sichern. Jeder nur mögliche Druck wurde ausgeübt, um ihr »freiwillig« die Zustimmung zu dieser Vereinbarung abzuringen, und jede Minute wurde darauf verwandt, einflußreiche Leute davon zu überzeugen, daß Victoria zu jung und zum Regieren zu unvorbereitet sei. Man machte sogar den Versuch, Leopolds Unterstützung für diese Politik zu gewinnen.

Leopold erkannte das Herannahen einer Krise und sandte sein *Alter Ego,* seinen vertrauten Berater, den Baron Stockmar, zur Berichterstattung nach London. Es war der Beginn einer langen Beziehung zwischen ihm und der zukünftigen Königin. Als Williams' IV. Tod immer gewisser wurde, schrieb Leopold, nicht völlig mit Stockmars Vermittlerrolle zufrieden, immer wieder an seine Nichte, um sie auf die Fallstricke aufmerksam zu machen, die ihr drohten, und sie in die Kunst des Regierens einzuführen. Seine dankbare Nichte antwortete ihm, sie halte seine Ratschläge für sehr weise und ausgezeichnet. Die Tage der Einschüchterung waren fast vorüber.

Wie gut war dieses Mädchen wirklich ausgerüstet, damit es die kommenden Pflichten zu erfüllen vermochte? Es fehlte ihr gewiß nicht an moralischem Ernst. Ihr Geburtstag war immer eine Gelegenheit für gute Vorsätze gewesen, und am 24. Mai 1837, also einen Monat vor ihrer Thronbesteigung, schrieb sie nieder, sie wolle jetzt weniger Zeit vertändeln, ihre Aufmerksamkeit nicht mehr von der gerade anstehenden Aufgabe ablenken lassen und sich in jeder Weise auf das vorbereiten, was sie eines Tages sein werde. Am Abend vor dem Tode des Königs schrieb Victoria an Leopold und brachte dabei ein gewisses ruhiges Vertrauen zum Ausdruck; sie fühle sich zwar noch nicht völlig auf der Höhe dessen, was sie erwarte, doch sie vertraue darauf, daß sie, unterstützt von Ehrlichkeit, Mut und gutem Willen, nicht versagen werde. Mit Recht konnte sich Victoria auf alle diese drei Eigenschaften berufen. Die Schwierigkeiten der letzten beiden Jahre hatten ihren von Natur heiteren und liebevollen Charakter gefestigt und gestärkt. In ihrem Tagebuch schrieb sie, sie sei zwar auf einigen Gebieten unerfahren, doch nicht auf anderen. Ehrlich wie Victoria war und immer sein würde, hatte sie doch auch gelernt, ihre

Vorhergehende Seiten: Königin Victoria bei ihrer Krönung, die am 28. Juni 1838 stattfand. Dieses übertrieben romantisierte Bild wurde von Charles Robert Leslie gemalt.

Rechts: Victorias Onkel Leopold, König der Belgier, im Jahre 1855.

Königin Victoria präsidiert zum ersten Mal dem Staatsrat. Mit Absicht hat der Maler, David Wilkie, das Kleid der Königin aus einem schwarzen in ein weißes verwandelt, um die Unschuld der jungen Königin bei ihrem ersten Erscheinen in der Öffentlichkeit zu betonen. Melbourne hält die Feder, Palmerston steht zu seiner Linken und Russell zu seiner Rechten. Wellington vor dem Pfeiler, links davon Peel und am Tisch sitzend die Herzöge von Cumberland und Sussex.

Meinung für sich zu behalten. Ihr Mut und ihre Hartnäckigkeit hatten sich miteinander verbunden und widerstanden nunmehr dem Druck und den Versuchen, ihr den Willen zu brechen. Da war eine Schwäche: Sie war in einem Netz gefangen, aus dem sie sich nicht hatte befreien können, und Victoria hatte abträgliche Gefühle gegenüber Menschen entwickelt – selbst gegen ihre Mutter –, die sie zu beherrschen versucht hatten. Von der Art, wie sie ihre neugewonnene Freiheit gebrauchte, kann man Victorias lange unterdrückte Sehnsucht nach Unabhängigkeit ablesen. In den Tagen nach ihrer Thronbesteigung wird in ihrem Tagebuch die Freude über die endlich errungene Selbständigkeit durch die häufige Verwendung des Wortes »allein« unterstrichen, ob es sich nun um den Bericht vom ersten Besuch ihrer Minister handelte oder um ihre Freude darüber, daß sie endlich die Intimität eines eigenen Schlafzimmers genießen konnte.

Später bereitete es ihr großes Vergnügen, ihren geliebten Onkel Leopold und seine Frau unter ihrem Dach zu beherbergen. Von Anfang an warf sich die junge Königin mit Eifer auf ihr neues Leben. Obwohl es harte Arbeit bedeutete, fand sie Spaß daran, mit ihren Ministern über Geschäfte zu reden. Sie empfand ihre neuen Pflichten keineswegs

als eine Bürde, und sie erzählte ihrem Onkel, daß sie gut schlafe und auch noch Zeit finde, jeden Abend ins Land hinauszufahren.
Der Erzbischof von Canterbury und Lord Conyngham unterrichteten Victoria vom Tode ihres Onkels. Man weckte sie aus dem Schlaf, und sie empfing beide Herren in einem hastig übergeworfenen Morgenrock. Ihre Würde und Selbstbeherrschung trotz ihrer kleinen Gestalt – Victoria war nur 1,58 m groß – überraschte und erfreute auch ihre Minister und ihren Geheimen Staatsrat. Von Anfang an übte sie Kontrolle aus, und nahm sie die Zügel fest in ihre kleinen Hände. Für jedermann, der die Geschehnisse hinter der Bühne im Kensington-Palast verfolgt hatte, wäre diese Selbstbeherrschung weniger überraschend erschienen. Die Machenschaften Sir Johns und ihrer Mutter müssen Victorias Wunsch nach der Macht, nach der beide gestrebt hatten, verstärkt haben, während Victorias eigenes Leid ihre Rechte bei deren Verteidigung noch wertvoller erscheinen lassen mußte. Überdies wäre Victoria kein menschliches Wesen gewesen, wenn sie während jener beiden kummervollen Jahre nicht nach vorne auf die Zeit geblickt hätte, zu der sie Königin sein würde, und in ihrem Geiste hatte sie sich diese Rolle schon ausgemalt. Obwohl sie nur selten bei Hofe gewesen war, konnte das Königtum doch kein Geheimnis für sie enthalten. Ihr Großvater und zwei ihrer Onkel waren Könige von England gewesen, ihr geliebter Onkel Leopold war König von Belgien, und die meisten ihrer Verwandten herrschten über unabhängige, wenn auch manchmal kleine europäische Fürstentümer.
Jemand, der so klug war wie Victoria, konnte nicht annehmen, daß sie eine weniger befriedigende Figur abgäbe als ihr Onkel William IV. Sir Sidney Lees Darstellung ihrer Vorgänger als »Dummköpfe, Verschwender und Possenreißer« ist weniger als fair, trotzdem konnte die Norm von Königtum, die sie aufgestellt hatten, einer mutigen, ehrlichen jungen Frau von 18 nicht als beispielhaft vorgespiegelt werden. Obgleich unerfahren auf gewissen Gebieten, erfreute sie sich außerdem der Ratschläge eines ihrer Onkel, des geschicktesten Politikers seiner Zeit, der ihr in seinen Briefen immer wieder die Wichtigkeit der Festlegung einer regelmäßigen Routine bei der Behandlung von staatlichen Angelegenheiten und des Gesprächs mit ihren Ministern ans Herz legte. Er warnte sie vor übereilten Entscheidungen und erklärte ihr, wie schwierig es oft sei, von einer einmal getroffenen Entscheidung zurückzutreten. Zusätzlich zu der Kontrolle aus der Ferne, an deren Ausübung Leopold so interessiert war, konnte sich Victoria stets an den unschätzbaren Stockmar wenden, wenn sie das Bedürfnis nach einem leichter verfügbaren Vertrauten hatte.

Beide wurden jedoch bald von ihrem Premierminister, Lord Melbourne, übertrumpft. Manchmal geschieht es, daß sich zwei Menschen als ideale Ergänzung des anderen zusammenfinden, und ihre Bedürfnisse und Temperamente passen so genau zueinander wie die Stücke in einem Puzzlespiel. So war es bis zu ihrer Heirat mit Victoria und Lord Melbourne. Bei ihrer Thronbesteigung war er ein enttäuschter Mann von 58 Jahren gewesen, der auf eine tragische Lebensgeschichte zurückblickte. Seine Frau, Lady Caroline Lamb, war geistig gestört gewesen; die gesamte Gesellschaft hatte über ihre stürmische Beziehung zu Lord Byron getuschelt. Bis zu ihrem Tode im Jahre 1826 hatte ihr William Lamb, wie Melbourne damals hieß, Geduld und Zärtlichkeit über jedes Lob erwiesen. Später starb sein einziger Sohn aus dieser unglücklichen Ehe, ein Epileptiker.

Melbournes Erfolge in der Politik waren kein Ersatz für die Qualen seines Privatlebens. Er war Politiker, weil er als Adliger in der Whig-Partei fast unvermeidlich dazu abgestempelt worden war. Als Lord Althorp die Nachfolge seines Vaters antrat und sich aus der aktiven Politik zurückzog, wurde Melbourne fast aus Mangel an Bewerbern zum Premierminister. Er bezeichnete diesen Posten als »eine verdammte Nervensäge« und fragte sich, ob er ihn annehmen solle. Seine Politik folgte der Linie der orthodoxen Whigs, die man nicht mit den Radikalen oder den zukünftigen Liberalen verwechseln sollte, bloß weil sie mit ihnen bei der Durchsetzung des Reformgesetzes von 1832 zusammengewirkt hatten. Die echte Grundauffassung der Whigs war aristokratisch und nicht reformfreudig.

Melbournes erster Antrieb war es, den Dingen einfach ihren Lauf zu lassen. Freimütig gestand er ein, daß er Leute aus dem Bürgertum nicht mochte, daß sie alle nur aus Heuchelei, Einbildung, Anmaßung und Verstellung bestünden. Desillusioniert und ohne Ehrgeiz, war er eher ein Mann von Welt, wohlinformiert, witzig, begabt mit dem großen Charme guter Manieren, einer schönen Stimme beim Reden und ungehemmtem Lachen. Victoria fand in ihm einen heiteren und anregenden Gesprächspartner. Immer wieder berichtet sie in ihrem Tagebuch von seinen lustigen und extravaganten Bemerkungen und Meinungen, deren viele ihre eigenen Denkweisen formten, bis später die Ansichten ihres Gatten die ihren zu beherrschen begannen. Melbourne gab sich entspannt, tolerant gegenüber den Lebensweisen der Gesellschaft, verfügte über einen Fundus von Geschichten und Klatsch, sowohl über die königliche Familie wie über die vornehme Welt; sie halfen Victoria die Lücken füllen, die ihr eine Jugend in Zurückgezogenheit hinterlassen hatte.

Diese Rolle war gegenseitig, denn unter Melbournes Charme, Leutseligkeit und Bonhomie hatte sich ein Quell frustrierter Zuneigung

William Lamb, 2. Viscount Melbourne: Gemälde von John Partridge, 1844. Melbourne sollte Victoria in ihren ersten Regierungsjahren die ihr notwendige Unterstützung und Freundschaft gewähren.

angesammelt. Wenn sein Leben gefühlsmäßig nicht veröden sollte, brauchte er verzweifelt jemanden, an den er seine in Jahren aufgestaute Zuneigung verschwenden konnte, jemanden, für den er eine Notwendigkeit darstellte. Nun hatte ihm das Schicksal in unerwartetem Edelmut die herausfordernde Aufgabe auferlegt, ein junges, reizendes Mädchen zur Königin zu erziehen. Fast sofort gewann er ihre Zuneigung und Beachtung. Nach ihrer ersten Unterredung mit ihm als Premierminister verlieh ihm Victoria ihre Sammlung beliebter Eigenschaftswörter: er war direkt, ehrlich, klug und ein guter Mann. Am Abend führten sie nach den Worten Victorias ein ebenso angenehmes wie wichtiges Gespräch, so daß sie schon größeres Vertrauen in ihn hegte. Victoria bewunderte sein Aussehen und empfand sein Auftreten als freundlich. Es war ein so erfreulicher Wechsel nach den

Eine der ersten öffentlichen Verpflichtungen Victorias als Königin bestand in der Fahrt zur Guildhall, wo sie mit dem Lord Mayor und der Stadtvertretung speiste. Dieser Stich zeigt die Kutschenfahrt der Königin über den Trafalgar Square am 9. November 1837. Im Hintergrund die Nationalgalerie und die Kirche St. Martin's-in-the-Fields.

letzten Jahren ihrer Jugend im Kensington-Palast! Mitte Juli nannte sie Melbourne ihren Freund, aber er wurde bald mehr als das. Victoria hatte eine neue »Vaterfigur« gefunden und Melbourne eine Ersatztochter. In den kommenden Wochen leisteten er und Lehzen, die er sich vernünftigerweise nicht zum Gegner machte, der jungen Königin Hilfe bei allen Feierlichkeiten und den Erfahrungen, die eine neue Herrschaft unvermeidlich mit sich bringt. Mama wurde mit aller Bestimmtheit in den Hintergrund gedrängt und blieb bei Staatsempfängen lediglich Statistin.

Inzwischen erwarb sich Victoria durch ihre jugendliche Haltung und Würde goldene Lorbeeren, ob sie nun das Parlament vertagte oder eine Versammlung des Hosenbandordens abhielt (den sie übrigens gern bei allen Gelegenheiten trug) oder sich durch den Lord Mayor unterhalten ließ. Wo immer sie erschien, grüßten sie anhängliche und begeisterte Menschenmengen, was eine neuerliche Annäherung zwischen Königin und ihrem Volk versprach. Diese Stimmung erreichte ihren Höhepunkt am Tage ihrer Krönung, dem 28. Juni 1838, genau einen Monat nach ihrem 19. Geburtstag. Ganz London feierte im Park mit den Kanonen, die ihren Salut um vier Uhr morgens hinausdonnerten. Danach gab es für niemanden mehr Schlaf, nicht einmal mehr für die Königin.

Als der große Tag herannahte, war Victoria ganz ruhig. Nachdem sie vor dem Anziehen ein kleines Frühstück eingenommen und danach noch einmal etwas gegessen hatte, bestieg sie um zehn Uhr die Staatskalesche. Der Zug erreichte die Westminster-Abtei kurz nach 11.30 Uhr. Es war schönes Wetter (Victoria hatte gewöhnlich gutes Wetter, so daß das »Königinwetter« sprichwörtlich wurde), und den

ganzen Weg entlang war der Festzug von donnerndem Beifall begleitet.
Victoria freute sich sichtlich über diesen Empfang. Mit Rührung schrieb sie von ihren anhänglichen Untertanen: »Ich kann nicht sagen, *wie* stolz ich mich fühle, Königin einer solchen Nation zu sein.«
Nachdem die Feier richtig begonnen hatte, wußten freilich viele Teilnehmer nicht recht, was sie tun sollten. Der betagte Erzbischof von Canterbury übergab den Reichsapfel zur falschen Zeit und steckte den Krönungsring an den falschen Finger, so daß das Abziehen später Schmerzen bereitete. Ein Anflug des Lächerlichen kam auf, als der zweiundachtzigjährige Lord Rolle, der der Königin die Hand küssen wollte, die Stufen wieder hinunterfiel, so daß Victoria, um einer Wiederholung des Unfalls vorzubeugen, zur obersten Stufe vortrat – eine spontane und freundliche Geste, die für ihre Warmherzigkeit kennzeichnend war.

Porzellanfigur der Königin mit Krone und Staatskleid aus Staffordshire.

Während der langen Zeremonien wurde die Königin durch die Gegenwart Melbournes aufrechterhalten, der ihr mit väterlichem Blick Zuspruch gab, und durch Baronin Lehzen, mit der Victoria ein Lächeln tauschte, während sie sich auf den Thron niederließ. Zum Palast zurückgekehrt erklärte sie, daß sie eigentlich nicht müde sei. Erst später beim Essen, als sie und Melbourne und die königliche Gesellschaft einen Rückblick auf die Ereignisse des Tages hielten, gestand sie ein, daß ihre Füße ein wenig müde seien. Sie hatte jedoch das »dankenswerte Gefühl, daß sie ihre Pflicht getan hatte«, als ihr Lord Melbourne, mit Tränen in den Augen, sagte, wie wundervoll sie sich der Aufgabe entledigt habe. Ihrem Tagebuch vertraute sie an, daß sie sich an »diesen Tag stets als an den *stolzesten* meines Lebens« erinnern werde. Überdies war die junge Königin von der Begeisterung und Zuneigung der Menschenmassen gerührt, die jeden Zentimeter der Straße besetzt hielten. Die Londoner hatten eine sprichwörtliche Freude an Zeremonien, ob es sich nun um eine königliche Prozession oder in früheren Tagen um eine Massenhinrichtung in Tyborn handelte. Beides bedeutete eine willkommene Unterbrechung im Leben der Leute, das meist eintönig und hart verlief.
Immerhin war die Begeisterung, mit der Victorias Krönung gefeiert wurde, mindestens auch ein Ausdruck des guten Willens der Londoner gegenüber ihrer jungen und reizenden Königin nach einer langen Folge höchst unlebendiger Herrscher. Die ersten Jahre der Regierungszeit Victorias bildeten einen der glücklichsten oder mindestens sorgenfreiesten Abschnitte ihres Lebens, obwohl sie später deren künstliche Heiterkeit im Vergleich mit dem tiefen Glück herabsetzte, das sie in ihrem Zusammenleben mit Albert erfahren durfte. Damals freilich erschien ihr das Leben wirklich vergnüglich. Nach den un-

glücklichen letzten Jahren war es wunderbar, ein Mensch zu sein, um den sich alles und jedermann zu drehen schien.
Victoria konnte nun das Reiten wieder aufnehmen, und sie begeisterte sich an ihren neuen Ausritten. Als gegen Ende August der Hof nach Windsor ging, begann Victoria regelmäßig auszureiten, und ihr Vergnügen daran wurde zweifellos noch verstärkt durch die Tatsache, daß Lord Melbourne oft mit von der Partie war.
Als die Zeit zur Rückkehr nach London herannahte, wurde Victoria traurig. Es war, so sagte sie, »der angenehmste Sommer, den ich *je in meinem Leben* verbracht habe.« London bot freilich auch seine Vergnügungen. Victoria nahm ihre Gesangsstunden mit ihrem alten Lehrer Lablache wieder auf und konnte sich auch ihrer Freude am Tanzen hingeben. Im Mai 1838 gab die Königin ihren ersten Staatsball, und zweifellos hatte niemand mehr Spaß daran als sie selbst. Sie tanzte jeden Tanz außer Walzer. Obwohl man seit kurzer Zeit Walzer tanzte, betrachteten die Prüden den Tanz noch immer mit leichtem Mißtrauen, und Victoria war, gestützt auf Melbournes Meinung, der Ansicht, daß das Herumwirbeln auf dem Tanzboden in den Armen eines jungen Mannes für eine junge Frau in ihrer Position ein allzu familiäres Benehmen darstelle. Später war Walzertanzen mit Albert eines ihrer besonderen Vergnügen. Trotz ihres Selbstverzichtes erklärte sie aber, der Ball sei wunderbar gewesen, und sie hätte sich froh und heiter gefühlt. An ihrem Geburtstag gab die Königin einen weiteren großartigen Ball bis zum Morgengrauen, so daß sie erst bei helllichtem Tag, so berichtet sie fröhlich, ins Bett kam. Alles in allem war es der schönste Geburtstag, den sie seit Jahren erlebt hatte.
Ebensoviel einfache Unterhaltung, wie ihr Reiten und Tanzen bereiteten, erlebte sie auch an den Abenden, die sie in Windsor oder im Buckingham-Palast mit ihrem engeren Hofstaat und ein paar auserwählten Gästen verbrachte, zu denen mindestens drei- oder viermal in der Woche auch Melbourne zählte. Gewöhnlich saß die Königin auf dem Sofa, das sie mit einem bevorzugten Gesellschafter teilte. Melbourne saß auf einem Stuhl in ihrer Nähe, während sich die übrige Gruppe rund um den Tisch versammelt hatte. Manchmal spielte die ganze Gesellschaft lustige Spiele, häufiger jedoch beherrschten die Königin und Lord Melbourne das Gespräch. Sie bat ihn um seine Meinung zu allem möglichen, und er äußerte sich zu jedem Gesprächsstoff, vom »verdorbenen Magen« bei Kindern – aufgrund der Tatsache, daß er als Kind gekochtes Hammelfleisch und Reispudding hatte essen müssen – bis zu Bildungsfragen der Arbeiterklasse. Manchmal schauten sie sich illustrierte Bücher wie die *Portraits* von Lodge an, die er zu Victorias großem Vergnügen mit Anekdoten über die Originale würzte.

Victoria in Begleitung Melbournes beim Ausritt in Windsor. Gemälde von Sir Francis Grant.

Viele Abende verbrachten sie so in einer Atmosphäre entspannter Häuslichkeit. Es dauerte nicht lange, und die Königin begann von Lord M., wie sie ihn in ihrem Tagebuch nannte, zu erwarten, daß er seine ganze Zeit bei ihr verbrachte und sich seinen alten Freunden entzog, und das sogar über die Stunden hinaus, die notwendigerweise den Geschäften gewidmet waren. Immer wieder schreibt sie von seiner »Väterlichkeit« und von seiner Freundlichkeit bei der Erläuterung schwieriger Dinge, ganz so, als wäre sie sein Kind gewesen. Sowohl bei Victorias Arbeit wie bei ihrem Spiel war ihr der Premierminister die wichtigste Person in ihrem Leben geworden.

Die idealistische Lebensform ihrer ersten Regierungsjahre sollte nicht von Dauer sein. Gegen Ende des Jahres 1838 sammelten sich die Sturmwolken, die den Sonnenschein ihres ersten Jahres verdunkeln sollten. Viel von der folgenden Unruhe, die die Königin selbst heraufbeschwor, hatte ihre Ursache in der Tatsache, daß sie durch die Gefühle der Abneigung gegen Sir John Conroy und ihre Mutter ihr Urteil hatte beeinflussen lassen. Mitfühlendes Taktgefühl zeigte Victoria gegenüber Königin Adelaide. Sie sprach sie weiterhin als Königin an und bewillkommnete sie stets bei Hofe, aber ihre eigene Mutter wurde deutlich von ihrem Privatleben ausgeschlossen, obwohl der Form halber Mutter und Tochter noch zusammen in der Öffentlichkeit in Erscheinung traten. Im Privaten war die Herzogin in ihren eigenen vier Wänden isoliert, und sie durfte sogar die Wohnung ihrer

Tochter ohne deren Erlaubnis nicht betreten. Ein Teil der Unruhe ging wie immer auf Sir John zurück. Die Herzogin hatte sich darum bemüht, die Königin solle ihm ein Zeichen der Gunst erweisen. Statt dessen hatte ihn Victoria prompt aus dem königlichen Haushalt ausgeschlossen. Sie konnte ihn jedoch nicht daran hindern, auch weiterhin der Schatzmeister ihrer Mutter zu sein, und die Herzogin weigerte sich, sich von dem Mann zu trennen, den sie auch weiterhin als alten und treuen Freund betrachtete. Erst Mitte des Jahres 1839 überredete ihn schließlich der Herzog von Wellington, seinen Abschied zu nehmen, und um diese Zeit war das Unheil bereits geschehen.

Inzwischen nahm die Lehzen Rache für die Jahre, in denen ihr Conroy das Leben zur Hölle gemacht hatte, weil sie Partei für Victoria ergriffen hatte, und fachte das Feuer der königlichen Gefühle noch an. Die Bande, die die Königin mit der Baronin verbunden hatten, waren so fest wie je geblieben; Victorias Empfindungen gegen ihre richtige Mutter waren wirklich so bitter, daß sie gegen alle Natur die Baronin der Herzogin unterzuschieben begann, indem sie sie als »liebste Mutter Lehzen« anredete. Angesichts eines adoptierten »Vaters«, der sie bewunderte und die Situation mit ihren Augen sah, und einer eifersüchtig besitzergreifenden alten Jungfer, die die Rolle der »Mutter« zu spielen verurteilt war, überrascht es kaum, daß Victoria bei der Versuchung, den Ruf eines der treuesten Freunde der Herzogin von Kent schädigen zu können, das Opfer ihrer eigenen Gefühle wurde.

Die Versuchung, Rache zu üben, trat zu einer Zeit auf, als Victoria nervlich erschöpft und daher besonders verwundbar war. Nach den ersten berauschenden Freuden des Königinseins trat eine sehr natürliche Reaktion ein: Schließlich war sie kaum zwanzig. Außerdem war Lord Melbourne fast zur fixen Idee bei ihr geworden. Sie war eifersüchtig, wenn er Zeit bei seiner alten Freundin Lady Holland verbrachte, und reizbar, wenn sie nicht als Mittelpunkt seiner Aufmerksamkeit erschien.

Überdies gab es da nagenden Verdruß hinsichtlich der politischen Lage. Melbournes Regierung war schwach und wachsendem Druck von Seiten des Tory-Führers, Sir Robert Peel, ausgesetzt. Plötzlich hörten Aktivitäten, die so erregend und so befriedigend erschienen waren, auf, befriedigend zu sein. Victoria war in eine jener Phasen nervöser Reizbarkeit geraten, in denen Gefühle nicht nur die Herrschaft über sie ergriffen, sondern sie auch zu Verdächtigungen trieben, für die es wenig Gründe gab. Das Ergebnis war schrecklich für die junge Königin.

Im Mittelpunkt der Tragödie stand Lady Flora Hastings, die seit 1832 Mitglied des Hofstaates der Herzogin von Kent war und deshalb eine allgegenwärtige Erinnerung an die verhaßte Vergangenheit darstellte. Weder Victoria noch die Lehzen mochten sie, weil sie, abgesehen vom Zusammenstoß der Temperamente, zur Conroy-Clique gehört hatte. Nach der Thronbesteigung der Königin verblieb sie jedoch in ihrer Stellung als Hofdame der Herzogin. Als Lady Flora nach einem Weihnachtsbesuch bei ihrer Familie in Schottland zu ihren Pflichten zurückkehrte, teilte sie auf der Rückreise nach London den Postwagen mit Sir John Conroy. Bei ihrer Ankunft suchte Lady Flora, die sich unwohl fühlte, Sir James Clark auf, seit 1835 Arzt der Herzogin. Er nahm ihre Erkrankung nicht allzu ernst, sondern verschrieb ihr lediglich Rhabarber und Brechwurzpillen.

Was immer auch mit ihr los war, an diesem Tag sah sich Lady Flora nicht verhindert, am Essen im Palast teilzunehmen. Zwei Tage später meinten Victoria und die Lehzen, einen interessanten Wandel in Lady Floras Figur feststellen zu können, und begannen, da ihnen nichts zu schlecht erschien, was man der Lady oder Sir John zutrauen konnte, darüber Spekulationen anzustellen, ob sie schwanger sei. Das Geheimnis wurde niemals völlig aufgeklärt, wieso auch Sir James Clark begann, diesen Verdacht zu teilen. Gerüchte gingen dann unter den Damen der Königin um. Statt nun Lady Flora selbst oder die Herzogin von Kent darauf anzusprechen, besprach Lady Tavistock, die Älteste unter den Kammerdamen, die Angelegenheit mit Melbourne. Entsprechend seinem Charakter riet er zum Abwarten. Er verwies jedoch die ganze Geschichte nicht einfach ins Reich der Fabel, möglicherweise weil teils mitgerissen von der Heftigkeit der Gefühle Victorias und teils weil er nicht gerade unglücklich darüber war, wenn der Name der Hastings (die Familie waren eingefleischte Tories) von einem Skandal befleckt würde. Zudem gehörte Melbourne zu einer Generation, die sich nicht übermäßig schockiert oder überrascht gezeigt hätte, wenn Lady Flora wirklich schwanger gewesen wäre. Angesichts der Zweifel von Sir James mag er tatsächlich geglaubt haben, das sei der Fall. Erst im Februar kam Lady Portman zur Aufwartung und entschied, daß die Angelegenheit keinen längeren Aufschub duldete und Lady Flora mit dem häßlichen Gerücht konfrontiert und die Herzogin informiert wurden.

Mutig und voller Würde stimmte Lady Flora einer Untersuchung durch Sir James und seinem Kollegen Sir George Clarke zu. Zu einer Zeit, in der die physischen Funktionen einer Frau von einem Schleier der Empfindsamkeit und Sentimentalität verdunkelt waren, stellte die Unterwerfung unter eine solche Untersuchung eine tapfere Handlung dar, und als es offenbar wurde, daß Lady Flora noch Jungfrau war, hätte diese Nachricht den Skandal beenden sollen. Die Königin war bestürzt über die falsche Position, in die sie sich und Lady

Lady Flora Hastings, die unglückliche Hofdame der Herzogin von Kent, nach einem Stich von Findon. Victoria wurde von der öffentlichen Meinung für die Hetze gegen sie und ihren bald darauf folgenden Tod verantwortlich gemacht. Das Ergebnis war ein beträchtlicher Sympathieverlust für die Monarchin.

Flora gebracht hatte, indem sie weder die Gerüchte unterdrückt noch ihre Mutter davon unterrichtet hatte, und sie tat jetzt, was in ihren Kräften stand, um den Schaden ungeschehen zu machen. Sie drückte Lady Flora schriftlich ihr Bedauern aus und lud sie zu sich ein. Doch erst nach einer Woche fühlte sich die verleumdete Frau, erschüttert sowohl durch Krankheit wie durch ihren Opfergang, stark genug, um die Königin aufzusuchen.

Zu diesem Zeitpunkt verschlimmerte sich die Situation erneut, und der Klatsch begann bis zur Presse durchzudringen. Auch scheinen die Ärzte, die die Untersuchung vorgenommen hatten, den Versuch unternommen zu haben, sich durch den Hinweis zu decken, daß selbst dann, wenn eine Frau »technisch« noch Jungfrau war, gelegentlich eine Schwangerschaft bekanntgeworden ist. Leute, die sich dessen bewußt sind, daß sie jemand Unrecht getan haben, neigen dazu, jede Erklärung aufzugreifen, die man nur vorbringen kann, um anzudeuten, daß der so verleumdete Mensch in der Tat wesentlich Mitschuld trage, oder daß wenigstens Grund zu dieser Annahme bestehe.

Ohne Zweifel scheinen sowohl die Königin wie Melbourne nach den Strohhalmen der ärztlichen Zweifel geschnappt und sich weiter eingeredet zu haben, Lady Flora sei wirklich schwanger. Inzwischen fragten sowohl die Herzogin wie die Familie Hastings danach, von wo das Gerücht seinen Ausgang genommen habe. Wenn Sir James Clark der Schuldige war, der ja auch der Arzt der Königin war, stellte sich die Frage, warum sie ihn nicht aus ihrem Dienst entließ, wie es die

Karikatur vom Januar 1838. Sie zeigt John Bull unter einer Wippe, auf der links Wellington, Führer der Tories, sitzt, während Melbourne, Führer der Whigs, hoch auf dem anderen Ende reitet. Die junge Königin steht in der Mitte auf dem Brett, zeigt jedoch deutlich ihre Vorliebe für die Whigs und Melbourne.

Herzogin von Kent sofort getan hatte. Statt dessen unterstützte ihn Victoria weiterhin mit der ihr eigenen Treue gegenüber Freunden. Hierdurch gab sie Anlaß zu einer weiteren jener faszinierenden Fragen der Geschichte: Nämlich ob, wenn im Jahre 1861 Sir John nicht noch immer ihr erster medizinischer Berater gewesen wäre, der Prinzgemahl nicht früher eine wirkungsvollere Behandlung gegen Typhus hätte erfahren können, und wenn nicht, hätte es etwas bedeutet?

Selbst die direkten Folgen der Hartnäckigkeit der Königin waren unheilvoll. Ein Brief, den Lady Flora ihrem Onkel mit allen Einzelheiten der scheußlichen Geschichte geschrieben hatte, wurde im *Examiner* veröffentlicht. Die Publizität, die Melbourne befürchtet hatte, war eingetreten. Plötzlich sank die Volkstümlichkeit der Königin ab, und sie konnte sich nicht mehr dazu überwinden, mit Lady Flora zu sprechen.

Inzwischen drohten politische Unruhen. Im Jahre 1839 machte Großbritannien, ebenso wie seine Königin, eine unangenehme Phase durch. Seit 1837 war der Handel zurückgegangen. Die Folge war Arbeitslosigkeit besonders in städtischen Gebieten, wo die Versuche, die Armengesetzänderung von 1834 durchzubringen, zu Aufständen führte. Das Mißvergnügen der Arbeiterklasse gab zu einer neuen Protestbewegung Anlaß, die als Chartismus bekannt ist, weil die Forderungen in den sechs Punkten der Volkscharta enthalten waren. Diese entsprachen der Verfassung zwar in der Form, sie waren aber in ihrer Motivation wirtschaftlich bestimmt, und da sie von Versammlungen und Kongressen gestützt wurden, erregten sie jene latenten Befürchtungen, die die besitzenden Klassen seit der Französischen Revolution in Schrecken versetzt hatten. Außerdem organisierten die Industriellen der Mittelklasse die mächtige Anti-Getreide-Gesetz-Liga, die sich die Abschaffung der Getreidegesetze zum Ziel gesetzt hatte, die nach ihrer Meinung die Handels- und Industrieausweitung dadurch behinderte, daß sie den Brotpreis künstlich hochhielten und Importe erschwerten. Da dieses Programm allgemein als eine Bedrohung landwirtschaftlicher Interessen angesehen wurde, die so stark im Parlament vertreten waren, erschien es als neues Symptom weiterer Zwänge im sozialen und wirtschaftlichen Gefüge des Königreiches.

Sogar in der Regierung drängte der radikale Partner, den Melbourne und daher auch die Königin nicht mochten, auf weitere Reformen, während Peel im Hintergrund ruhig darauf wartete, daß die Regierung durch ihre eigene Schwäche zu Fall kommen werde.

Der Tag, an dem Victoria ihre so oft schwergeprüfte Vaterfigur verlieren sollte, kam schrecklich nahe. Diese Gefahr muß ihr, zusammen

Schloß Windsor in unserer Zeit, Gemälde von Landseer. Victoria und Albert mit ihrer ältesten Tochter, der Kronprinzessin, in den frühen vierziger Jahren. Albert sitzt vor seinen Hunden und dem Wild, das er geschossen hat, während ihn seine Frau ernst und bewundernd anschaut. Die Königin bezeichnete das Bild als »sehr fröhlich und ansprechend«.

»Wie alles sich gegen mich wendet.«

mit der Lady-Flora-Affäre, das Gefühl vermittelt haben, »wie alles sich gegen mich wendet«. Die Verbindung von Dickköpfigkeit und verletztem persönlichen Gefühl, das ihr Rückzug in der Hastings-Affäre verursacht hatte, ermöglichte es ihr in dem Augenblick, als im Mai die Regierung eine Niederlage erlitt, die Toryflut zurückzuhalten.

Es gibt jedes Anzeichen dafür, daß sich Victoria damals erschüttert, ja verzweifelt fühlte. Die scheußliche Angelegenheit mit Lady Flora hing ihr noch an. Sir John blieb der Kontrolleur ihrer Mutter, und die Königin fing an, etwas zu entwickeln, was man fast als Verfolgungswahn sowohl gegen die Herzogin als auch gegen Sir John bezeichnen könnte. In ihren privaten Gesprächen mit Melbourne schien sie unfähig, sich von diesem leidigen Thema abzusetzen. Zu dieser Zeit wünschte sie den Auszug ihrer Mutter aus dem Buckingham-Palast zu betreiben, jedoch bestimmte die Konvention, daß eine junge, unverheiratete Frau, auch wenn sie Königin war, nicht in aller Offenheit den mütterlichen Schutz abschütteln könne.

Die einzige Alternative, die Victoria zu dieser Zeit mit viel schlimmen Befürchtungen ins Auge faßte, war die Heirat. Ganz offenkundig war sie eine sehr verwirrte und unglückliche junge Frau, und der Verlust der Unterstützung durch ihren »ausgezeichneten Melbourne« war etwas, was sie gar nicht in Erwägung zu ziehen vermochte. Da sie sich jedoch in den Pflichten eines konstitutionellen Monarchen eingeübt hatte, erkannten sie beide, daß ihre alte Routine der täglichen Briefe und Unterhaltungen, die gemütlichen Dinnerparties, die sein Fundus an Informationen und seine lustigen Bemerkungen belebte, ja alles, was ihr Leben erträglich machte, in dem Augenblick zu Ende gehen würde, in dem er seinen Posten als Premierminister verlöre.

Nach seiner Niederlage im Parlament mußte ihr Lord Melbourne mitteilen, daß er am Abend weder zum Dinner noch danach zu Besuch kommen könne und daß er während der Verhandlungen um eine neue Regierung die Königin überhaupt nicht sehen dürfe. Sowohl der ältliche Politiker als auch die junge Frau waren während der schmerzlichen Unterredung, in der er ihr seinen Rücktritt erklären mußte, nahe daran, in Tränen auszubrechen. Victoria berichtete von ihrem »furchtbaren Kummer«. Niemals habe ihr etwas mehr Schmerz bereitet als die Nachricht, daß er zurücktreten müsse. Als er ihr die Hand reichte, konnte sie diese kaum freigeben, und sein Blick voller Mitleid und Zuneigung ließ sie fast aufschluchzen, so daß sie kaum sprechen konnte. Was als die »Schlafzimmerfrage« oder »Hofstaataffäre« bekannt wurde, muß auf diesem Hintergrund persönlichen Kummers gesehen werden.

Victoria hatte die Absicht, ihre Pflicht als konstitutionelle Monarchin zu erfüllen, so wie sie diese Pflicht sah. Es war vielleicht ihr Pech, daß damals das Verständnis ihrer Rolle sich in einem Fluktuationszustand befand, obgleich ihr diese Tatsache mehr Manövrierfähigkeit verlieh, als sie einem Herrscher des zwanzigsten Jahrhunderts erlaubt wäre. George III. hatte sich zweifellos insoweit als konstitutioneller König verstanden, als er keine Absicht bekundete, das Gesetz oder den legal ausgedrückten Willen des Parlaments außer Kraft zu setzen. Trotzdem betrachtete er die Minister als seine Diener und glaubte ein Recht zu der Erwartung zu haben, daß das Parlament sie nicht aus rein parteipolitischen Motiven angreife.
Tatsächlich galt es bis zu seiner Thronbesteigung im Jahre 1760 als allgemeine Übung, daß der König seine Minister auswählte, auch wenn diese Wahl dann für die Mehrheit der Mitglieder des House of Commons annehmbar sein mußte. Die letzten Jahre der Regierungszeit Georgs III. hatten gezeigt, daß diese Übereinkunft weitgehend außer Kraft war. William IV. war der letzte Herrscher, der auf seinem Recht zur Ernennung seiner eigenen Minister pochte, in der Hoffnung, das Parlament werde seine Wahl billigen, indem er Peel und Wellington seine Unterstützung lieh, als er sie im November 1834 bat, eine Regierung zur Ablösung der Whigs zu bilden.
Bei der allgemeinen Wahl, die im Dezember folgte, gelang es Peel trotz der Unterstützung durch die Krone nicht, eine absolute Mehrheit zu erringen, und obwohl Peel im Februar 1835 kurze Zeit weiterregierte, zwang ihn im Februar 1835 eine Verbindung von Whigs, Radikalen und irischen Parlamentsmitgliedern zum Rücktritt zugunsten Lord Melbournes. Hinfort konnte die Krone nicht länger von den Commons erwarten, daß sie Minister lediglich deshalb stützten, weil sie das königliche Vertrauen genossen.
Melbourne hatte Victoria so erzogen, daß sie dies als eine Gegebenheit des politischen Lebens akzeptierte, und sie erkannte, daß sie als Königin einige Männer, die sie nicht mochte, bitten mußte, eine Regierung zu bilden. Soweit war die verfassungsmäßige Situation klar, und bis hierhin war die Königin bereit, ihre Pflicht zu erfüllen, obwohl sie hoffte, der Herzog von Wellington und nicht Sir Robert Peel, gegen den sie große Abneigung empfand, möge ihr neuer Premierminister sein.
Verfassungsmäßig weniger klar war, bis zu welchem Grade sich der Wechsel in der Regierung auch in Veränderungen im königlichen Hofstaat widerspiegeln müsse. Unglücklicherweise setzte sich dieser allein aus Whigs zusammen. Victoria selbst war eine leidenschaftliche Whig-Anhängerin und machte keinen Hehl daraus. Die Whigs waren ihre Freunde, die Tories ihre Feinde. Die Verfassungspraxis war noch

Sir Robert Peel, Führer der Tories im Jahre 1839. Als Folge der Dickköpfigkeit der Königin in der sogenannten Hofstaatfrage gelang es ihm nicht, in diesem Jahr eine Regierung zu bilden. Gemälde von J. Linell, 1838.

nicht so weit erstarrt, daß sie dem Herrscher strikte Neutralität auferlegte, aber Sir Robert konnte kaum mit Gleichmut einen Hof ins Auge fassen, der ausschließlich mit seinen politischen Feinden bevölkert war. Die Zusammensetzung des königlichen Hofstaates schien sich daher zu einer wichtigen politischen Frage zu entwickeln. Melbourne bemühte sich, den Schlag abzumildern, daß er sie verlassen müsse. Er erkannte, daß Victoria, wenn sie gleichzeitig mit dem Verlust der ihr vertrauten Personen, die sie seit ihrer Thronbesteigung umgeben hatten, konfrontiert würde, einer zusätzlichen Pein unterworfen würde, wo sie ihre Lage doch ohnehin als unerträglich empfand. Er machte daher einen Vorschlag, der sich als höchst gefährlich erweisen sollte.

Der Vorschlag lief darauf hinaus, sie solle in ihren Verhandlungen mit Peel der Hoffnung Ausdruck geben, daß niemand aus ihrem Haushalt entfernt werden solle, ausgenommen die politisch aktiven Mitglieder. Dies bedeutete in der Tat, daß keine der Damen – selbst wenn ihre Ehemänner als Gegner der Tories bekannt waren – durch Tories ersetzt werden könnten. Der Königin erschien dies eine vernünftige Bedingung. Sie war bereit, ihre Minister in Übereinstimmung mit dem Willen des Unterhauses zu ersetzen, und sie würde selbst die Herren ihres Hofstaates auswechseln, die aktive Politiker und Mitglieder des Parlaments waren, aber sie war nicht bereit, ihre Damen aufzugeben, deren Beziehung zu ihr nach ihrer Meinung persönlicher und nicht politischer Natur war.
An dieser Bedingung scheiterten die Verhandlungen mit Peel. Zwar nahm der Streit die Form einer Verfassungskrise an, jedoch war er in Wirklichkeit der Zusammenstoß von Persönlichkeiten. Melbourne hatte Peel als steifen, kalten Mann bezeichnet. Er war zweifellos kein Typ, der leicht Beziehungen mit einer impulsiven, gefühlsbetonten und aufgestörten jungen Frau aufnehmen konnte. Während seiner politischen Laufbahn hatte er nur sehr selten seine Handlungen durch eigene persönliche Interessen oder Vorlieben und Abneigungen beeinflussen lassen, wenn er die Interessen des Landes im Spiele glaubte, und es fiel ihm nicht leicht zu verstehen, daß andere Leute nicht zum gleichen Grad der Distanziertheit fähig waren.
Peel genoß die Achtung vieler Engländer, aber es gab nur wenige, die ihn mochten und anerkannten. In späteren Jahren sollte einer von ihnen Prinz Albert sein – und überraschenderweise sollte auch die Königin immer mehr Sympathie für ihn empfinden. Zudem litt Peel unter dem weiteren Nachteil, daß er eine hohe politische Position ausfüllen sollte, die von altersher den Adligen vorbehalten war. Es stimmt zwar, daß sein Vater, ebenfalls Sir Robert Peel, zum Baron ernannt worden war, aber das Vermögen der Peels war im Baumwollhandel entstanden. Es stimmt auch, daß Lord Melbourne behauptete, von seinem eigenen Großvater nichts zu wissen, was Victoria sehr schön an ihm fand, aber Peel hing noch der Ruf an, »nicht ganz ein Gentleman« zu sein. Victoria verglich ihn mit einem Tanzmeister – während »der liebe Lord Melbourne« eben ein Peer war. Der dickschädeligen jungen Frau gegenüber befand sich Sir Robert also in einem beträchtlichen Nachteil.
Zunächst schienen sich die Verhandlungen, die der Herzog von Wellington eröffnete, ohne Ergebnis hinzuziehen. Die Königin schrieb an Melbourne, sie habe den Eindruck, Peel sei weder glücklich noch optimistisch. Victoria brüstet sich zwar, sie habe keine innere Bewegung zu erkennen gegeben, doch kann sie kaum die notwendige

Herzlichkeit gezeigt haben, die einen Mann wie Peel in gute Laune versetzt hätte, besonders da er von ihrer Vorliebe für Melbourne wußte.

»Ich sagte, ich könnte keine meiner Damen aufgeben, und niemals wäre mir ein solcher Gedanke gekommen.«

Bei den folgenden Gesprächen ging alles seinen sanften Gang, bis Sir Robert die Frage der Hofdamen aufwarf. Entrüstet antwortete die Königin, daß sie nicht daran denke, eine von ihnen aufzugeben. Meinte sie wirklich alle, die Kleiderzofen und die Kammerdamen? »Alle« war die unnachgiebige Antwort. Das Ergebnis war eine echte *Sackgasse*. Victoria war entschlossen, ihre Hofdamen nicht zu verlieren, und betrachtete es als eine Unverschämtheit, daß man sie darum anging. Sir Robert entgegnete, daß er einen Beweis für ihr Vertrauen in ihre neuen Minister haben müsse und daß viele der in Frage stehenden Damen mit seinen politischen Gegnern verheiratet seien. Victoria konterte mit der Erklärung, daß sie niemals mit ihren Hofdamen über Politik spreche, was wahrscheinlich tatsächlich zutraf. Eine Ursache für diese Schwierigkeit bestand darin, daß weder die Königin noch Peel einen bestimmten Präzedenzfall nennen konnten. Victoria war die erste regierende Königin seit Königin Anne, zu deren Zeit die konstitutionelle Position der Monarchie völlig anders ausgesehen hatte. Seitdem war der Hofstaat der Königin lediglich der einer Prinzgemahlin gewesen.

Nach dem Gespräch informierte Victoria Melbourne darüber, daß sie nie in ihrem Leben einen Mann so erschrocken gesehen habe! Ganz offenkundig glaubte sie, sie werde die Schlacht gewinnen, denn sie forderte Melbourne auf, auf die Ereignisse in den nächsten paar Stunden vorbereitet zu sein. In der Zwischenzeit versuchte der Herzog von Wellington sein Bestes, um der entrüsteten Königin eine Vorlesung über die verfassungsrechtlichen Folgen zu halten, wobei er darauf hinwies, daß es ganz unerheblich sei, ob sie mit ihren Hofdamen über Politik rede oder nicht, denn die Sache sei eine Prinzipienfrage. Trotz allem, was der Herzog oder Peel sagen konnten, war Victoria davon überzeugt, daß sie nur ihre Rechte verteidigte und daß es absurd wäre, wenn Peel die Verhandlungen abbräche, bloß weil sie ihre Damen aufzugeben sich weigere.

Die entschlossene junge Frau hatte sowohl Lord Melbourne wie auch Sir Robert Peel dahin gedrängt, wo sie sie haben wollte. Sie informierte Peel über ihren Entschluß, einem Handlungsablauf ihre Zustimmung zu versagen, der sowohl der Üblichkeit wie ihren Gefühlen widersprach, und dann teilte sie Melbourne mit, was sie gesagt hatte. Peel weigerte sich unter diesen Umständen, die Regierungsbildung vorzunehmen, und machte in seinem Absagebrief Melbourne noch dadurch etwas unsicher, daß er sagte, der designierte Premierminister stelle fest, er habe die Königin gebeten, nur *einige* Damen auszu-

wechseln, während die Königin beständig durchblicken lasse, man fordere sie auf, *alle* Hofdamen zu ersetzen. Als Melbourne auf diesen Widerspruch hinwies, argumentierte Victoria mit der Art von Logik, die manchmal als echt weiblich bezeichnet wird, nämlich, es gebe keinen Unterschied zwischen »einige« und »alle«.
Sei dem, wie es sei, Lord Melbourne hielt es für angebracht, die gesamte Situation dem Kabinett vorzutragen, bevor er weiterregieren könne. Gefühle und das Schauspiel einer hilflosen jungen Königin, die für ihre Hofdamen kämpfte, verhalfen ihr zur Unterstützung durch das Kabinett, und Sir Robert und die Tories traten besiegt den Rückzug an.
Victoria behielt für weitere zwei Jahre ihre »Vaterfigur«. Sie hatte ihren Feldzug mit Hartnäckigkeit und Geschick geführt. Hatte sie wirklich geglaubt, daß Peel die Absicht hegte, ihren gesamten Hofstaat hinwegzufegen? Sie hat Melbourne bestimmt erzählt, Peel sei ein so kalter, seltsamer Mann, daß sie niemals sicher sein könne, ob sie seine Meinung verstanden habe, und daher könnten sich wohl einige Mißverständnisse eingeschlichen haben. Oder hatte sie sich selbst eingeredet, es gebe keinen wesentlichen Unterschied zwischen »einige« und »alle«? Wie dem auch sei, es war keine kleine Leistung und zeigte ihre Zähigkeit, Treue und schiere Klugheit, wenn sie für eine Sache kämpfte, an die sie glaubte.
Das Ende der Flora-Affäre erwies sich als weniger glücklich. Immer noch zirkulierten häßliche Gerüchte. Als Victoria in Begleitung von Melbourne in Ascot die Rennstrecke entlangritt, zischten sie zwei Tory-Damen von der Tribüne aus an. Bei anderer Gelegenheit rief man aus der Menge »Mrs. Melbourne«. Ende Juni war es klar, daß Flora, gleich aus welchem Grunde, im Sterben lag. Am 27. Juni raffte sich die Königin in einer verspäteten Sympathieanwandlung dazu auf, der unglücklichen Dame einen Besuch abzustatten. Lady Flora starb am 5. Juli. Vor ihrem Tode hatte sie darauf bestanden, ein post-mortem-Gottesdienst solle abgehalten werden, um ihren Namen zu reinigen, und sie ließ mitteilen, daß sie an einem Lebertumor gestorben sei. Dies war die unbekannte Ursache der verdächtigen Schwellung gewesen. Ihre Leiche wurde mit dem Schiff in ihre Heimat nach Schottland überführt, wo sich das Begräbnis in einen fast stummen Anti-Victoria-Protest verwandelte. Als die Königin in London einen Wagen sandte, der sich in den Leichenzug einordnen sollte, um die Leiche auf der ersten Etappe ihrer Heimreise zum Pier zu begleiten, wurden ein paar Steine auf den Wagen geworfen. Vorbei war es mit der Popularität der heiteren jungen Königin, deren Zukunftsaussichten nunmehr so aussahen, als ob sie eine genauso unbeliebte Figur machen würde wie ihre beiden Onkel vor ihr.

What George! do you allow yourself
to be done out of a Fair in that way?
why man you have lost half a Crown
I'm an English boy mam He's a foreigner–
Besides, I have been looking out for you a
long time
Come mam, give me your hand dont be
afraid I'll pull you along

Werbung und Heirat

1839-1840

Um das Jahr 1839 sah sich Victoria einem anderen Problem gegenüber, nämlich der Frage einer künftigen Heirat. Thronerbe nach ihr war ihr unpopulärer Onkel, Ernst August, Herzog von Cumberland, der als König von Hannover seinem Bruder William IV. auf den Thron gefolgt war, weil nach dem Hannoveranischen Gesetz Frauen dort von der Thronfolge ausgeschlossen waren. So war das Bindeglied zwischen den beiden Ländern, das aus der Zeit der Thronbesteigung Georgs I. datierte, zerbrochen. Ihr Onkel war nicht nur unbeliebt, sein Sohn war auch blind.

Es lagen daher vernünftige Gründe vor, warum Victoria heiraten und einen Erben hervorbringen sollte, es sei denn, Großbritannien und Hannover vereinigten sich wieder unter einem König, der dem britischen Volk unannehmbar erschien. Aus dieser Frage ergaben sich viele Gespräche mit Melbourne, und im Juli erklärte ihm die Königin, das ganze Thema sei ihr verhaßt, und sie wolle lieber möglichst überhaupt nicht heiraten, eine Aussage, die er mit einigem Zweifel aufnahm. Er versicherte ihr allerdings, es gebe in der Öffentlichkeit anscheinend keine Befürchtungen in dieser Angelegenheit, obwohl er sie vorausgesehen habe. Er stimme daher mit ihr insofern darin überein, daß derzeit keine Notwendigkeit für einen Entschluß bestehe, bis etwa Ungeduld auftrete. Victoria könne sicher noch ein oder zwei Jahre warten. Ihr Zögern mag etwas überraschend erscheinen: Seit dem Besuch ihrer Coburger Vettern Albert und Ernst im Jahre 1836 hatte Victoria offenbar die Tatsache hingenommen, daß ihr Onkel Leopold von Belgien eine Heirat zwischen ihr und dem jüngeren der beiden Vettern, Albert, plante, und sie hatte damals gewiß keine Abneigung gegen das Projekt offenbart.

Nach dem Besuch der Vettern hatte sie ihrem Onkel für die Aussicht »großen Glücks« gedankt, das sie in der Person des »lieben Albert« erblickte, der nach ihrer Meinung jede Eigenschaft besaß, die sie glücklich machen könnte. Sie nannte diese Eigenschaften dann der Reihe nach: »Er ist so einfühlsam, so freundlich und so gut, und auch so umgänglich. Außerdem hat er das gefälligste und erfreulichste Äußere und Erscheinungsbild, das man sich vorstellen kann.«

Seit jenem ersten Zusammentreffen hatten es keinen weiteren persönlichen Kontakt zwischen den beiden jungen Leuten gegeben. Bei ihrer Thronbesteigung hatte Albert seiner Kusine lediglich einen korrekten und formalen kleinen Glückwunsch gesandt. Aus ihrer späteren Korrespondenz mit ihrem Onkel ergibt sich, daß Victoria noch im April 1838 Albert als ihren zukünftigen Gatten betrachtete, aber ein unpersönlicher Ton hatte sich in ihre Beziehung eingeschlichen. Leopold war eifrig dabei, der Königin von England den jungen Prinzen als Gatten zuzuführen, und fragte Victoria um Rat wegen der besten

Vorhergehende Seiten: Satire auf Victorias Heiratsproblem. Die rivalisierenden Bootsmänner sind Prinz Albert von Sachsen-Coburg (rechts) und Prinz George, der erste Vetter der Königin (links), den sein Vater, Adolphus, Herzog von Cambridge, antreibt. George war der begünstigte englische Heiratskandidat. Hinter der Königin steht Melbourne, der ihr rät, Albert zu nehmen.

Prinz Albert von Sachsen-Coburg-Gotha: Porträt von Franz Xaver Winterhalter.

Winterhalters Gemälde von der königlichen Familie, 1846: Victoria, Albert und fünf ihrer Kinder. Von links nach rechts: Alfred, Edward, Prinz von Wales, Alice, Helena und Vicky.

Methode, wie man seine Erziehung für die Erfüllung dieser Aufgabe ausrichten könne. Auf diese Weise machte Leopold seiner Nichte klar, daß er gern sähe, wenn Albert sich zu einem sehr guten und hervorragenden jungen Mann entwickle, und daß er selber keine Mühe scheuen würde, um dieses Ziel zu erreichen. Nach einem Briefwechsel, den Victoria deutlich frei von Gefühlen führte, wurde beschlossen, daß eine Reise ins Ausland, mit Stockmar als Fremdenführer, der beste Plan wäre.

»Ich muß in die Gesellschaft eintreten, die Lebensgewohnheiten der vornehmen Welt erlernen und meine Kultur mit modischen Fertigkeiten korrumpieren.«

Albert scheint hinsichtlich seiner Zukunftsaussichten nicht allzu glücklich gewesen zu sein, und er schrieb an seinen hochgeliebten Tutor: »Ich muß in die Gesellschaft eintreten, die Lebensgewohnheiten der vornehmen Welt lernen und meine Kultur mit modischen Fertigkeiten korrumpieren«, und er fügte mit leichter Bitterkeit hinzu: »Letzteres würde in Victorias Augen als außerordentlich gutes Zeugnis erscheinen.« Doch beschied er sich dahin, die Sache durchzustehen in der Hoffnung, daß seine persönliche Integrität dabei nicht leiden würde.

In ziemlich unregelmäßigen Abständen berichtete Stockmar der Königin. So zum Beispiel, Albert habe in Rom so ausgiebigen Gebrauch seiner Zeit gemacht, daß so gut wie nichts an Größerem unbeachtet geblieben sei. Sie besuchten sogar den Vatikan, und später gab Albert einen lebhaften und vergnüglichen Bericht von der päpstlichen Audienz. Dieser Bericht läßt die diebische Freude des Prinzen am Lächerlichen erkennen, denn er beobachtete einen Kleriker, der den Fuß des Papstes zu küssen versuchte.

Weder Leopold noch Victoria scheinen etwas dabei gefunden zu haben, Alberts Leben zu bestimmen, aber man müßte einem jungen Mann wohl verzeihen, wenn ihm die Tatsache, daß seine zukünftige Frau eine so bedeutende Rolle in der Gestaltung seiner Erziehung spielt, an den Stolz geht. Albert war tatsächlich verständig, gut und freundlich. Er besaß alle Tugenden, die er in der Zukunft benötigte.

Als Victoria sich endlich dazu durchgerungen hatte, die Frage ihrer Verheiratung durchzusprechen, legte sie noch immer eine zögernde Haltung an den Tag. Sie fing damit an, daß sie Melbourne fragte, ob er wisse, daß es König Leopolds größter Wunsch sei, wenn sie ihren Vetter Albert heirate, und sie habe ihrem Onkel gesagt, sie könne noch nichts entscheiden, bevor sie Albert nicht wiedergesehen habe. Melbournes Haltung war ebenfalls nur lauwarm. Er hatte eine Neigung, die Unpopularität der Coburger herauszustreichen, die, wie er sagte, in ihrem Lande nicht gern gesehen seien. Die Königin, deren latente Dickköpfigkeit stets erregt wurde, wenn jemand auf eine Opposition hinwies, fragte danach Melbourne, ob er jemand gleich Passenden wisse. Als sie die Liste der Möglichkeiten durchgegangen waren, stellten sie fest, daß da niemand wäre. Erneut wiederholte Victoria, daß sich ihre Gefühle gegen eine baldige oder spätere Ehe sträubten, aber daß Albert nach allem, was sie von ihm gehört habe, »genau der Richtige« sei.

Melbourne war da eher anderer Meinung. Er erklärte der Königin, er möge nicht die Idee einer Heirat mit einem Vetter, und erinnerte sie daran, daß in England Ausländer unbeliebt seien. Gleichzeitig aber mußte er zugeben, daß eine Heirat mit einem britischen Staatsangehörigen zu allerlei Arten von Eifersüchteleien und Schwierigkeiten führen könnte. Schließlich waren sie der gleichen Meinung, daß man in den nächsten drei oder vier Jahren noch nichts Definitives tun müsse. Leopold war mit dieser Politik des Schleifenlassens nicht zufrieden, und gegen Juli 1838 drängte er seine Nichte, einem Besuch von Ernst und Albert im Herbst zuzustimmen. Wiederum erklärte Victoria, sie verspüre wenig Lust, Albert zu sehen. Es ist interessant, Spekulationen über die Gründe dieser Zurückhaltung anzustellen.

Ihre Reaktion war in vieler Hinsicht ganz natürlich. Sie kennzeichnet den Abstand zwischen einem Schulmädchen, das erst kürzlich seinen 17. Geburtstag gefeiert hat, von der 21jährigen jungen Frau, die zwei Jahre lang in den Salons und Ballsälen Londons eine »Königinrolle gespielt« hat. Bis zu ihrer Thronbesteigung war Victoria am kürzesten mütterlichen Zügel gehalten worden, und obwohl im vergangenen Jahr vieles falsch gelaufen war, so war ihr die Unabhängigkeit doch noch teuer. Sich verheiraten hieß mindestens, einiges davon aufzugeben. Die Position der Frau zu jener Zeit war die der Unterordnung. Sie war ihres Gatten Hab und Gut: Er durfte sie nach dem Gesetz sogar schlagen – in Grenzen –, sie einschließen, ihr den Zugang zu ihren Kindern verwehren; all ihr Vermögen, sofern es nicht vor der Ehe durch eine rechtliche Vereinbarung gebunden wurde, gehörte dem Ehemann, selbst ihr Einkommen nach der Hochzeit war nach dem Gesetz das seine.

Victoria wußte natürlich, daß keines dieser Dinge ihr persönlich passieren würde, es war jedoch schwierig für sie, diese Bedingungen und Konventionen der Gesellschaft, der sie angehörte, einfach abzuschütteln. Außerdem war Victoria intelligent genug und zu konventionell gesonnen, um zu erkennen, daß sie bei einer Heirat einen Teil ihrer neuen und vergnüglichen Unabhängigkeit werde opfern müssen. Viel später, im Jahre 1858, sprach sie aus Anlaß der Heirat ihrer neuvermählten ältesten Tochter vom »Joch der verheirateten Frau«, obwohl sie gerade dann auch von »dem unbegrenzten Glück einer Frau« sprechen konnte, »die einen Mann hat, den man verehrt. Es ist ein Vorgeschmack des Himmels«. Im Jahre 1839 hatte sie Albert noch nicht bewundern gelernt und war mehr mit der Möglichkeit beschäftigt, in der Ehe einen Vorgeschmack der Hölle zu sehen. In der Tat gestand sie, sie sei es so sehr gewöhnt, ihren eigenen Weg zu gehen, daß die Chancen zehn zu eins stünden, ob sie mit jemand übereinstimmen werde. Überdies hatte ihr Sieg über Peel in der Hofdamenfrage den Tag hinausgeschoben, an dem sie sich von ihrem »guten Lord Melbourne« würde trennen müssen, und es ist daher nicht verwunderlich, wenn sie lieber so weitermachte, wie sie war. Die Ehe war schließlich auch, wie Lord Melbourne schnell bemerkte, ein Schritt, der gleichzeitig ihr persönliches Glück und politische Erwägungen zum Inhalt hatte, und er sollte daher nicht leichthin erfolgen. Victoria hätte dem nicht freudiger zustimmen können!

Drei Tage nach ihrem letzten Gespräch mit Melbourne über die Angelegenheit schrieb Victoria ihrem Onkel einen Brief, um ihren Rückzug zu erläutern. Sie begann mit der Frage, ob Albert selbst sich des Familienplanes für ihre Heirat bewußt sei: Es ist schwierig zu glauben, daß sie in diesem Punkt wirklich nichts wußte. Dann fragte sie, ob es Albert klar sei, daß eine stillschweigende Verlobung zwischen ihnen nicht bestehe. Sie erklärte in leichter Panik, sie könne ihn als Freund lieben, als Vetter, als Bruder, aber nicht mehr als das, weshalb sie auch darauf bestand, daß man sie in keiner Weise des Bruchs des Eheversprechens für schuldig betrachten könne, denn sie erklärte emphatisch: *»Ich habe nie eins gegeben.«* Noch mehr, sie weigerte sich entschieden, in diesem Jahr überhaupt ein »endgültiges Versprechen« in Betracht zu ziehen. Selbst wenn Albert käme und sie die Möglichkeit der Heirat in Erwägung zöge, so könnte das bestimmt frühestens in zwei bis drei Jahren der Fall sein. Schließlich erklärte sie ihrem Onkel, sie habe »großen Widerwillen gegen eine Veränderung ihrer augenblicklichen Lage«, und fügte hinzu, das Thema sei »ihr nicht angenehm«. Auf jeden Fall war Victoria entschlossen, ihrem Onkel keine Illusionen zu machen. Trotzdem blieb er bei seinem Vorhaben, und der Besuch wurde für den frühen Oktober vorgesehen.

Victoria verhielt sich hinhaltend fast bis zum Schluß. Im August schrieb sie an Leopold, sie fühle sich gar nicht wohl und sei von all dem völlig erschöpft, was sie während der Sitzungsperiode durchgestanden hätte. Das war verständlich: Im Mai hatte die Hofstaatkrise stattgefunden, und Lady Flora war im Juli gestorben. Sogar noch nachdem Victoria ihre Zustimmung zu dem Besuch gegeben hatte, mühte sie sich mit der Klarstellung ab, daß sie sich in keiner Weise festlegte. Am 25. September bat sie ihren Onkel, ihre Vettern (man beachte, nicht etwa ihre »liebsten Vettern« oder »den lieben Albert«, sondern bloß die »Vettern«) ein paar Tage zurückzuhalten, weil einige ihrer Minister in wichtigen Geschäften nach Windsor kommen wollten, und sie befürchte, daß die Ankündigung ihrer Verlobung von der Öffentlichkeit als bevorstehend angenommen würde, wenn die Ankunft der jungen Coburger mit der Gegenwart ihrer Minister zusammenfalle. Jedenfalls glaube sie, ein Tag oder zwei in Brüssel würden »diesen jungen Herren« gut tun. Victoria war aber unlogischerweise sichtlich verärgert, als sie von Albert einen Brief mit der Mitteilung erhielt, sie könnten erst am 6. Oktober abfahren. Schließlich und endlich kamen sie am Abend des 10. Oktober um halb acht an. Am Abend zuvor vertraute die Königin Melbourne an, sie sei sehr müde; offenbar freute sie sich keineswegs auf die vor ihr liegende gefürchtete Belastung.

Albert kam auch nicht gerade in sehr glücklichem Seelenzustand an. Kurz zuvor hatte er seinem Tutor erzählt, er habe gehört, »Victoria soll unglaublich dickköpfig sein, und ihre extreme Hartnäckigkeit soll sich in ständigem Kriegszustand mit ihrer Gutmütigkeit befinden; sie liebt die Hofzeremonien, die Etikette und triviale Formalitäten. Sie soll nicht die geringste Freude an der Natur haben und gern bis spät in die Nacht wachbleiben und bis spät in den Tag hinein schlafen.« Das seien, so schrieb er, düstere Aussichten. Zu dieser Zeit, als er und Ernst ihre Reise nach England antreten sollten, erkannte er, daß selbst diese »düsteren Aussichten« noch ungewiß waren und daß er als zukünftiger Ehemann inspiziert werden sollte.

»Victoria soll unglaublich dickköpfig sein, und ihre extreme Hartnäckigkeit soll sich in ständigem Kriegszustand mit ihrer Gutmütigkeit befinden.«

Aber Albert war kein Mensch, der vor dem zurückschreckte, was er für seine Pflicht hielt, und sein Onkel Leopold hatte auch immer betont, daß er seine Position als Victorias Ehemann als hohe Verantwortung ansehen solle, der er sich mit unerschütterlicher Hingabe widmen müsse. Trotzdem war er nicht bereit, sich Victorias Unentschlossenheit endlos auszusetzen, um schließlich und endlich der Lächerlichkeit preisgegeben zu werden. Er sagte seinem Onkel, wenn Victoria sich nicht zum einen oder anderen entschließen könne, werde er seine Kandidatur zurückziehen. Zu diesem Zeitpunkt hätte ihn das ziemlich erleichtert.

Was für eine Art Mann oder »junger Gentleman«, wie ihn seine angehende Ehefrau so kaltherzig genannt hatte, war Prinz Albert? Ein mißgelaunter Athener soll einmal gegen Aristides gestimmt haben, weil er es leid war, daß man ihn immer als »den Gerechten« bezeichnete. In gleicher Weise neigt der moderne Leser, im Kreuzfeuer zwischen dem Bild des 19. Jahrhunderts von einem Musterknaben mit allen erdenklichen Tugenden und dem Jargon des 20. Jahrhunderts aus dem Munde des Psychiaters, zu der Ansicht, daß Albert »ein solcher nicht sein konnte, und wenn, dann muß er dafür bezahlt haben!« Die kurze Antwort des Laien ist vermutlich: »Er war es, und er hat dafür bezahlt!«

In seinen frühen Jahren scheint Albert ein fröhliches, aber überempfindsames Kind mit einer Neigung zur Innenschau gewesen zu sein. Sein kindliches Sicherheitsgefühl war erschüttert worden, als seine hübsche junge Mutter, vernachlässigt von einem egoistischen, untreuen Gatten, mit einem anderen Mann davonlief und von ihrem Mann geschieden wurde. Nach dem vierten Lebensjahr sah Albert sie nie wieder. Im Alter von fünf Jahren begann er, Tagebuch zu schreiben, in dem er von seinen nervösen Ängsten und häufigen Tränen berichtete. Glücklicherweise gab es in seiner Kindheit viele Entschädigungen. Seine Großmutter, die Herzogin Sophia, war eine intelligente und einfühlsame Frau, die ihre verständnisvolle Liebe an ihren kleinen Enkel verschwendete.

Albert bewunderte auch seinen älteren Bruder Ernst, der einen robusteren und irdischeren Charakter besaß und mehr nach des Vaters Art geschlagen war. Sie verbrachten ihre Jugend gemeinsam, zuerst im hübschen Schloß von Rosenau, das im Leben des Prinzen gefühlsmäßig stets einen ganz besonderen Platz einnahm, und später, als die beiden Brüder ihren Studien nachgingen, zuerst in Brüssel und dann an der Universität Bonn. Als die Zeit kam, daß sich ihre Wege trennen sollten, war der Abschied schmerzlich. Albert schrieb traurig, daß sie während all der Jahre ihrer Kindheit niemals auch nur einen einzigen Tag voneinander getrennt waren. Sein ganzes Leben lang bewahrte er eine zärtliche Liebe für seinen Bruder, der in vieler Beziehung keineswegs ein wunderbarer Charakter war.

Alberts Kindheits- und Studentenjahre waren, im Gegensatz zu Victorias Jugendzeit, glückliche Jahre, in denen er seine natürlichen Neigungen entwickeln konnte. Im Herzen war er ein Landmann, zu dessen Steckenpferden die Gärtnerei und die Botanik gehörten. Er besaß ein ordentliches Wesen mit einer Neigung für naturwissenschaftliche Interessen. Beides fand sein Ventil in der Sammlung und Ordnung seiner Naturproben. Er war ein guter Reiter, und seine unerwartete Überlegenheit auf dem Gebiete der Jagd trug später dazu bei, ihm mehr Achtung der englischen Aristokratie zu verschaffen, wie er je als Ergebnis seiner solideren Eigenschaften würde erhalten haben. Er war auch ein guter Schütze, und in Balmoral bestand eines seiner Vergnügen im Pirschgang auf Rotwild. Jedoch ließ er weder die körperlichen Betätigungen noch die wissenschaftlichen Interessen seine große Liebe zur Musik beeinträchtigen. Insbesondere die Orgel, die er selbst gern spielte, bot ihm Ersatz für seine geistigen Bedürfnisse. Neben ernsten Seiten verfügte er über einen Fundus ziemlich einfacher Heiterkeit. Er war ein guter Mime und hielt es nicht für unter seiner Würde, jemand einen Schabernack zu spielen, vor allem mit seinen männlichen Freunden während der Studentenzeit. Bei den

Satire auf Alberts Neigung zur Seekrankheit: Zeichnung von seiner ersten Reise nach Schottland im Jahre 1842.

Mahlzeiten zeigte er sich oft als heiterer und amüsanter Tischgenosse. Was ihn jedoch am meisten auszeichnete und daher in den verschiedenen Schilderungen seiner Freunde hervorsticht, war seine »Güte«. Er war freundlich, sanftmütig, geduldig und treu. Er hätte vielleicht ein glücklicherer Mann werden und länger leben können, wenn nicht seine Tutoren Leopold und Stockmar an diesen Eigenschaften so sehr gearbeitet hätten, daß sie ein vergrößertes Gewissen hervorbrachten, das mit dazu beitrug, ihn zu töten.

Als Ernst und Albert in Windsor ankamen, nach einer schlechten Überfahrt müde und von der Reise schmutzig (anders als Victoria war Albert stets ein jämmerlicher Schiffspassagier), speisten sie an diesem Abend, weil sie vor ihrem Gepäck angekommen waren und daher über keine Abendanzüge verfügten, nicht mit der Königin, obwohl Lord Melbourne sehr taktvoll meinte, sie hätten es doch tun sollen. Nach dem Essen stellte sie Victoria Lord Melbourne und der übrigen Gesellschaft vor. Die Königin saß nach ihrer Gewohnheit auf dem Sofa und Albert ihr gegenüber. Victoria hatte stets etwas übrig für gutes Aussehen, und im Anblick Alberts schmolz ihre frostige Scheu dahin. In ihrem Tagebuch schrieb sie an jenem Abend nieder: »Albert ist schön«, und erneut wurden beide als »meine zwei lieben Vettern« bezeichnet. Leopold muß sehr erleichtert gewesen sein, als er einen Brief erhielt, den Victoria am 12. Oktober zu schreiben die Zeit gefunden hatte, und sie berichtete ihm darin, daß sie Albert »sehr faszinierend« finde, und sie rühmte seine Schönheit, sein unaffektiertes Benehmen und seine Liebenswürdigkeit, nicht ohne mit einer vollkommenen *Kehrtwendung* hinzuzufügen, daß sie sehr glücklich sei, die beiden bei sich zu haben. Ihr Tagebucheintrag vom 11. Oktober enthielt bereits einen Katalog von Alberts Reizen. Darin war er »äußerst nett«, er hatte »so schöne blaue Augen, eine herrliche Nase und einen solch hübschen Mund mit zartem Schnurrbärtchen; eine schöne Gestalt, breit in den Schultern und mit schöner Taille.« Victoria war auf dem besten Wege, sich zu verlieben.

Die nächsten paar Tage verstärkten nur noch ihr Gefühl. Das junge Paar tanzte miteinander, doch ging Victoria nicht so weit, mit dem Mann auch Walzer zu tanzen, den zu heiraten sie jetzt fast entschlossen war. Sie ritten zusammen aus, Victoria erhöhte nunmehr sogar ihren »liebsten Albert«, indem sie ihn neben sich auf dem Sofa sitzen ließ. Am 13. Oktober sagte sie zu Lord Melbourne, daß sie ihre Meinung über das Heiraten geändert habe, sie könne sich aber noch nicht zu einem endgültigen Entschluß aufraffen, obgleich sie einsehe, daß sie das bald tun müsse. Der immer vorsichtige Lord Melbourne riet, noch eine Woche zuzuwarten, während er darin mit ihr übereinstimmte, daß der Prinz ein sehr feiner, gutaussehender junger Mann sei.

Am nächsten Tag gab Victoria dem Premierminister bekannt, daß sie Albert zu heiraten gedenke, aber als es darum ging, das Datum zu bestimmen, zeigte sie letzte Spuren des Zögerns und schlug vor, man könne gut noch ein Jahr damit warten. Lord Melbourne war hiermit nicht einverstanden. Er meinte, daß durch Warten nur Schwierigkeiten entstehen könnten und daß die Öffentlichkeit erleichtert wäre, wenn sie erführe, daß Victoria heiraten würde. Erneut fragte er sie, ob sie nicht lieber gleich heiraten wolle, und erneut weigerte sie sich. Er schlug dann vor, daß die Zeremonie im Januar oder Februar stattfinden solle, was dem Parlament die notwendige Zeit gebe, für die finanzielle Ausstattung und den Status des Prinzen das Notwendige zu veranlassen. Dann kam die peinliche Frage, wie die Königin Albert ihren Entschluß mitteilen sollte, da es ihm die Etikette nicht gestattete, selbst um ihre Hand zu bitten. Als diese Einzelheiten schließlich erledigt waren, gestand Victoria, sie fühle sich sehr glücklich. Es war ein Entschluß, den sie niemals bereuen sollte.

Am nächsten Tag wurde der Prinz ins Privatkabinett gebeten, wo Victoria ihren ganzen Mut zusammenraffte, um ihm zu sagen, daß es sie »zu glücklich« machen würde, wenn er einer Heirat mit ihr zustimmen könnte, und Kusine und Vetter küßten sich dann. Victoria

schrieb an jenem Abend in ihr Tagebuch, daß es der hellste, glücklichste Augenblick in ihrem Leben gewesen sei. Albert schien so glücklich und war so freundlich und liebevoll. Der Würfel war gefallen. Nach den Ungewißheiten der letzten paar Monate muß es für beide eine Erleichterung gewesen sein, wenn sie jetzt zu einer Entscheidung gelangt waren. Alberts Reaktionen vermitteln eher den Eindruck eines nüchternen Glücks als eines jungen Mannes, den die Liebe aus dem Gleichgewicht geworfen hat. Er war einfach gerührt von Victorias augenscheinlicher Hingabe. Seinem alten Lehrer Florschütz schrieb er, er könne es nicht recht glauben, »daß ihm eine solche Zuneigung gezeigt« werde, und schilderte seine zukünftige Frau als »so gut und freundlich zu mir«. Nach seinen Worten hatte er den Gipfel seiner Wünsche erreicht. Dann kam das Zugeständnis: »Nun, die Tage in meiner geliebten Heimat sind gezählt.«
An Victorias Gefühlen besteht kein Zweifel, sie war höchst verliebt, wenn es auch nicht immer ganz verständlich erscheint. Es ist aber nicht verwunderlich, daß sich dieser Sinneswandel so schnell verzogen haben sollte. Mehr als einmal seit ihrer Thronbesteigung hatte die Königin den Wunsch nach junger Gesellschaft geäußert. Weil sie, so erklärte sie, so viel mit Leuten zusammenlebte, die älter als sie selbst waren, während sie selbst noch jung war. Alberts Ankunft füllte eine Lücke in ihrem Leben, was ihr nur halb zu Bewußtsein kam.

Victorias Heiratsantrag an Albert am 15. Oktober 1839. Lithographie.

Einen Monat lang bis zur Abreise der Vettern am 14. November tanzten Albert und Victoria, ritten aus und machten miteinander Musik. Zwar war Victoria eine junge Frau von zwanzig Jahren und höchst verliebt, sie war jedoch auch Königin, und ihre bevorstehende Hochzeit brachte manche zusätzliche Beschäftigung mit sich. Als Königin mußte sie zunächst ihre nächsten Verwandten unterrichten und dann persönlich diese Tatsache dem Geheimen Staatsrat mitteilen. Dann erhob sich die Frage, ob ihrem Gatten ein englischer Titel verliehen werden solle, sodann die Verhandlung mit dem Parlament über die Höhe der jährlichen Zuwendung an ihn. Da stellte sich auch das Problem der Zusammensetzung seines Hofstaates. Alle diese Dinge füllten die Monate zwischen der Verlobung und der Heirat mit beunruhigender Geschäftigkeit.

Leopold war dafür, daß der Prinz zum Peer ernannt werden solle, aber sowohl die Königin wie auch Melbourne, die sich der weitverbreiteten Abneigung der Engländer gegen Ausländer bewußt waren, hielten dies für unklug, besonders da ein englischer Titel die Notwendigkeit mit sich bringen würde, daß der Prinz seinen Sitz im Oberhaus einnehmen müßte. Jeder Versuch oder auch nur der bloße Anschein eines Versuches, im politischen Leben des Landes eine Rolle zu spielen, mußte zu Ablehnung und abträglichen Gefühlen führen.

So tief verwurzelt war diese Inselhaltung gegen einen ausländischen Gatten für die Königin, daß Victoria erst im Jahre 1857 den Schritt zur Ausstellung der Patentbriefe tat, durch die Albert Prinzgemahl wurde, obgleich er bis dahin tatsächlich, wenn auch nicht in der Theorie, Mitherrscher der Königin geworden war.

Diese Ablehnung zeigte sich erneut, als im Parlament die Frage nach der Staatsrente gestellt wurde. Als Prinz Leopold Prinzessin Charlotte, damals Thronerbin, geheiratet hatte, hatte man ihm 50 000 Pfund im Jahr gewährt, und natürlich erwartete Victoria, das Parlament werde für Albert die gleiche Vorsorge treffen. Statt dessen wurden ihm nur 30 000 Pfund zugestanden. Die Nachricht von dem Zank in England über seine Versorgung und über die Frage seines Vorranges über die königlichen Herzöge verursachte Albert viel Kummer, und Leopold mußte berichten, daß er elend und melancholisch aussehe.

»Armer lieber Albert, wie grausam mißhandeln sie den liebsten Engel! Ungeheuer! Ihr Tories werdet bestraft.«

Viel Beunruhigung ergab sich aus dem Streit der politischen Parteien. Die Tories benutzten den Prinzen, um Melbourne und bis zu einem gewissen Grade auch der Whig-orientierten Königin eins auszuwischen. Ihre Unversöhnlichkeit war politischer, nicht persönlicher Natur. König Leopold hatte sich früher zur Heftigkeit der englischen Politik geäußert und auch zu der Praxis der Politiker, ihre Gegner mit Namen wie Dummkopf, Schelm, Schurke, Narr und anderen

Schimpfwörtern zu belegen, die ihnen gerade unterkamen. Ausländer, die mit England weniger vertraut waren – wie etwa Leopold –, hielten die Erkenntnis damals wie heute für schwierig, daß der Herrscher und die Regierung nur wenig zur Einschränkung der Ausdrücke sowohl im Parlament wie in der Presse tun konnten, die in einem Land mit anderen politischen Traditionen verboten worden wären. Kein Wunder, daß Albert Prinz Löwenstein gegenüber erklärte, sein Los sei glänzend, aber auch voller Dornen. Victoria war wütend, als das Parlament sich weigerte, dem Prinzen den Vortritt vor den königlichen Herzögen zu gewähren, und als es die übliche Staatsrente für den Gemahl der Königin zusammenstrich, war sie gleich hilflos.

Doch auch Victoria war mitverantwortlich für die schlechte Stimmung ihres zukünftigen Gatten. Es war nur zu natürlich, daß Albert, der eng verbunden mit seiner Heimat und seiner Familie war, diese nunmehr verlassen und in ein Land gehen sollte, das ihm fremd und im Augenblick ihm gegenüber unfreundlich war. Es war daher natürlich, daß er den Wunsch hatte, wenigstens ein paar Leute seines neuen Hofstaates möchten unter seinen alten und vertrauten Freunden ausgewählt werden. Nach der Hofstaatkrise hätte vor allem Victoria seine diesbezüglichen Gefühle verstehen müssen, aber sie zeigte eine gewisse Gefühllosigkeit bei seiner Behandlung, obwohl sie sonst gesunden politischen Instinkt bewies. Sowohl sie als auch Melbourne, die sich der Abneigung der Engländer gegen Ausländer bewußt waren, wußten, daß die Einbeziehung einiger Deutscher in den Prinzenhofstaat einen schlechten Eindruck machen und den verhaßten Tories neuen Grund zur Kritik geben würde. Albert mußte daher einen all-englischen Haushalt bekommen.

Die politische Situation ließ es auch angeraten sein, die Wahl der Hofstaatsmitglieder nicht dem Prinzen zu überlassen. Es wäre äußerst ungeschickt gewesen, wenn er welche auswählte, die Tories waren, sosehr sie ihm als Menschen auch lagen. Der Hof durfte niemals mit zwei Zungen reden. Es war also wichtig, daß sich der Hofstaat des Prinzen politisch in der gleichen Weise zusammensetzte wie der Hofstaat der Königin. Außerdem war es wichtig, daß Albert als Ehemann der Königin und als Ausländer nicht einmal den Anschein erwecken durfte, er mische sich in die Innenpolitik, weshalb auch aktive Politiker keine Mitglieder des königlichen Hofstaates werden durften. Derartige Erwägungen machten es daher erforderlich, daß der Hofstaat von jemand ausgewählt werden sollte, der mit allen Nuancen und Nettigkeiten der politischen und familiären Verbindungen in England vertraut war. Das war für Victoria so klar, daß sie Alberts Reaktion zu unterschätzen geneigt war: Auch schien sie nicht zu bemerken, daß der Ton ihrer Briefe einen empfindlichen Menschen

Die Hochzeit Victorias und Alberts fand am 10. Februar 1840 in der Königlichen Kapelle im St.-James-Palast statt. Gemälde von George Hayter.

verletzen könnte. Zum Beispiel erklärte Albert in seinem Brief: »Wenn ich mich wirklich von allen Parteien freihalten soll, dürfen meine Leute nicht ausschließlich der einen Seite angehören ... Es ist sehr notwendig, daß sie von beiden Seiten ausgewählt werden sollten ..., die gleiche Zahl Whigs und Tories.« Der Prinz bestand auch darauf, daß »sie wohlerzogene Leute und von starkem Charakter« sein sollten.

Die Königin antwortete kurz und bündig, seine Ideen seien unpassend, versprach aber, daß die Ausgewählten achtenswerte, verdiente und charakterlich hochstehende Leute sein würden. Offenbar ging ein Teil der Beunruhigung des Prinzen auf die Gerüchte zurück, die nach der Lady-Flora-Affäre umgelaufen waren, nämlich daß der Ruf einiger Leute aus der Umgebung der Königin in Frage gestellt war.

In der Zwischenzeit hatten Victoria und Melbourne beschlossen, daß George Anson, der bereits Lord Melbournes Privatsekretär war, in dieser Eigenschaft für den Prinzen tätig werden sollte. Wiederum protestierte Albert dagegen, daß ein Mann, von dem er nichts wußte, auf einen so vertraulichen Posten berufen wurde, und wiederum verwarf Victoria seine Bitte, versüßte ihm aber die Pille durch ihre Versicherung, es sei ihr größter und dringendster Wunsch, die Dinge

nach seinem Geschmack zu regeln. Anson wurde trotzdem sein Privatsekretär. In seiner Antwort gab Albert mit dem Ausdruck der Enttäuschung seine zögernde Zustimmung zu allem, was Victoria für ihn veranlaßte, und drückte sein Vertrauen in ihr Urteil aus. Das Interesse an dieser Korrespondenz liegt in der Art und Weise, wie sie das Verhältnis beleuchtet, in dem die Partner der kommenden Ehe in den Monaten davor zueinander standen. Victoria bewunderte Albert, ließ aber niemals zu, daß ihre Gefühle das Urteil der Königin verdunkelten. In all diesen Angelegenheiten hatte Victoria in enger Zusammenarbeit mit Melbourne gehandelt, und Albert war so großherzig, dem Premierminister zu schreiben, er danke ihm für all die Mühe, die er sich gegeben habe. Bei jedem anderen hätte diese Geste ironisch geklungen. Man fragt sich allerdings, ob der Prinz nicht ein bißchen gezwungen gelächelt hat, als Victoria ihrem liebsten Albert schrieb, wie glücklich sie wäre, wenn er sich sehr freundlich zu »diesem guten und gerechten Mann« verhalte.
Am Samstag, dem 5. Februar, kam Albert mit seinem Bruder und Vater an. Zwei Tage danach waren er und Victoria verheiratet. Die Braut trug ein weißes Gewand aus Satin mit einem tiefen Besatz aus Honiton-Spitze, dazu ihr türkisches Diamantenhalsband und eine Saphirbrosche, die ihr Albert geschenkt hatte. Nach der Kälte der Öffentlichkeit gegen Victoria wegen Lady Floras Tod, war es eine Erlösung, im St. James-Park von den Menschenmengen begeistert begrüßt zu werden, und dann noch einmal bei der Rückkehr von der königlichen Kapelle. Nach dem Hochzeitsfrühstück zog sich die Braut um und trug jetzt ihr Ausgehkleid aus weißer Seide, das mit Schwanendaunen garniert war und zu dem sie einen Hut trug, der mit Orangenblüten geschmückt war. Lord Melbourne tauschte einen letzten freundlichen Blick mit ihr, als sie ihm die Hand zum Abschied preßte, und dann kutschierte das junge Paar nach Windsor. Endlich waren »ich und Albert allein«. Sie müssen ein reizendes Paar abgegeben haben, er so groß und gutaussehend, sie so zierlich, anmutig und so voller Anbetung. Sie waren beide jung und hatten noch viel zu lernen.
Es war nicht leicht, eine Königin zu heiraten, noch war es leicht, gleichzeitig Königin, liebende Ehefrau und Mutter zu sein, zudem noch in einer Zeit vor der Emanzipation der Frau.
Am nächsten Morgen fand Victoria die Zeit, ihrem Onkel einen kurzen Brief zu schicken, in dem sie sich glücklich pries, »das glücklichste, glücklichste Wesen zu sein, das je lebte« und daß Albert »ein Engel« sei, und »seine Güte und Zuneigung für mich ist wirklich rührend! In diese teuren Augen und in dieses liebe, sonnige Gesicht zu schauen, ist genug, um meine Bewunderung für ihn zu erregen«. In ihrer Rolle als Frau fand Victoria vollkommene Erfüllung. Ihr Tage-

buch, ihre Briefe, selbst ihre öffentlichen Reden strömen über von zärtlichen Ausdrücken. Er war ein Engel und die Quelle aller Weisheit – es war deutlich, daß sie höchst verliebt war. Ob Albert gleich poetisch glücklich war, wie seine Frau zu sein behauptete, haben sich die Zeigenossen ebenso gefragt wie seine späteren Biografen, etwa Lytton Strachey. Die Herzogin von Bedford meinte, er sei nicht ein bißchen in seine Frau verliebt. Beide Beurteiler maßen sich hier ein päpstliches Urteil an. Wer vermag, wenn er über die Ehe selbst enger Freunde spricht, deren innerste und private Gefühle zueinander wirklich zu erkennen? Trotzdem behält die Frage auch weiterhin ihre Faszination. Urteilt man nach den Briefen des Prinzen an Victoria aus der Zeit vor und nach ihrer Heirat, wenn sie aus irgendeinem Grund getrennt waren, so erscheint ihre Liebe gegenseitig. Inmitten all der Anstrengungen während ihrer Verlobungszeit schrieb ihr Albert: »Solange ich Deine Liebe besitze, können sie mich nicht unglücklich machen.« Und nach der Hochzeit schrieb er an seinen ehemaligen Lehrer: »Ich könnte mir kein glücklicheres Familienleben wünschen, als was mir vergönnt ist.« Und später noch an seinen Bruder: »Ich wünschte, Du könntest hier sein und uns als ein Paar in Liebe und Einmütigkeit sehen ... sei so glücklich wie wir, mehr kann ich Dir nicht wünschen.«

»Solange du mich liebst, können sie mich nicht unglücklich machen.«

Was ein Mann an seine Frau und an seine Freunde schreibt, kann nicht immer als unbezweifelbares Zeugnis seines Inneren und seiner oft nicht offenbarten Gefühle betrachtet werden. Albert war von der moralischen Unantastbarkeit der Ehe überzeugt. Im oben erwähnten Brief an Ernst schrieb er auch: »Ein verheiratetes Paar muß aneinandergekettet, untrennbar sein und nur füreinander leben.« Seine Auffassungen über sexuelle Freiheit waren streng. Zuviel von ihren üblen Folgen hatte er in seiner eigenen Familie beobachtet, wo sein Vater ein Libertin gewesen war, seine Mutter eine vernachlässigte Ehefrau, die schließlich mit einem anderen Mann davongelaufen war, und sein Bruder trottete ganz einfach den gleichen Weg wie sein Vater.

In Alberts eigenem Fall hatten sein Beschützer Leopold und zuletzt Stockmar sein Pflichtbewußtsein zu fast anormalem Ausmaß gefördert, und ohne Zweifel glaubte er, es sei die Pflicht des Mannes, seine Frau zu lieben. Überdies war Victoria, trotz ihrer Temperamentsschwächen, in vieler Hinsicht eine liebenswerte junge Frau. Stockmar beschrieb sie als »stets schnell und genau in ihren Wahrnehmungen; geradeheraus, zudem von einzigartiger Reinheit des Herzens, ohne Spur von Eitelkeit oder Dünkel ... Sie wird infolgedessen Kopf und Herz des Prinzen vollauf gerecht werden.« Da Albert für die Rolle eines hingebungsvollen Ehemannes prädisponiert war und Victorias

Haltung an Verehrung grenzte, muß es für ihn leicht gewesen sein, zu glauben, er erwidere ihre Liebe.
Vielleicht war es ein Glück für beide, daß Albert nie in die Versuchung geriet, seinem Eheversprechen untreu zu werden, nicht einmal im Herzen. Er war ein Mann, der sich eher in der Gesellschaft gleichgesinnter Männer zu Hause fühlte als in Gesellschaft von Frauen, die ihn – außer es handelte sich um Mitglieder seines Familienkreises – scheu und ungemütlich machten. Gleichzeitig hatte es in seinem Leben seit seiner Kindheit stets eine Frau gegeben, der er sich in Liebe und Sympathie zuwenden konnte. In seinen Coburger Tagen war dieses Bedürfnis zuerst von seiner Großmutter und dann von seiner Stiefmutter befriedigt worden. Albert war der Typ Mann, der eine Familie mit ihren Verwandten brauchte. Sie entschädigte ihn für die Steifheit und Reserve, die er als ausländischer Prinz und Gemahl der Königin allen gegenüber – mit Ausnahme seiner Familie und weniger enger Freunde – an den Tag legen zu müssen glaubte.
Seine häuslichen Vergnügungen waren einfach: Laut lesen oder mit Victoria am Abend Musik machen, mit den Kindern herumtollen, im Sommer auf Familienwanderung gehen, im Winter Schlittenfahren und Schlittschuhlaufen – er wäre fast ertrunken, als an einem Februarmorgen auf dem Schmuckwasser am Buckingham-Palast das Eis einbrach. Er liebte alle Aktivitäten, die zum Familienleben beitrugen, und ihm verdanken moderne Kindergenerationen das Vergnügen des Christbaums mit all seinen Geschenken. Albert war zwar nicht der erste, der diese Sitte eingeführt hatte, er brachte sie jedoch aus seiner Heimat mit und machte sie volkstümlich. Er war auch darin ein Familienvater, daß er sein Familienheim vergrößerte und umbaute und seine Gärten anlegte. Allmählich steckte er Victoria mit seinen Neigungen an, obwohl sie auch weiterhin das Theater liebte und es oft besuchte, und zusammen schufen sie sich eine Familienumgebung in ihren privatesten Wohnorten Osborne und Balmoral.
Es gibt kein Anzeichen für die Annahme, daß Albert, wenn er eine andere Frau geheiratet hätte, je zu dem leidenschaftlichen Gefühl und der eifersüchtigen Hingabe, die Victoria verzehrte, fähig gewesen wäre. Er erzählte seinem Bruder, daß er bereit sei, alles für Victoria aufzugeben, und er hat sich zweifellos als Ergebnis seiner unablässigen Mühen ihretwegen in ihrer Eigenschaft als Königin früh ins Grab gearbeitet – wer kann sagen, aus Liebe oder aus Pflichtgefühl? Er gab ihr ganz gewiß jedes mögliche Zeichen der Zärtlichkeit. Nach seinem Tode sollte sie sich daran erinnern, daß niemand sonst während ihrer Schwangerschaften »sie je von ihrem Bett zum Sofa trug, und immer half er dabei, sie auf ihrem Bett oder Sofa ins nächste Zimmer zu schieben. Zu diesem Zweck pflegte er sofort zu kommen,

Die königliche Familie zu Hause

Prinz Alberts Vergnügen waren einfach und häuslicher Natur. Er fuhr im Winter gern Schlitten und lief Schlittschuh, und im Sommer organisierte er Familienausflüge. Die Königin übernahm bald seine Interessen und Neigungen, und miteinander schufen sie sich ihre Familienheime in Balmoral und Osborne. Einer der deutschen Gebräuche, die der Prinz einführte und volkstümlich machte, war das Weihnachtsfest unter dem Christbaum. Tausende von Familien nahmen diese Sitte an, und heute ist der Weihnachtsbaum Tradition.

Unten: Die Wirklichkeit: Einer von Alberts Christbäumen, bedeckt mit Schmuck und Kerzen, umgeben mit Geschenken für die Kinder der Königsfamilie. Foto im Schloß Windsor, 1860.

Oben: Der Prinz lief gern Schlittschuh und ertrank einmal fast, als das Eis auf dem Schmuckgewässer am Buckingham-Palast nachgab. Victoria und Albert im Jahre 1840 auf dem zugefrorenen Teich in Frogmore.

Rechts: Das populäre Bild: Königin Victoria und Albert mit ihren Kindern und der Herzogin von Kent. Farbige Lithographie aus dem Jahre 1848.

wenn sie von irgendeinem Teil des Hauses nach ihm schickte. Mit den Jahren und dem Übermaß an Arbeit machte ihm das auch viel Umstände. Aber immer kam er mit einem sanften Lächeln auf dem Gesicht herbei.« Sein ganzes Leben lang ließ er Victoria nie im Stich, außer daß er sich in ihrem Dienst und dem Dienst der Pflicht aufrieb, und er ließ sie für vierzig Jahre Witwenschaft zurück!

Albert und Victoria waren erst zwanzig, als sie heirateten, und wie manche andere junge Paare hielten sie zeitweise den Vorgang der Anpassung an die neue Beziehung für schwierig. Sie kannten sich nicht sehr gut, und ihre Neigungen waren verschieden. Er studierte gern, schätzte die Gesellschaft von Wissenschaftlern und Intellektuellen. Er liebte das Landleben und ging gern früh zu Bett.

Victoria hingegen war ein Stadtmensch, liebte die Geschäftigkeit Londons mit seinen Theatern und Konzerten, Gesellschaften und

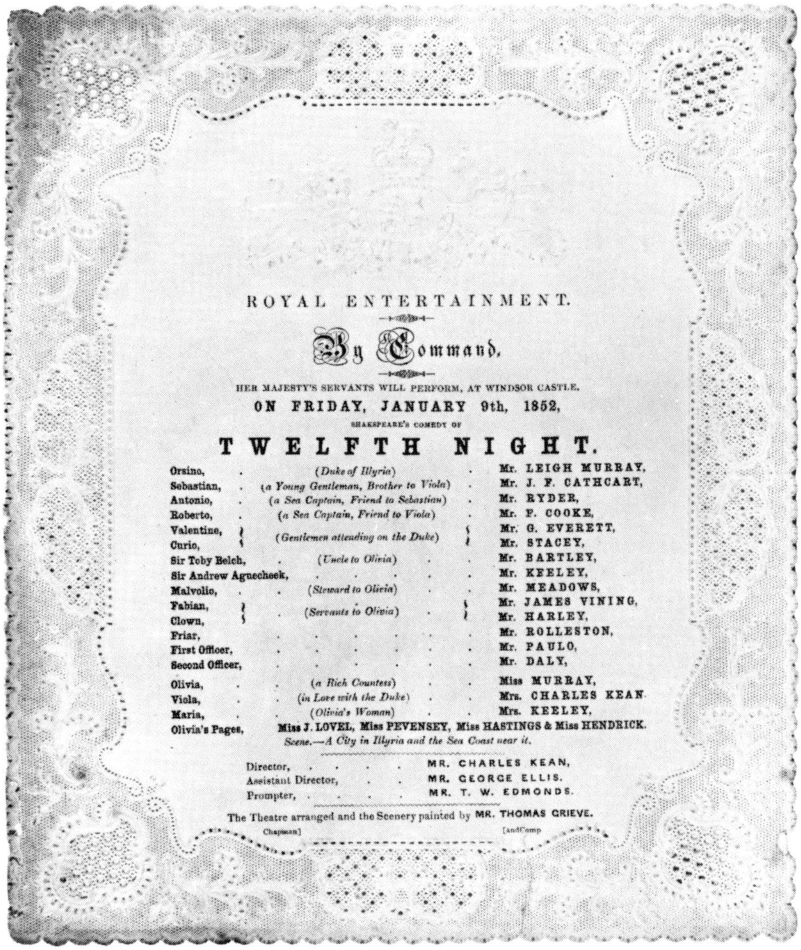

ROYAL ENTERTAINMENT.

By Command.

HER MAJESTY'S SERVANTS WILL PERFORM, AT WINDSOR CASTLE.

ON FRIDAY, JANUARY 9th, 1852,

SHAKSPEARE'S COMEDY OF

TWELFTH NIGHT.

Orsino, . (*Duke of Illyria*) . Mr. LEIGH MURRAY,
Sebastian, . (*a Young Gentleman, Brother to Viola*) . Mr. J. F. CATHCART,
Antonio, . (*a Sea Captain, Friend to Sebastian*) . Mr. RYDER,
Roberto, . (*a Sea Captain, Friend to Viola*) . Mr. F. COOKE,
Valentine, } (*Gentlemen attending on the Duke*) { Mr. G. EVERETT,
Curio, } { Mr. STACEY,
Sir Toby Belch, . (*Uncle to Olivia*) . . Mr. BARTLEY,
Sir Andrew Aguecheek, ... Mr. KEELEY,
Malvolio, . . (*Steward to Olivia*) . . Mr. MEADOWS,
Fabian, } . (*Servants to Olivia*) . { Mr. JAMES VINING,
Clown, } { Mr. HARLEY,
Friar, ... Mr. ROLLESTON,
First Officer, ... Mr. PAULO,
Second Officer, ... Mr. DALY,
Olivia, . . (*a Rich Countess*) . . Miss MURRAY,
Viola, . . (*in Love with the Duke*) . . Mrs. CHARLES KEAN.
Maria, . . (*Olivia's Woman*) . . Mrs. KEELEY,
Olivia's Pages, Miss J. LOVEL, Miss PEVENSEY, Miss HASTINGS & Miss HENDRICK.

Scene.—A City in Illyria and the Sea Coast near it.

Director, ... MR. CHARLES KEAN,
Assistant Director, . . . MR. GEORGE ELLIS.
Prompter, ... MR. T. W. EDMONDS.

The Theatre arranged and the Scenery painted by MR. THOMAS GRIEVE.

Chapman] [andComp

Victoria und Albert teilten das Interesse für das Theater, und Sondervorstellungen wurden vor ihnen in Windsor und im Bukkingham-Palast gegeben. Später stellten die Königskinder oft Bilder und spielten kleine Stücke vor ihren Eltern.

Links: Schmuckprogramm für die Sondervorstellung von Shakespeares *Was*

ihr wollt, vorgestellt im Jahre 1852 im Schloß Windsor unter der Regie von Charles Kean.

Oben: Lithographie von der Sondervorstellung von Shakespeares *Kaufmann von Venedig,* die am 28. Dezember 1848 vor dem Königspaar, ihren Kindern und dem Hof im Rubens-Zimmer im Schloß Windsor stattfand.

Bällen, ging gern spät zu Bett und stand morgens gern spät auf. Sie neigte eher zum Plaudern als zu ernsthafter Konversation, die sie in ihren jungen Jahren ins Hintertreffen gebracht hatte, und an den Abenden zu Hause spielte sie lieber lustige Spiele oder hörte sie lieber Melbournes »spaßigen«, oft skurrilen und schamlosen Äußerungen zu, die er nach ihren Bedürfnissen und Neigungen zurechtschnitt. Zuerst einmal erwartete man von Albert, daß er sich anpasse, obgleich auch Victoria Schach spielen lernte. Glücklicherweise teilte das junge Paar einige Interessen. Beide waren sie musikalisch. Die Königin bevorzugte die italienischen Komponisten, während ihr Gatte zu den deutschen tendierte. Albert war ein prachtvoller Tänzer, mit dem die Königin in voller Schicklichkeit Walzer tanzen konn-

te. Beide liebten sie das Reiten und widmeten sich ihren Hunden. Victoria vergrößerte die Anzahl ihrer Hunde ständig, während Eros Alberts Lieblingshund war. Groß war der Kummer, als der Hund bei einem Schießausflug angeschossen wurde, aber zum Glück genas er wieder.

In einem Brief an Victoria, in dem er seine große Freude über die Nachricht von Victorias Verlobung zum Ausdruck brachte, erklärte Leopold seiner Nichte, sie werde in Albert einen Mann finden, dessen Eigenschaften sie als höchst förderlich für ihr Glück erkennen dürfte. Die Zukunft sollte erweisen, daß er recht hatte. Ihr zukünftiges Glück war auf Alberts Geduldsreserven, seine Selbstbeherrschung und seine tiefe Zuneigung gegründet.

Bei irgendeiner Gelegenheit hatte Lord Melbourne im Gespräch mit der Königin über ihren Onkel Leopold und seine erste Frau Charlotte erwähnt, daß Leopold durch seine Ruhe und Geduld großen Einfluß gewonnen habe. Mit der Zeit erwarb Albert mit den gleichen Methoden den gleichen Einfluß, und Victoria fing an, ihren Gatten zu vergöttern. Viele Jahre später schrieb die Königin ihrer ältesten Tochter, der Kronprinzessin von Preußen: »Ich sollte mich oft und gern zu seinen Füßen werfen . . ., denn ich fühle, wie unwürdig ich eines so großen und vollkommenen Mannes bin, wie er es ist.«

Doch wenn auch Victoria ihren Gatten stets verehrt hat, so bedeutete das nicht notwendigerweise, daß das Leben mit ihm leicht war, eine Tatsache, deren sie sich nur zu bewußt war. Obwohl körperlich robust, war Victoria doch oft erregbar und reizbar und litt unter Stimmungen und nervösen Spannungen. Da sie auch ein heißes und leidenschaftliches Temperament offenbarte, wenn sie an einem ihrer schlechten Tage in Zorn geriet, war sie fähig, ihrem »lieben Engel« Beschuldigungen und Verdächtigungen an den Kopf zu werfen, obwohl sie diese Ausbrüche später bitter bereute. Zeitweise war sie fast hysterisch, und weil sowohl sie selbst wie ihre Zeitgenossen glaubten, daß ihr Großvater, Georg III., in geistiger Umnachtung gestorben war – übrigens eine Diagnose, die von modernen Ärzten bezweifelt worden ist –, wurde sie von der Angst verfolgt, daß es ihr ebenso ergehen könnte, wenn sie zu weit ginge. Albert und viele ihrer Ärzte teilten diese Befürchtung und empfanden daher die plötzlichen Zornesausbrüche der Königin doppelt stark.

Während ihrer Ehe muß es Zeiten gegeben haben, in denen Alberts Geduld auf schwere Proben gestellt wurde. Er hat vermutlich nie ganz ihr Bedürfnis nach einem Ventil für ihre nervösen Spannungen verstanden, obgleich er sein Bestes tat, um ihre Ausbrüche unter Kontrolle zu bringen, indem er ein wenig die Technik eines Vaters gegenüber einem geliebten, aber schwierigen Kind anwandte. Gegen

Linke Seite oben: Königin Victorias privates Wohnzimmer im Schloß Windsor, vollgestopft mit Schmuckstücken, Fotos, Porträts und Souvenirs. Landseers Gemälde *Schloß Windsor in unserer Zeit* (wiedergegeben auf Seite 50/51) hängt an der Wand links vom Kamin.

Unten: Das Wohnzimmer der Königin in Osborne: Wiederum ist der Tisch bedeckt mit Bildern der königlichen Familie.

Victorias älteste Tochter, Prinzessin Victoria oder »Pussy« wurde im November 1840 geboren. Farbige Lithographie, gezeichnet von der Königin im Jahre 1846.

Ende ihres Lebens litt die Königin gelegentlich an nervöser Erschöpfung und damit verbundener Reizbarkeit, doch ermöglichte es ihr die fast religiöse Verehrung ihres Gatten, ihre Lebensweise der Situation anzupassen. Außer wenn sie Gesellschaft empfingen oder öffentliche Verpflichtungen hatten, ging das königliche Paar um zehn Uhr zu Bett. Wie ihr Gatte zog die Königin bald das informale Leben von Osborne und Balmoral der Etikette des Buckingham-Palastes und selbst von Schloß Windsor vor. In Fragen der Moral übernahm die Königin die strengeren Normen ihres Gatten anstelle der toleranten, die sie unter der Vormundschaft Melbournes angenommen hatte. In jeder Hinsicht wurde Victoria das Muster einer »viktorianischen« Ehefrau.

Die ersten Monate ihrer Ehe versprachen weniger Glück. Der Grund lag hauptsächlich darin, daß Victoria nicht vergessen konnte, daß *sie* die Königin war. Albert war es nicht einmal gestattet, die Länge seiner Flitterwochen selbst zu bestimmen, obgleich die Angelegenheit zugegebenermaßen durch die Korrespondenz geregelt worden war, ehe sie noch einmal in diese »lieben, lieben Augen« geschaut hatte. Als er eine längere Ruhepause für die Zeit nach ihrer Hochzeit vorschlug, hatte ihn Victoria mit scharfem, wenn auch liebevoll eingekleidetem Wink zur Ordnung gerufen, sie sei der Souverän und könne nicht länger als zwei bis drei Tage von London fernbleiben. Sie lebte stets in Sorge, wenn sie nicht an Ort und Stelle hören und sehen konnte, was vorging. Dieser Standpunkt steht in scharfem Gegensatz zu ihren Jahren der Abgeschiedenheit in Osborne während ihrer frühen Witwenjahre.

Zurück in London, fand sich der Prinz selbst von allen Regierungsgeschäften ausgeschlossen. Die Königin empfing ihre Minister immer noch allein. Für diese Vorsichtsmaßnahme lag vielleicht eine gewisse Rechtfertigung vor. Vor ihrer Ehe war die Furcht weitverbreitet, daß ihr Gatte, der ja bloß ein deutscher Duodezfürst war, sich vielleicht in die britische Politik einmischen könnte, und man hatte Albert sehr deutlich zu verstehen gegeben, daß dies nie geschehen dürfe. Im Mai schrieb er an einen Freund, den Prinzen Löwenstein, daß er sich trotz seines großen Glückes in einer schwierigen Lage befinde, »weil ich nur der Ehemann und nicht der Herr des Hauses bin«.

Es gab trotzdem einen Bereich, in dem sich Albert zum Herrn des Hauses hinaufzuarbeiten vermochte und der auch einen Mann von seinem ordentlichen Geist ansprechen konnte. In der Führung des königlichen Haushaltes herrschten allerhöchstes Verwaltungschaos und finanzielle Unzuständigkeit. Drei hohe Staatsbeamte waren für das Management des Palastes verantwortlich, der Lord-Oberhofmeister, der Hofmarschall und der Oberstallmeister, jeder vom anderen unabhängig und keiner mit einem Stellvertreter versehen, der im Palast wohnte.

Das Ergebnis war ein Alptraum von Verantwortlichkeitsabgrenzungen und Einschränkungen, die, zusammengenommen, die engstirnigste britische Gewerkschaft wie ein Muster an vernünftiger Verwaltung hätte erscheinen lassen. So war der Lord-Oberhofmeister für die Beschaffung von Brennmaterial und das Vorbereiten der Feuer verantwortlich, der Hofmarschall für das Anzünden. Der Hofmarschall beschaffte die Lampen, aber der Lord-Oberhofmeister war für ihre Reinigung, das Stutzen der Kerzen und ihr Anzünden verantwortlich. Das Resultat waren Undiszipliniertheit des Hauspersonals, schlechte Organisation des Palastes und die enorme Höhe der Rechnungen. Diesen Augiasstall zu reinigen, war eine gewaltige Aufgabe, denn jedermann vom Höchsten bis zum Niedrigsten im

Hause hatte ein wohlerworbenes Interesse am Status quo. Drei Jahre lang mühte sich der Prinz ab, aber erst im Jahre 1844 gaben die Abteilungen endlich ihre Zustimmung zur Bestallung eines Oberhofmarschalls, der durch Koordination aller Belange unter eigener Kontrolle aus dem Chaos Effektivität und Sparsamkeit erwirken konnte. Ohne die Reformen, die Prinz Albert in Gang gesetzt hatte, hätte die Königin später erhebliche Einsparungen aus ihrer Zivilliste nicht erzielen können, und öffentliche Mittel wären auch weiterhin vergeudet worden.

Um die Zeit, zu der der Prinz diese besondere und selbstgewählte Aufgabe erfolgreich beendet hatte, hatte sich sein Einfluß auf die Königin so weit verstärkt, daß er außerhalb der öffentlichen Angelegenheiten keine Tätigkeitsbereiche mehr zu suchen brauchte. In den frühen Tagen seiner Ehe schuldete er in gewissem Maße George Anson Dank, dessen Ernennung zu seinem Privatsekretär ihm vor seiner Heirat nicht behagt hatte. Bald entwickelte sich zwischen den beiden Männern eine echte Freundschaft, und sie konnten die Situation besprechen, in der sich der Prinz in bezug auf Lord Melbourne befand, der sich noch immer des besonderen Vertrauens der Königin erfreute. Als er seinerseits die Angelegenheit mit Victoria erörterte, entschuldigte sie sich damit, daß sie mit dem Prinzen gern über andere als gerade öffentliche Dinge rede. Ihre Haltung war tatsächlich mit der eines Mannes zu vergleichen, der seine geschäftlichen Angelegenheiten von seinem Privatleben fernzuhalten wünscht und sie im Büro zurückläßt. Lord Melbourne, der zu dieser Zeit die Königin sehr gut verstand, äußerte sich skeptisch zu dieser Entschuldigung und stellte die Vermutung an, daß ihr Zögern zumindest teilweise der Befürchtung entspringe, sie und ihr Gatte könnten Meinungsverschiedenheiten entwickeln.

Baron Stockmar besprach die Sache auch mit Melbourne und drückte sich noch deutlicher aus. Nach seiner Meinung stand Victoria noch stärker unter dem Einfluß der Baronin Lehzen, als sie zugeben wollte, und er glaubte, daß in diesem Bereich eine gewisse Eifersucht die Königin davon zurückhalte, sich ihrem Gatten weiter anzuvertrauen, als sie es tat. Als die erste Schwangerschaft der Königin bekannt wurde, besserte sich die Lage des Prinzen allmählich, teils, weil sich Victoria nunmehr weniger für öffentliche Angelegenheiten interessierte, und teils, weil das Parlament im Juli in Erinnerung an den Tod der Prinzessin Charlotte im Kindbett bestimmte, daß die Regentschaft, sollte der Königin ein Kind auf dem Thron folgen, auf Prinz Albert übertragen werden solle. Im September leistete er den Eid für den Staatsrat, und hinfort war er durch seine Eide gebunden. Im gleichen Monat beschäftigte er sich mit dem Studium der Gesetze und der britischen Verfassung, und im Frühling 1841 konnte er seinem Vater berichten, »daß ich die Tagespolitik mit großem Fleiß studiere. Ich spreche ganz offen mit den Ministern über alles mögliche, und ich bemühe mich in aller Ruhe, mich Victoria in ihrer Lage so nützlich wie möglich zu machen.« Ein wenig später schrieb die Königin an Leopold: »Albert ist wirklich eine große Stütze für mich. Er nimmt größtmögliches Interesse an allen Vorgängen, er fühlt mit mir und für mich, und doch hält er sich zurück, mich in eine bestimmte Richtung zu drängen, wie er es auch nicht sollte, obgleich wir über die Sache sprechen, und sein Urteil ist, wie Du sagst, gut und ruhig.«

»Albert ist wirklich eine große Stütze für mich.«

Trotzdem lagen noch Probleme vor ihnen. Victorias Dickköpfigkeit in Verbindung mit ihrer Treue zur Baronin Lehzen und Sir James Clark beschworen einen offenen Streit zwischen ihr und Albert über die Führung des königlichen Kinderhorts herauf. Die kleine Prinzessin Victoria, in der Familie während ihrer Kindheit als Pussy bekannt, war im November 1840 geboren. Sie war ein schwächliches Kind und gedieh nicht. Der Prinz gab sowohl der Baronin Lehzen wie auch Clark die Schuld an dem, was er als grobe Mißwirtschaft im königlichen Kinderzimmer bezeichnete. Seit seiner Heirat hatte er eine Abneigung gegen die Baronin aufgestaut, deren Einfluß auf seine Gattin er als zu groß und daher als unerwünscht betrachtete. Schließlich riß ihm der Geduldsfaden, und zwar mit einer Gründlichkeit, wie es nur einem Menschen passiert, der zu weit getrieben wurde. Victorias Antwort war einer ihrer plötzlichen Zornesausbrüche, wobei sie ihren Gatten mit Vorwürfen aller Art überschüttete.

Schließlich, als ihnen der Bruch, der zwischen beiden drohte, mit Schrecken aufging, wurde der unschätzbare Stockmar herangezogen, um die Stücke wieder zusammenzuflicken. Er machte der Königin und der Baronin klar, daß es besser wäre, wenn die Lehzen sich nach Deutschland zurückzöge, was diese dann auch im September tat. Das war das Ende einer jahrzehntelangen Beziehung. Eine Zeitlang war ihre Stellung schwierig geworden, da sie immer mehr die Zuneigung des Mädchens schwinden fühlte, das sie aufgezogen hatte und das ihrerseits sie einst angebetet hatte. Es war nur zu natürlich, daß die Lehzen an der alten Beziehung hing, und gleich natürlich, daß Albert dagegen war. Überdies hatte sich die Baronin nicht gerade klug verhalten. Mit ihrer Abreise war das letzte Hindernis für ein völliges und glückliches Einverständnis zwischen den Ehegatten beiseite geräumt. Die Schwierigkeiten der beiden ersten Jahre waren vorüber, und Victoria hatte gelernt, die Rollen der Mutter, Ehefrau und Königin miteinander in Einklang zu bringen. Albert war nicht nur Herr im eigenen Hause geworden, er wurde schnell auch in der Politik die »Graue Eminenz« hinter dem Thron.

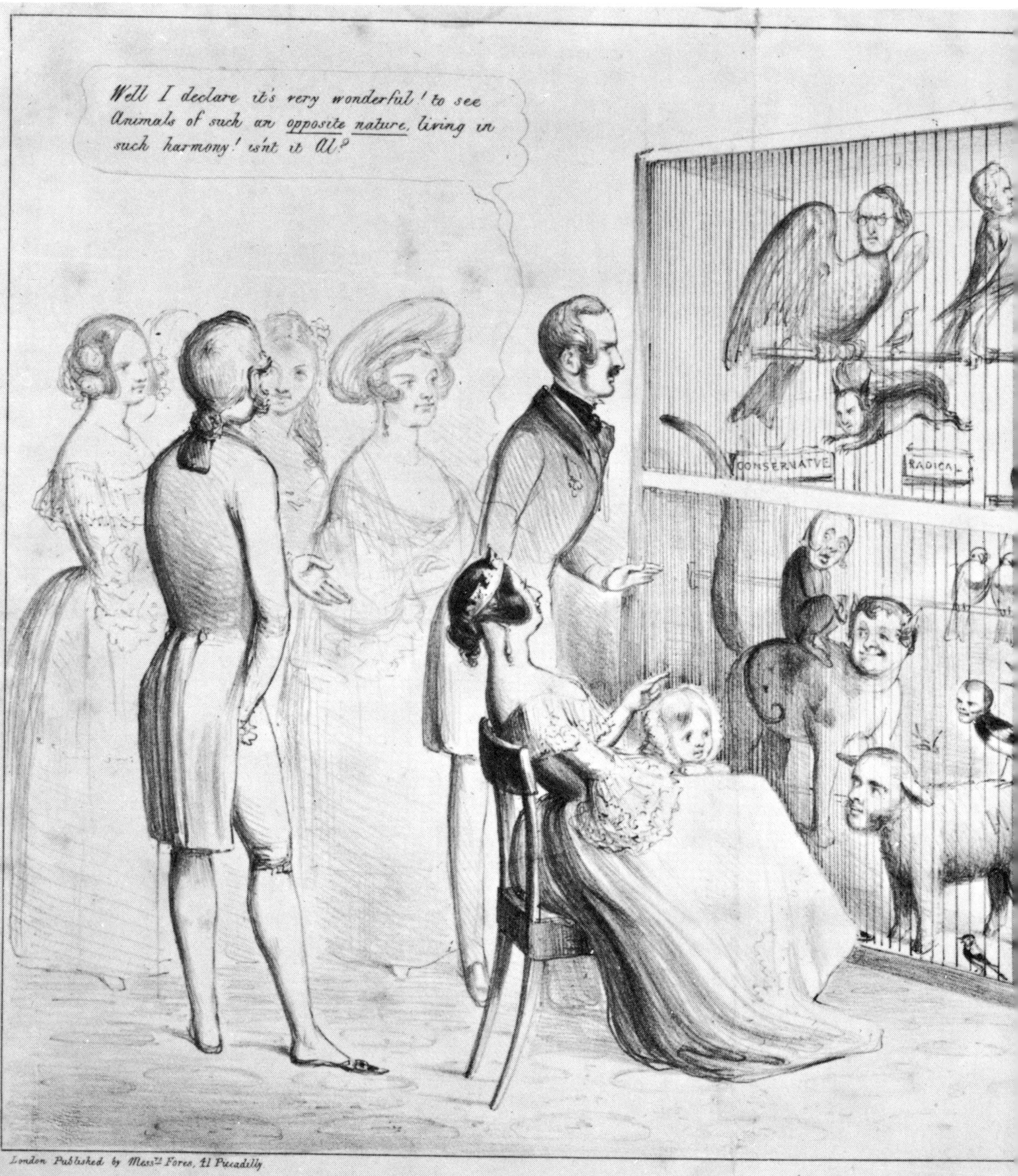

London Published by Mess.rs Fores, 41 Piccadilly

LIVING CURIOSITIES.

OR THE CAT AND OWL EXHIBITION AT COUR

Die Königin, der Prinz und die Politiker

1840–1861

Über allen Belastungen und Mühen ihres Privatlebens vergaß Victoria niemals ihre Verantwortung als Königin von England. Ja, sie trieb diese manchmal fast zu weit. Ihre Rolle war nicht leicht. Wie so vieles andere im 19. Jahrhundert waren die Funktionen ihrer Rolle einem ständigen Wandel und einer stetigen Entwicklung unterworfen. Sowohl George III. als auch Victoria selbst hielten sich für konstitutionelle Herrscher. Trotzdem unterschieden sich ihre Rollen auf dem Gebiete der Politik und ihre Beziehungen zum Parlament recht erheblich.

George III. hatte akzeptiert, daß er mit dem Parlament zusammenarbeiten mußte und daß er nicht rücksichtslos über dessen Entscheidungen hinweggehen durfte, wenngleich er sich persönlich dagegen sträubte. Immerhin besaß er aber noch die Möglichkeit, das Parlament durch die Ämterpatronage zu beeinflussen. Das bedeutete in der Praxis, daß die Regierung bei einer allgemeinen Wahl niemals eine Niederlage erlitt, es sei denn in Zeiten eines unheilvollen Krieges. Er konnte zwar nicht sicherstellen, daß das Unterhaus die Minister seiner Wahl auch unterstützte, doch konnte er wiederum – außer in Krisenzeiten – einem Mann das Amt verweigern, den er nicht mochte. Es genügte, daß er persönlich Charles James Fox ablehnte, um diesen fähigen Staatsmann für die längste Zeit seines Lebens vom Amt fernzuhalten. Überdies hing der Opposition noch immer der Ruch der Untreue an. Die Minister erwarteten von Rechts wegen die Unterstützung durch beide Parlamente, ausgenommen bei klarem Gegenbeweis, etwa bei schlechter Kriegführung. Das erklärt sich zum Teil aus der Tatsache, daß das Parteiensystem erst allmählich eine tastende Form annahm.

Politik war noch immer hauptsächlich eine Angelegenheit von Familiencliquen und der Familienzusammengehörigkeit. Es gab keine politischen Einpeitscher, keine Parteiprogramme. Die prominenten Politiker waren eher die Häupter von Familiengruppen als von Parteien. All dies zusammengenommen verlieh dem König ziemlich viel Handlungsfreiheit. Von einem Premierminister erwartete man bis zu seinem Rücktritt, daß er eine Politik verfolgte, die ebensosehr von dem König wie von ihm selbst gestaltet wurde. Es ergab sich gar nicht erst die Frage, ob er in irgendeiner wichtigen Sache ohne vorherige Konsultation des Königs allein handeln konnte.

Als im Jahre 1837 Victoria Königin wurde, hatte sich die Situation völlig geändert. Die Gründe waren zum Teil persönlicher Art. König George hatte seit Ende des 18. Jahrhunderts an einer seltenen Krankheit gelitten. Die Historiker meinen heute, es habe sich nicht um eine Geisteskrankheit gehandelt. Sie hatte ihn aber an der Ausübung der königlichen Gewalt gehindert, und die Folge war gewesen,

Vorhergehende Seiten: Karikatur von Albert und Victoria, die die verschiedenen politischen Tiere betrachten, die ihnen Wellington zeigt. Diese Satire nimmt den verworrenen und häufig paradoxen Zustand der Tory-Partei in den vierziger Jahren aufs Korn.

Rechte Seite: »Das britische Bienenhaus«, ursprünglich von George Gruikshank im Jahre 1840 gezeichnet, dann im Jahre 1867 von ihm selbst auf den Streit über das zweite Reformgesetz abgeändert.

A PENNY POLITICAL PICTURE FOR THE PEOPLE,
WITH A FEW WORDS UPON PARLIAMENTARY REFORM.

daß der Prinz von Wales Prinzregent geworden war. George IV. war in vieler Hinsicht ein geschickter und fähiger Politiker, doch hatte sein Charakter die Monarchie in Mißkredit gebracht, als er König wurde. Der Versuch eines Mannes, sich wegen Ehebruchs von seiner Frau scheiden zu lassen, während sein eigenes Privatleben als höchst unregelmäßig betrachtet wurde, war kein erhebendes Schauspiel. Der Londoner Mob erklärte sich in eindeutiger Weise für Königin Caroline, obgleich auch sie einen zweifelhaften Ruf genoß. William IV. versuchte gewiß, seine Pflicht zu tun, so wie er sie auffaßte, er überließ sich aber einem exzentrischen Benehmen und Ausbrüchen, die das Königtum seiner Würde beraubten und ihm das Recht nahmen, die gegenwärtige Regierung zu leiten. Wahrscheinlich hatte die Monarchie in den letzten vierzig Jahren die Achtung ihrer Unterta-

Das Erstarken der Industrie im England des 18. und frühen 19. Jahrhunderts hatte eine erhebliche Verschiebung im Gleichgewicht von Wohlhabenheit und Eigentum bewirkt.

Unten: Sheffield, eine der Städte, die im Gefolge der industriellen Revolution mit großer Schnelligkeit wuchs. Das Anwachsen der Stahlwarenindustrien im späten 18. Jahr-

hundert brachte Wohlstand und Bevölkerungszuwachs in die Täler und auf die Höhen. Die älteren Stadtteile waren unregelmäßig angelegt und sehr übervölkert, so daß in den siebziger Jahren mühevolle Reformen notwendig waren. Trotz seiner Größe und seines Wohlstandes entsandte Sheffield keine Abgeordneten ins Parlament. Erst das Gesetz von 1832 bestimmte, daß die Stadt zwei Abgeordnete erhalten sollte.

Rechts: Der Steuerbaum, eine Karikatur aus einer Zeitung von Newcastle aus dem Jahre 1838. Er zeigt, wie die Steuervorteile bei den Wohlhabenden und Privilegierten lagen, während die Ernährung des Systems von der Arbeit der Handwerkerklasse abhing. Den untersten Einkommensklassen blieb keine andere Wahl, als zu verhungern.

nen verloren. In der Tat wird oft behauptet, Großbritannien wäre vielleicht Republik geworden, wenn Victoria und Albert nicht durch die Entfaltung ihrer häuslichen Tugenden und ihr tadelsfreies Privatleben den Respekt der Bevölkerung wiedergewonnen hätten. (Sie glaubten das übrigens auch selbst.) Darüber läßt sich allerdings streiten. Solange die Monarchie den herrschenden Klassen von Nutzen blieb, hätte man sie nicht aus persönlichen Gründen zum alten Eisen geworfen.

Was viel wichtiger war: Die Gesellschaftsstruktur war im Wandel begriffen, und dieser Wandel beeinflußte seinerseits die Zusammensetzung des Parlaments. Die Monarchie wäre gefährdet gewesen, wenn Victoria sich nicht als so klug erwiesen hätte, die neuen Bedingungen des politischen Lebens anzuerkennen und in deren Rahmen zu wirken, sosehr ihr vieles gegen den Strich ging. Das zeigte sich später, als sich Victoria als Witwe in den sechziger und siebziger Jahren fast völlig vom öffentlichen Leben zurückzog. Dies führte zu einer Wiederbelebung republikanischer Gefühle. Allgemein herrschte die Meinung, daß das Volk immer weniger für sein Geld bekomme und nicht sosehr wegen der Gerüchte um John Brown, ihren schottischen Diener.

Das Reformgesetz von 1832 bedeutete den gesetzlichen und formalen Einschnitt zwischen der alten und neuen Politik. Mit zunehmender Industrialisierung, die man mit dem historischen Kürzel der »Industriellen Revolution« zu bezeichnen pflegt, verschob sich das Gleichgewicht von Wohlhabenheit und Besitztum von den Großgrundbesitzern fort und hin zu den Industriellen und Fabrikherren. Freilich muß man betonen, daß diese Verschiebung nur allmählich erfolgte. Dieser Wandel war von einer anderen bedeutenden sozialen Veränderung begleitet: Nicht nur die Bevölkerung wuchs in halsbrecherischer Weise an, die Zunahme konzentrierte sich auch noch auf die Städte, besonders in den Midlands und im Norden Englands.

Das Reformgesetz war das Ergebnis des Drucks der Öffentlichkeit in Richtung einer politischen Anerkennung dieser Umstände. Das alte Wahlgesetz hatte einen geschichtlichen und zufälligen Charakter, und seit dem 19. Jahrhundert konnte es nicht mehr mit rationalen Gründen verteidigt werden. Ein gleiches konnte man von der Sitzverteilung im Parlament behaupten. Beide Gegebenheiten repräsentierten nicht mehr das neue Britannien, das im Entstehen begriffen war. Das Gesetz von 1832 hatte zwei Folgen. Einmal dehnte es das Wahlrecht so weit aus, daß auch die meisten städtischen Haushaltsvorstände der Mittelklasse, die Grundstücke von einem jährlichen Steuerwert von 10 Pfund oder mehr besaßen, das Stimmrecht erhielten, wenn sie sich in das Wahlregister eintragen ließen. Zum anderen

konnten die kleinsten Wahlbezirke hinfort keine Abgeordneten mehr stellen, die nunmehr den großen Industriestädten zugewiesen wurden. Erstmals erhielt so auch Manchester seine eigenen Abgeordneten. Dieser Prozeß, der eine bessere Übereinstimmung der Zusammensetzung des Unterhauses mit den sozialen und wirtschaftlichen Verhältnissen zum Ziele hatte, konnte nicht mit der begrenzten Maßnahme von 1832 enden. Man stritt weiterhin für und gegen die Ausdehnung des Wahlrechts, bis es als Ergebnis weiterer Reformgesetze – 1867 und 1884 – nur noch wenige Leute über 21 ohne Wahlrecht gab. Ohne harte Kämpfe im Parlament ging es bei diesen Veränderungen jedoch nicht ab. So gab es zum Beispiel harte Auseinandersetzungen über die geheime Wahl.
So weitreichende Veränderungen im Wahlrecht mußten natürlich die Beziehungen zwischen dem Herrscher und dem Parlament beeinflussen. Mit dem Reformgesetz von 1832 verschwanden zwar keineswegs die Ämterpatronage und die Korruption, doch war es für Minister nunmehr weniger leicht geworden, die Ämterpatronage gegenüber den Männern auszuüben, die die Gemeinden kontrollierten, und es war daher auch weniger leicht, das Unterhaus zu ihrer Unterstützung zu gewinnen. Zudem mußten nunmehr die Minister angesichts einer vergrößerten Wählerschaft, die sich zunächst aus bürgerlichen und später aus Wählern aus dem Bürger- und Arbeiterstand zusammensetzte, mehr auf deren Wünsche eingehen, und diese Forderungen waren in wachsendem Maße solche der neuen Industriestadtwähler. Außerdem mußte man die Wähler in anderer Weise organisieren, nicht mehr durch den persönlichen Einfluß des Grundeigners, sondern durch die Parteiorganisationen. Es entstanden die beiden großen politischen Clubs, der Reform-Club und der Carlton-Club. Mit der Registrierung der Wähler gewann die Parteiführung eine immer größere Bedeutung. In der Vergangenheit waren die Namen »Whig« und »Tory« nur lose Etiketten gewesen. Der Kern der Whigs setzte sich aus den großen aristokratischen Familien zusammen. Im Zusammenwirken mit ihren kommerziellen und religiösen Verbündeten, den Dissenters, hatten sie die Macht der Krone gezügelt, natürlich vornehmlich, um sie selbst auszuüben.
Die Tories waren vor allem Landedelleute, hohe Kirchenmänner und Mitglieder der großen Familien, die aus persönlichen und Grafschaftsgründen gegen die lokale Herrschaft eines großen Whig-Magnaten opponierten. Nun aber schieden die Whigs, zu denen auch Lord Melbourne gehört hatte, aus der Regierungsverantwortung aus. Sie wurden von ihren Verbündeten, den Radikalen, dazu gedrängt, die zu den Wurzeln der Übel vordringen wollten und eine neue und vernünftigere Gesellschaft und Regierungsweise anstrebten. Mitt-

Industrielle Reform

Zu Beginn von Victorias Regierung waren die Arbeitsbedingungen in der Industrie erbärmlich. Vom Anfang des Jahrhunderts an hatte sich das Parlament gegen Versuche gewandt, das Los der Fabrikarbeiter durch die Gesetzgebung zu verbessern. Das Fabrikgesetz von 1833 jedoch, das von der Whig-Regierung durchgesetzt wurde, die so viele fortschrittliche Gesetze vorlegte, machte einen bescheidenen Anfang mit der Begrenzung der Arbeitszeit für Frauen und Kinder in den Spinnereien und Fabriken. Das Gesetz war auch deshalb so wichtig, weil zum erstenmal Fabrikinspektoren zur Durchsetzung der Gesetze ernannt wurden.

Oben: Der Federschleifraum in einer Fabrik des Jahres 1851. In den Fabriken wurden massenweise Frauen als Arbeiterinnen verwendet.

Unten: Der Zwirnraum in einer Baumwollspinnerei des Jahres 1851.

Rechts: Gewerkschaftsmitgliedsbescheinigung für einen Baumwollspinner. Sie zeigt die großen Verbesserungen, die sich seit der Mitte des 18. Jahrhunderts in der Industrie ergeben hatten. Sie beweist auch den Schutz, den die Gewerkschaft gewährte.

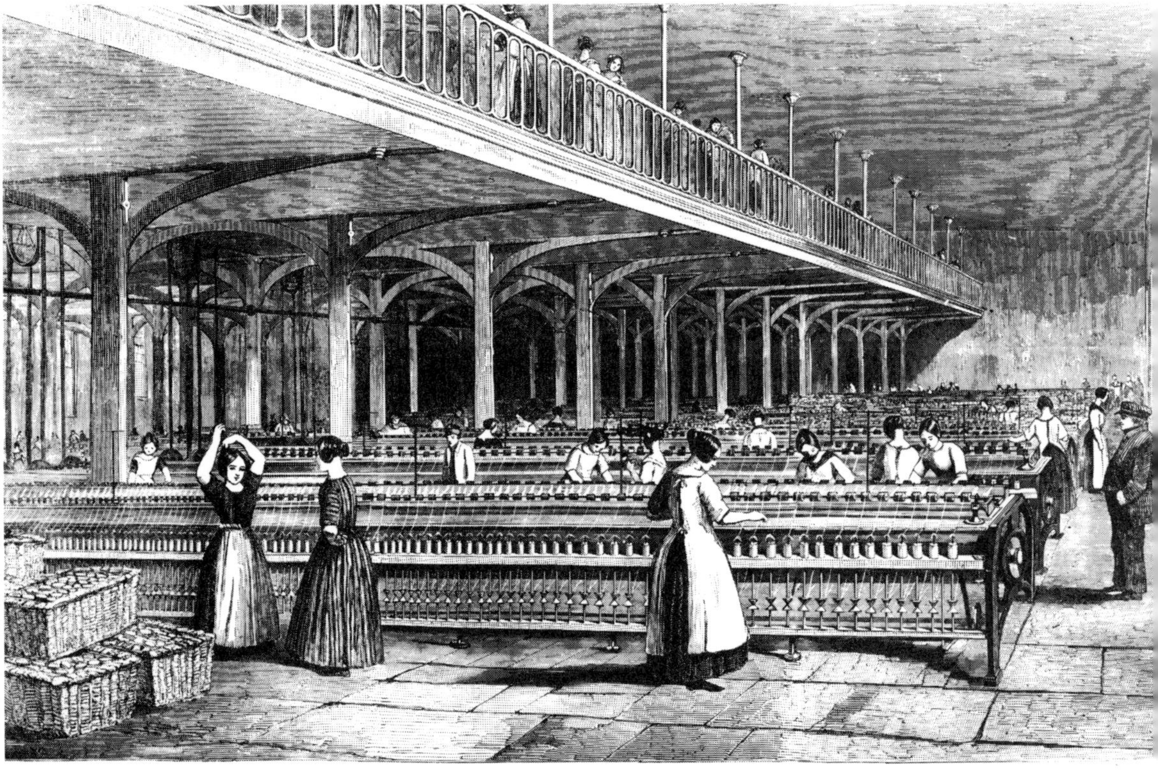

LABOUR IS THE SOURCE OF ALL WEALTH
JUSTICE IS ALL WE REQUIRE
WE EXPECT NOTHING LESS
COTTON GIN
UNLOADING COTTON
CARDING ENGINE
AMALGAMATED ASSOCIATION of OPERATIVE COTTON SPINNERS
THIS IS TO CERTIFY THAT
Mr
was admitted a Member of the
Branch of this Association
on the day of 1
General Secretary
Branch Secretary
ARKWRIGHT
UNION IS STRENGTH
CROMPTON
ACCIDENT
MODERN SPINNING MILL
OUT OF WORK
OLD HAND MULE
TWINING MULE
SPINNING MULE
CHAS E. TURNER
J. ANDREW & Co PRINTERS & PUBLISHERS, ASHTON-UNDER-LYNE.

lerweile konzentrierten sich die Tories zu einer geschlosseneren Gruppe, Konservative genannt, die wohl den Fortschritt für die Zukunft anstrebten, aber das Beste aus der Vergangenheit weiterbauen und bewahren wollten. Gegen Mitte des Jahrhunderts vertraten sie eher als die Whigs die landwirtschaftlichen und Gutsbesitzerinteressen.

Während der beiden ersten Jahre ihrer Regierung fand Victoria in trügerisch leichter Weise den Weg zum neuen Stil der konstitutionellen Monarchie. In politischen Fragen befanden sie und ihr Premierminister sich in völliger Übereinstimmung, denn Lord Melbourne machte sich die Mühe, ihr alles in klaren und verständlichen Worten zu erläutern. Selbst als ihr Onkel Leopold den Versuch unternahm, seinen Einfluß geltend zu machen und im Streit mit den Niederlanden ihre Zuneigung zum Wohle Belgiens zu nutzen, händigte die Königin prompt Melbourne den politischen Teil seines Briefs aus und legte ihrem Onkel nahe, ihre derzeitige glückliche Beziehung wäre wahrscheinlich eher aufrechtzuerhalten, wenn er von seiner Nichte keine Einmischung in seine eigenen politischen Schwierigkeiten erwartete! Kurzum, sie machte ihm klar, daß sie als Königin da, wo es um die auswärtige Politik Großbritanniens ging, den Rat ihres Premierministers annehme und nicht den ihres Onkels.

Diese Haltung bedeutete indessen mehr einen Tribut an ihr Vertrauen in ihren »guten Lord Melbourne« als an einen frühen Griff nach den konstitutionellen Prinzipien. Melbourne seinerseits hatte ihr die Bürde ihrer Pflichten so leicht wie möglich gemacht. Er sagte ihr, es sei nicht notwendig, daß sie alle Papiere, die ihr zur Unterschrift oder Zustimmung vorgelegt wurden, auch im einzelnen ganz durchlesen müsse. Victoria konnte in den frühen Tagen ihrer Ehe über politische Fragen nicht mit Albert reden. Stockmar äußerte schlau, dies sei nicht so sehr deshalb der Fall, weil sie es nicht tun wolle, sondern weil sie die Dinge so sehr Melbourne überließ, und sie habe diese Dinge dem Prinzen nicht erklären können, weil sie sie selbst nur unvollkommen verstünde.

Während der Schlafzimmerkrise ließ Victoria bald erkennen, daß ihre Haltung zu ihren Ministern eher traditionell als progressiv bestimmt war. Sie verhielt sich richtig, indem sie bei der Regierungsbildung zuerst den Herzog von Wellington zu sich bat und dann erst Peel, sie ließ sie aber nicht im unklaren darüber, daß sie von Unparteilichkeit weit entfernt sei und ihnen nur ihr offizielles Vertrauen gewähre, zudem noch im geringstmöglichen Maße. Überall war bekannt, daß Victoria selbst eine glühende Whig war. Unmittelbare Frucht ihres Sieges war, daß Lord Melbourne zwei weitere Jahre im Amt blieb. Man muß sich aber wohl fragen, ob darin nicht ein ungesunder Kern lag, insofern dieser Vorgang in der Königin den Glauben stärkte, daß sie gegen den Willen des Unterhauses ihre eigene Ministerwahl durch Festigkeit verteidigen könne.

Die königliche Gunst genügte jedoch nicht, um die Whig-Regierung über den Juni 1841 hinaus an der Macht zu halten. Seit der Durchsetzung des Reformgesetzes trugen sie die Verantwortung für viele fortschrittliche Gesetze. Dem ersten wirkungsvollen Gesetz zur Einschränkung der Kinderarbeit in den Baumwollfabriken (1833) war durch die Ernennung von Inspektoren Nachdruck verliehen worden. Im Jahre 1834 hatten die Whigs eine umfangreiche und vielgehaßte Erneuerung des Armengesetzes durchgesetzt. Im nächsten Jahr hatte das Gesetz über die städtischen Innungen die Stadtverwaltungen auf neue und demokratischere Grundlagen gestellt.

Im Jahre 1836 war ein Generalstandesbeamter ernannt worden, der die Geburten, Heiraten und Todesfälle offiziell registrieren sollte, so daß endlich genaue Statistiken verfügbar wurden. Im Jahre 1839 wurden schließlich die Bedürfnisse einer neuen und gebildeteren Gesellschaft durch die Einrichtung eines einheitlichen Penny-Postdienstes befriedigt, der sich mit dem Namen von Rowland Hill verbindet. Aber um 1841 waren die Reformfeuer ausgebrannt, die von den Radikalen angezündet worden waren: Lord Melbourne war niemals ein Reformer gewesen. Die Finanzen befanden sich in schwieriger Lage. Neue Politik und neues politisches Blut erwiesen sich als notwendig, so blind die Königin sich demgegenüber verhielt.

Eine der unguten Folgen der Obhut Melbournes war die weitgehende Unwissenheit Victorias über die sozialen und materiellen Bedingungen, unter denen die Massen ihrer Untertanen lebten. Sie neigte daher dazu, jede Kritik als Unfreundlichkeit zu betrachten, hervorgerufen von Agitatoren und nicht von den harten Realitäten der industriellen Wandlungen.

Anfang Juni 1841 zeigte es sich, daß die Regierung zu schwach war, um im damaligen Unterhaus weiterbestehen zu können, und in der letzten Hoffnung, Melbourne behalten zu können, beschloß Victoria gegen den Rat Leopolds, das Parlament aufzulösen. In diesem Falle sollte er recht behalten, und Victoria hatte unrecht. Die Wahlen fielen zugunsten der Tories aus. Da war nichts mehr zu machen. Victoria mußte Peel als neuen Premierminister anerkennen.

Die Machtübernahme vollzog sich reibungslos. Melbourne machte es der Königin so leicht wie möglich und gab Peel gute Ratschläge, wie er sie behandeln müsse. Er sagte ihm, daß die Königin zwar volle Kenntnis aller Vorgänge haben wolle, daß er ihr aber die Dinge in einfacher Weise darstellen müsse, so daß sie das Wesentliche erfassen könne, ohne von den Einzelheiten erdrückt zu werden. Er machte

Im Jahre 1846 hatte Sir Robert Peel die Überzeugung gewonnen, daß man die restriktiven Getreidegesetze widerrufen müsse. Dieser Gesinnungswandel beruhte zum Teil auf der schrecklichen Hungersnot als Folge der Kartoffelmißernte in Irland. Hierdurch unterstützte er die Sache des Freihandels und das unglückliche irische Volk, verursachte aber auch die verhängnisvolle Spaltung der Tory-Partei. Eine Gruppe blieb Peel treu, bekannt als die Peeliten – Gladstone eingeschlossen. Die andere Gruppe, Überbleibsel der Tory-Partei, wurde von Lord Stanley angeführt. Disraëli gehörte zu dieser Gruppe.

CARRYING THE CORN; OR, THE FREE-TRADE HARVEST-HOME.

»Sie werden in dem Prinzen eine große Unterstützung finden, er ist so befähigt.«

Peel auch darauf aufmerksam, daß sie diese Informationen direkt von ihm selbst und nicht aus zweiter Hand erhalten sollte. Auch Victoria gab er den guten Rat: »Sie werden im Prinzen große Unterstützung finden. Er ist so befähigt.« Sie könne in der Zukunft nichts Besseres tun, als sich seinem Rat und seiner Hilfe anzuvertrauen. Er versuchte auch, Peels Weg dadurch zu ebnen, daß er der Königin vom Wunsch des neuen Premierministers berichtete, nichts zu tun, was sie ärgern könne. Dieses Mal wurde die Frage der Hofdamen mit Diskretion behandelt. Albert, der weitere dramatische Zusammenstöße vermeiden wollte, traf Peel privat in dem Augenblick, als ein Regierungswechsel unmittelbar bevorstand. Ergebnis war, daß nur die drei Hauptdamen, die Herzogin von Sutherland, die Herzogin von Bedford und Lady Normandy zurücktreten sollten. In ihrem späteren Gespräch mit Peel gab die Königin ihre Absicht kund, daß sie nur Damen von bescheidener politischer Veranlagung ernennen werde. Auf diese Weise umging sie die Notwendigkeit, bei jedem Regierungswechsel das Hofpersonal zu ändern.

Hierdurch wurde ein Problem, das im Jahre 1839 so hart umkämpft worden war, auf freundschaftliche Weise gelöst. Hauptsächlich war dies der Vermittlertätigkeit des Prinzen und der Mitwirkung von Sir Robert Peel zuzuschreiben. Der persönliche Wechsel von Whig zu Tory, von Melbourne zu Peel, bereitete Victoria jedoch Schmerz, obwohl der politische Wandel reibungslos vonstatten ging. Nach Melbournes letzter Audienz schrieb sie: »Wir vermissen Sie und werden Sie immer schrecklich vermissen, es ist so überaus traurig; und ich kann es noch nicht ganz glauben.« Vier Jahre lang hatte es kaum einen Tag gegeben, an dem sie sich nicht gesprochen hatten.

Glücklicherweise konnte Victoria sich jedoch auf Albert verlassen. Traurig berichtete die Königin Lord Melbourne, daß Albert »sehr bemüht ist, alles zu tun, was diese schwere Prüfung erleichtert«. Er schaffte es auch, eine Art Brücke der Verständigung zwischen der Königin und dem neuen Premierminister zu errichten. Früher hatte die Königin zu Melbourne geäußert, sie fürchte, sie werde nie mit Sir Robert klarkommen, weil er so verwirrt erscheine, was wiederum sie selbst verwirrte. Aber Peels hochentwickeltes Pflichtbewußtsein und seine rationale Auffassung von Problemen bedeuteten für den Prinzen eine Empfehlung. Beide Männer sprachen eine gemeinsame Sprache und vertraten die gleiche ernste Lebensauffassung.

Interessant ist es zu beobachten, wie die Haltung der Königin selbst sich mit den Jahren änderte. Im Oktober sagte sie bei Tisch zu Mr. Anson, sie könne Sir Roberts Unbeholfenheit nicht ertragen, und seine Unwissenheit über den menschlichen Charakter sei »so erstaunlich und unberechenbar«, daß es ihr schwerfalle, sich bei Empfehlungen auf sein Urteil zu verlassen. Im Dezember und nach einem weiteren Abendessen äußerte Anson die Meinung, ihre Abneigung gegen die derzeitige Regierung sei weniger ausgeprägt als früher, auch wenn sie nicht bereit sei, das zuzugeben.

Um 1844 hatte sich ihre Haltung völlig geändert, und sie berichtete Onkel Leopold: »Wir *können* keinen besseren und verläßlicheren Minister zum Wohl des ganzen Landes und für den Frieden von Europa haben. Sein Rücktritt wäre ein großes *Unglück*.« Als der Rücktritt im Jahre 1846 erfolgte, schrieb sie Worte, über die sie sehr überrascht gewesen wäre, wenn man sie ihr im Jahre 1841 vorausgesagt

»Ich mußte mich von Sir Robert Peel und Lord Aberdeen trennen, ein nicht wiedergutzumachender Verlust für uns und das Land.«

hätte. Jetzt betrachtete sie ihn als »freundlichen und treuen Freund«, für den sie sowohl als Minister wie als Mensch die höchste Achtung empfand.

Ihrem Onkel schrieb sie: »Ich mußte mich von Sir Robert Peel und Lord Aberdeen trennen, ein nicht wiedergutzumachender Verlust für uns und das Land. Sie waren beide so ergriffen, daß es mich ganz aus der Fassung brachte. In beiden haben wir zwei ergebene Freunde. Bei ihnen fühlten wir uns *so* sicher.« Besonders beeindruckt war die Königin durch die Fähigkeit beider Männer, das Wohlergehen des Landes über den Vorteil für ihre Partei zu stellen.

Trotzdem erlaubte sich Victoria – zumindest während des ersten Jahres von Peels Regierung – ein nicht verfassungskonformes Verhalten, so sehr war sie Melbourne zugetan und hatte sie sich auf ihn verlassen. Es wäre wohl klüger gewesen, wenn ihr Ex-Premierminister nur wenig in Erscheinung getreten wäre, doch unterhielt die Königin auch weiterhin eine sehr freie und ständige Korrespondenz mit ihm. Das erlaubte ihm Meinungen zu politischen Fragen zu äußern, die nicht länger zu seinen Obliegenheiten gehörten.

Stockmar, der hinsichtlich der konstitutionellen Sauberkeit strenge Ansichten vertrat, war entsetzt. Mahnung auf Mahnung richtete er an Melbourne, der seinerseits nicht die notwendige Entschlußkraft aufbrachte, eine Korrespondenz zu beenden, die eines der wenigen bleibenden Vergnügen seines Alters war. Er war allerdings sorgfältig darauf bedacht – so sagte er jedenfalls dem unschätzbaren Zwischenträger Anson –, nichts zu sagen, was seine Anschauungen mit denen von Sir Robert hätte in Konflikt bringen können. Wenn dem auch so war, so war doch Stockmar auch davon überzeugt, daß die Königin niemals dem Rat Peels volles Gewicht zumessen würde, solange sie glaubte, sich auf Melbourne verlassen zu können.

Stockmar hegte überdies auch die Befürchtung, daß Sir Robert von dem Briefwechsel erfahren könnte, der in einigen Kreisen bereits bekanntgeworden war. Im Verlaufe eines gesellschaftlichen Besuches, den der Baron im November bei Hofe abstattete, berichtete man ihm, Mrs. Norton, eine alte Freundin Lord Melbournes, habe bestätigt, daß Melbourne und die Königin noch immer täglich miteinander korrespondierten.

Wäre dieser Klatsch zu Ohren des Premierministers vorgedrungen, hätte er eine neue Verfassungskrise heraufbeschwören müssen. Jedenfalls argumentierte Stockmar, der mit dem Wesen Victorias vertraut war, die Fortführung des Briefwechsels der Königin mit einem Ex-Premierminister könne die gefährliche Folge haben, daß die Königin auch bei späteren Gelegenheiten zur gleichen Verhaltensweise ermutigt würde. Die Zeit und weniger die Ermahnungen beendeten diesen gefährlichen Präzedenzfall. Je mehr sich die Königin auf ihren Gatten und auf Peel stützte, desto harmloser wurde der Briefinhalt. Er befaßte sich jetzt weitgehend mit gelesenen Büchern, mit Familiennachrichten und Fragen nach der Gesundheit des alten Mannes. Schließlich verlor der Briefwechsel immer mehr an Häufigkeit, und eine traurige Note schlich sich in Melbournes Briefe, etwa als er am 9. Oktober 1844 sein Vergnügen darüber ausdrückte, daß er einen Brief erhalten habe, »denn ich hatte zu denken angefangen, das Schweigen Ihrer Majestät währt ziemlich lange«.

Abgesehen von diesem Fehler hatte Victoria ihre Rolle als konstitutionelle Monarchin in ihren Beziehungen zu ihren Ministern noch nicht als zu schwierig empfunden. Die Lage änderte sich blitzartig, als Lord Palmerston Außenminister in der Regierung Lord Russells wurde, die auf die Regierung Peel folgte. Fast sofort kam es zu einem Zusammenstoß der politischen Richtungen und der Persönlichkeiten. Diese Differenzen waren noch nicht zutage getreten, als Palmerston in Lord Melbournes Regierung Außenminister gewesen war. Victoria hatte ihn als nett und angenehm empfunden, als er im Oktober 1837 in Windsor an jener glücklichen und erfolgreichen Hausparty teilgenommen hatte.

Um 1846 hatten sich die Grundelemente der Situation verwandelt. Im Jahre 1837 war die Königin angesichts ihres Vertrauens auf Lord Melbourne weniger auf eine Möglichkeit der Reibung mit dem Außenminister eingestellt, auch war die diplomatische Lage nicht so angespannt. Palmerston hatte weniger Gelegenheit zu seiner brüsken Diplomatie. Um 1846 war die Königin, unterstützt von Alberts Wissen vom Kontinent, zu eigener, wohlinformierter Meinung über Inhalt und Methoden der britischen Außenpolitik gelangt. In diesem Bereich wurden die persönlichen Interessen der Königin und des Prinzen aufs stärkste berührt.

Heute ist es schwierig zu verstehen, bis zu welchem Grade die meisten Herrscher des 19. Jahrhunderts die Außenpolitik ihrer Staaten formten und leiteten. Die königlichen Familien Europas waren eine exklusive Gesellschaft: Ihre Mitglieder heirateten untereinander und tauschten persönliche Besuche aus. Victoria und Albert waren in der einen oder anderen Richtung mit den meisten von ihnen verwandt: Ihr Onkel war König der Belgier; seine Frau, zu der Victoria starke Zuneigung empfand, war die Tochter von Louis Philippe, König von Frankreich; einer ihrer Lieblingsvettern war mit der Königin von Portugal verheiratet.

Die Familienverzweigungen der Coburger waren endlos, und an allen nahm Victoria ein lebhaftes Interesse. Als sie und Albert Louis Philippe und seine Frau im Château d'Eu besuchten, geschah es

Victoria, der Schutzengel: eine deutsche Karikatur der Königin, die nach den Revolutionen des Jahres 1848 den in Europa abgesetzten Herrschern Asyl gewährte.

mehr in der Form eines Familientreffens als eines Staatsbesuches. Victoria fand es angenehm, sich unter Leuten zu bewegen, die es ihr, weil von gleichem Rang, gestatteten, daß sie sich entspannte und wohlfühlte. Als im Jahre 1844 Zar Nikolaus Windsor einen Besuch abstattete, berichtete Victoria ihrem Onkel: »Man kann so leicht mit ihm umgehen. Wirklich, es erscheint mir wie ein Traum, wenn ich daran denke, daß wir zusammen frühstücken und mit *diesem* größten aller irdischen Potentaten einen Spaziergang machen, und zwar in so ruhiger Weise, als gingen wir mit Charles« – ihrem Halbbruder – »oder jemand anderem spazieren.« Zu diesem Hintergrund kam eine innere Überzeugung, daß die auswärtige Politik in höflichem Wechselgespräch geführt werden sollte. Ein anderes inneres Prinzip schrieb vor, daß die legitimen Herrscher ein Recht auf Achtung und Treue ihrer Untertanen hätten, und daß kein Zeichen von Aufmüpfig-

keit, und mehr noch der beginnenden Revolution, jemals ermutigt werden dürfe.
Es war jedoch gerade dieses letztere Prinzip, das zu politischen Zusammenstößen mit Lord Palmerston führte. Ein großer Teil Europas hallte von derartigen konstitutionellen und nationalen Bestrebungen wider. Länder ohne Verfassungen verlangten sie, andere, wie Ungarn oder die italienischen Satelliten des österreichischen Kaiserreiches, forderten die Unabhängigkeit von fremder Herrschaft, und das besonders dort, wo diese Oberherrschaft sowohl fremd wie bedrückend war.
Lord Palmerston sympathisierte mit den meisten dieser unruhigen Völker. Als Whig glaubte er an die verfassungsverbindliche Beschränkung von Herrschern, wobei er nicht ohne Selbstgerechtigkeit auf Großbritannien hinwies. Er glaubte zwar nicht an die Notwendigkeit aktiver bewaffneter Einmischung in die inneren Angelegenheiten anderer Staaten, doch gab er in schneidendem Ton reichlich guten und unerbetenen Rat. Er behielt niemals seine Meinung für sich.
Die Rolle, die Palmerston eingenommen hatte, gefiel dem Durchschnittsbriten und schmeichelte dem Nationalstolz. Victoria allerdings mißbilligte heftig seine Politik und die Methoden, wie er sie durchführte. Im Endergebnis informierte Palmerston daher die Königin so weit wie möglich nur unvollständig über die außenpolitischen Vorgänge. Statt dessen handelte er auf eigene Initiative und überging sogar ihre ausdrücklichen Wünsche. Dieses Verhalten enthüllte den fundamentalen Zusammenstoß zwischen ihren beiderseitigen Interpretationen der Verfassung. Minister waren für Victoria immer noch *ihre* Minister, für Palmerston waren sie Diener des Parlamentes und darüber hinaus die Diener des britischen Volkes.
Als Resultat ergab sich ständige Reibung, die Lord John Russell in die unbequeme Position eines Puffers zwischen beiden brachte. Als Premierminister mußte er zugeben, daß der Außenminister in vielerlei Hinsicht nicht den Takt und den Respekt zeigte, auf die die Königin ein Anrecht hatte. Andererseits war »Pam«, wie er liebevoll genannt wurde, in der Öffentlichkeit beliebt, die ihn als Verfechter des britischen Prestiges betrachtete und sich über die Einschüchterung ausländischer Herrscher freute. Er war im Parlament und außerhalb zu stark, so daß Russell seinen Rücktritt nicht fordern konnte, ohne gleichzeitig seiner eigenen Regierung eine Niederlage beizubringen.
Victorias Zorn war zwecklos. »Ich fürchtete, ich müsse Lord John eines Tages mitteilen, daß ich nicht länger mit Lord Palmerston fertigwerden könne, was sehr unangenehm und ungeschickt wäre.«
Solange der Außenminister die Unterstützung des Premierministers genoß, blieben der wütenden Königin wenig Möglichkeiten zum Handeln. Vergeblich erklärte sie, Palmerston informiere sie nicht

Henry Temple, 3. Viscount Palmerston, im Jahre 1844. Porträt von John Partridge.

ausreichend, sie erhalte die Entwürfe zu Telegrammen erst nach ihrer Absendung, und mit der Sprache, die er führe, und mit der Art, in der er sich in die inneren Angelegenheiten anderer Länder einmische, konzentriere er die Abneigung Europas auf Großbritannien. Ihre Briefe strotzen von Klagen über sein Betragen, das »wirklich zu schlecht« sei und »höchst respektlos«. Am 8. Oktober schrieb sie persönlich an Palmerston, daß der Entwurf, den er ihr von dem Telegramm an Lord Normanby gesandt habe, »der ruhigen Würde« ermangele, die sie »in allen Schriftstücken der britischen Regierung zu sehen wünsche«. Zwei Jahre lang blieben die Königin und ihr Außenminister miteinander auf dem Kriegsfuß.

In Fragen der Politik und seines unberechenbaren Verhaltens blieben sie in unterschiedlichen Positionen. Palmerston begünstigte die Versuche Sardiniens und Frankreichs, die Österreicher aus Norditalien zu vertreiben, und er war bereit, den Rebellen in ihrem Kampf gegen König »Bomba« von Neapel insgeheim Hilfe zu leisten. Im Nachfolgestreit über Schleswig und Holstein nach dem Tode des kinderlos verstorbenen Königs von Dänemark unterstützte er die Forderungen der Glücksburger Linie, während die Königin und der Prinz auf der Seite der Augustenburger standen, die die pro-deutsche Partei anführten. Eine solche Politik konnte sich weder der Königin noch dem Prinzen empfehlen, der im allgemeinen die Ausdehnung des deutschen und österreichischen Einflusses begünstigte – und jeden Angriff auf legitime Herrscher mißbilligte.

Von Zeit zu Zeit wurden Versuche unternommen, »die Katze zur Räson zu bringen«. So der Versuch, Lord Palmerston als Vizekönig nach Irland zu entsenden. Oder man wollte ihn überreden, vom Außenministerium ins Innenministerium überzuwechseln. Nichts dergleichen kam zum Zuge. Am 12. August 1850 führte Victoria den langjährigen Streit zu einem Höhepunkt, indem sie den Außenminister für die Zukunft aufforderte, seine Politik klar darzulegen, so daß die Königin wüßte, was sie sanktionierte; daß eine einmal beschlossene Politik nicht willkürlich geändert werden dürfe; daß überdies die Königin über die Verhandlungen zwischen ihrem eigenen Außenministerium und den Außenministerien anderer Mächte informiert werden müsse; schließlich müsse sie so rechtzeitig sowohl die Telegramme ins Ausland wie die Kopien der Antworten erhalten, damit sie sie prüfen könne.

Lord Palmerston drückte sein großes Bedauern über den Unwillen der Königin aus und versprach mit Tränen in den Augen, seine Verfahrensweise zu ändern, was er auch einen Monat lang tat. Palmerston war anmaßend gewesen und hatte in seinen Verhandlungen mit der Königin Mangel an Takt bewiesen, aber das Grundübel lag in Victorias Unfähigkeit zur Anerkennung der Tatsache, daß die Kontrolle der Außenpolitik letztlich den Händen der Krone entglitten war. Der Außenminister konnte, solange er der Unterstützung durch das Unterhaus sicher war, dem königlichen Rat soviel oder sowenig Gehör schenken, wie er wollte. Trotzdem erregte die Art, wie Lord Palmerston dies deutlich gemacht hatte, den Zorn einer stolzen Frau, die ziemlich viel Wissen besaß, zu dem sich ein scharfsinniges Urteil gesellte, sobald es sich um die Angelegenheiten Europas handelte.

Plötzlich stolperte der überschwengliche Palmerston über sich selbst. In den Revolutionsjahren von 1848 waren Louis Philippe und die königliche Familie aus Frankreich vertrieben worden und fanden

Links: Karikatur, die die Mißwirtschaft der britischen Regierung im Krimkrieg anprangert. Bald wuchsen sich die Korruption der Lieferanten und die Inkompetenz der Regierungsmaschinerie im Nachschub für die britische Armee zu einem Skandal aus. Zum Beispiel stellten Soldaten in den Frostgebieten der Krim fest, daß sie nur linke Stiefel bekommen hatten oder daß die Sohlen ihrer Stiefel aus Papier und nicht aus Leder bestanden.

in Claremont Asyl, und nach einer Periode der Verwirrung war Louis Napoleon, Bonapartes Neffe, zum Präsidenten der neuen Republik gewählt worden. Im Dezember 1851 erklärte er sich durch einen Staatsstreich zum Kaiser der Franzosen. Sowohl die Königin wie auch Lord Russell waren darin einer Meinung, daß England eine neutrale Haltung einnehmen solle, als sie zu ihrer Überraschung und zu ihrem Ärger herausbekamen, daß Lord Palmerston auf eigene Initiative den französischen Botschafter seiner Unterstützung versichert hatte. Das war selbst für Lord John zuviel, und er verlangte Palmerstons Rücktritt.

An seiner Stelle kam Lord Granville ins Außenministerium, und Victoria stieß einen Seufzer der Erleichterung aus. Die Freude sollte jedoch nicht lange währen. Bereits nach zwei Monaten gelang es Palmerston, wegen der Frage der Notwendigkeit einer Nationalmiliz die Regierung Lord Johns zu stürzen. Eine schwache konservative Regierung unter Lord Derby – Peel war im Jahre 1850 gestorben – hielt sich weniger als ein Jahr. Dann kamen die Whigs unter Victorias altem Freund, dem Earl of Aberdeen, zurück. Ein Rückschlag war es, daß die Peel-Anhänger nicht stark genug waren, um sich mit Unterstützung der alten Whig-Partei allein am Ruder zu halten, und die Königin mußte Palmerston als Innenminister akzeptieren. Daß er nun nicht mehr Außenminister war, bedeutete jedoch eine Entspannung. Victoria war nicht sonderlich an Innenpolitik interessiert, und daher gab es auf diesem Gebiet weniger Chancen für erneute Zusammenstöße.

Um das Jahr 1853 drohte eine neue Krise. Eines der Probleme, mit dem sich Europa auseinanderzusetzen hatte, war die Schwäche des immer noch expandierenden türkischen Reiches, des »kranken Mannes am Bosporus«. In den vierziger Jahren hatte es Mehemet Ali schon geschafft, in Ägypten für sich selbst ein Territorium herauszuschneiden, das trotz nomineller türkischer Oberhoheit in Wirklichkeit bereits unabhängig war. Die Schwäche der Türkei ermutigte den Zaren, die Forderungen der orthodoxen Kirche nach Schutzherrschaft über die heiligen Stätten in Jerusalem zu unterstützen, während sich Frankreich die gleichen Forderungen der katholischen Kirche zu eigen machte.

Die diplomatische Situation war verwirrend. England und Frankreich glaubten, daß die Russen am Zerfall des türkischen Reiches arbeiteten und die Dardanellen unter russische Herrschaft bringen wollten. Antirussische Gefühle überfluteten ganz England. Am 28. Februar 1854 erklärte Großbritannien Rußland den Krieg und sandte Truppen auf die Krim. Die Geschichte dieses unglücklichen und schlecht geführten Krieges ist wohlbekannt, und wenn es nur wegen des An-

Das Koalitionsministerium von 1854, nach einem Gemälde von J. Gilbert.

griffs der leichten Brigade, der Leiden der Truppen und der Bemühungen von Florence Nightingale und ihrer Schwesternschar gewesen wäre. Gegen Ende des Jahres peitschten die Berichte aus der Krim die Gefühle im Parlament und außerhalb hoch: Am 30. Januar wurde der Regierung mit 157 Stimmen das Vertrauen entzogen. Es folgten vierzehn Tage fieberhafter Verhandlungen. Victoria gestand ihrem Onkel, diese Zeit sei schlimm für ihre Nerven gewesen und sie sei »sehr beunruhigt und von all den Vorgängen erschöpft«.
Schnell zeigte es sich, daß niemand anderer als Lord Palmerston eine lebensfähige Regierung bilden konnte, und am 6. Februar 1855 küßte er ihr zum ersten Mal als Premierminister die Hand. Victoria sah es mit gemischten Gefühlen. Dieses Mal bestand weniger Gefahr

Von links nach rechts: Charles Wood, J. Graham, William Molesworth, Lord Argyll, W. E. Gladstone, Lord Clarendon, Lord Landsdowne, John Russell, Lord Granville, Lord Aberdeen (der Premierminister), Lord Cranworth, Lord Palmerston, G. Grey, Sidney Herbert und der Herzog von Newcastle.

der Reibung, nicht weil sie gänzlich fehlte, sondern weil der ältliche Staatsmann – Palmerston war jetzt 71 – und die Königin *ein* gemeinsames Ziel hatten. Beide waren entschlossen, die Armee aufzurichten und den Krieg zu gewinnen.

Der Krimkrieg setzte eine Marke in der britischen Geschichte des 19. Jahrhunderts. Er verlieh der Furcht vor einer russischen Expansion nach Westen Gestalt, was hinfort das Nachdenken über auswärtige Politik stark befruchtete. Er zeigte aber auch, daß erschreckende Mängel in der Armeeorganisation vorlagen, obgleich Großbritannien inzwischen wohl die bedeutendste Industrienation der Welt geworden war. Letzte Kontrolle übte der Oberbefehlshaber unabhängig von der Regierung aus, die gerade im Amt war, obwohl die Armee von der Gewährung ihrer Mittel durch das Parlament abhängig war. Sie konnte kaum als Berufsarmee bezeichnet werden, insofern Aufträge »gekauft und verkauft« wurden. Mit dem Ergebnis, daß Wohlhabenheit und nicht militärische Leistung der Schlüssel zu einer Beförderung waren.

Außerdem herrschte die Auffassung, daß der einfache Soldat aus dem Abschaum der Bevölkerung kam und im unbedingten Gehorsam, der für die traditionelle Taktik notwendig war, durch harte und oft brutale Disziplin unter Androhung der Prügelstrafe erzogen wurde.

In einer solchen Armee gab es wenig Raum für Neuerungen, wie die moderne Kriegführung sie verlangte, die allmählich den traditionellen Gedanken vom formalen Schlachtenbild ersetzte. Im Jahre 1850 hatte der alte Herzog von Wellington angeregt, Prinz Albert solle ihm als Oberbefehlshaber nachfolgen. Hätte er es getan, dann wäre die Armee nach vier Jahren der Mühe und der genauen Kontrolle besser für die Unbilden des Krimkrieges ausgerüstet gewesen. Der Prinz hatte jedoch gemeint, die damit verbundene Arbeit würde ihm dann nicht mehr genügend Zeit zur Unterstützung der Königin bei ihren politischen Aufgaben lassen, denn damals war er ihr Ganztags-Privatsekretär, und deshalb lehnte er das Angebot ab.

Wellington starb im Jahre 1852, und nach einer kurzen Zwischenernennung wurde Victorias konventioneller und phantasieloser Neffe George, Herzog von Cambridge, neuer Oberbefehlshaber. Zunächst gefiel der Königin der Gedanke, daß ein Mitglied der königlichen Familie ernannt worden war. Sie hatte immer das Gefühl, daß die Armee *ihre* Armee und die Soldaten »*ihre* lieben Soldaten« seien. Es war kein Gebiet, auf dem sie als Königin sich freundlicherweise zu ministerieller Einmischung herabließ. Als im Jahre 1870 ihr Kriegsminister Cardwell mit Unterstützung des Unterhauses Reformen verlangte, die den Kommissionskauf abschaffen und die Armee mehr

Rechte Seite oben: Florence Nightingale mit einer Gruppe verwundeter Soldaten am Eingang zum Krankenhaus von Skutari. Durch das geöffnete Tor kann man die Minarette der Stadt Istanbul erkennen. Gemälde von J. Barrett, wohl im Jahre 1856 gemalt.

Unten: Viele Journalisten reisten mit den britischen Truppen auf die Krim und sandten schreckliche Berichte in die Heimat, die der britischen Öffentlichkeit das Elend und das Leiden der Soldaten zum Bewußtsein brachten. Dieser Stich aus den *Illustrated London News* vom 3. Februar 1855 zeigt den Zeitungsillustrator auf dem Schlachtfeld von Inkerman.

unter politische Kontrolle stellen sollten, sah sich Victoria in schwieriger Lage.
Sie selbst hielt viele der geplanten Reformen für »unklug«, arbeitete aber angesichts der Opposition des Herzogs so weit mit den Ministern zusammen, daß man sogar eine Verfügung herausgab, die den Kommissionskauf abschaffte, um das Unterhaus zu umgehen, das eine hinhaltende Taktik verfolgte, denn Tradition und verbriefte Interessen standen Cardwells Reformen entgegen.
Im Jahre 1881 stimmte die Königin zum Verdruß des Herzogs von Cambridge weiteren drastischen Reformen zu, u. a. der Beseitigung der Prügelstrafe. Diese brutale Praxis war seit den vierziger Jahren heftig umstritten, als der Fall eines Soldaten Unruhe in der Öffentlichkeit erregt hatte. Der Soldat war nach einhundertundfünfzig Peitschenhieben – aufgrund eines Kriegsgerichtsurteils – gestorben. Der damalige Oberbefehlshaber der Armee, der Herzog von Wellington, befahl daraufhin, daß in Zukunft selbst in schwersten Fällen die Höchststrafe nur 50 Peitschenhiebe betragen dürfe. Um 1881 kam den meisten Leuten außerhalb der hartgesottenen Armeekreise diese Art Bestrafung überhaupt abstoßend vor.
Interessant ist, daß der Prinz viel dazu beigetragen hat, das Duellieren in Mißkredit zu bringen, das unter den Offizieren noch als Mittel zur Verteidigung ihrer Ehre beliebt war. Zur Zeit des Todes von Victoria war die Armee modernisiert. Der Gegensatz zwischen den khakibraun gekleideten Soldaten des Burenkrieges in Afrika und den Rotröcken, die noch von Berufs- wie »Amateur«-Offizieren gleichzeitig angeführt wurden, wirkt dramatisch.
Ein Teil des Anfangsimpulses zu Beginn dieser Wandlung geht auf die Kriegskorrespondenten zurück, und besonders auf William Howard Russell von der *Times,* der aus dem Krieg erschreckende und durch das Bild unterstützte Berichte vom Elend und den Leiden der Truppen in die Heimat schickte. Die Folge war, daß die zukünftige britische Armee nicht nur besser organisiert und geführt, sondern auch besser ernährt wurde. Florence Nightingale wurde aufgefordert, ihre hingebungsvolle Schwesternschar aus dem Kampfgebiet herauszunehmen und hierdurch die Behörden zur Beschaffung der notwendigen medizinischen Versorgung zu bestürmen. Auf diese Weise entstand eine Art Ordnung in diesem Chaos, dem sie sich gegenübergesehen hatte. Sie schuf damit auch eine neue und achtenswerte Beschäftigung für Damen, die bis dahin, wenn nicht ausdrücklich dafür Vorsorge getroffen war, keine Chance gehabt hatten, etwas anderes als Gouvernante oder Näherin zu werden.
Der Krimkrieg gab auch dem gewöhnlichen britischen Soldaten zum erstenmal eine neue Würde. Hierbei spielte Victoria eine erhebliche

Rechte Seite oben: Victoria bringt kurz nach ihrer Thronbesteigung bei dem Bankett des Oberbürgermeisters von London in der Guildhall einen Toast auf die Bürger Londons aus.

Unten: Victoria und Albert zusammen mit dem französischen König Louis Philippe während seines offiziellen Besuches im Salon des königlichen Zuges.

ake. lith. 50. Old Bailey.

Die Königin empfand großen Stolz auf die Tapferkeit ihrer Armee im Krimkrieg und bestand darauf, den Soldaten persönlich die Tapferkeitsmedaillen anzuheften, wobei sie keinen Unterschied zwischen Offizieren und Gemeinen machte. Der Stich zeigt, wie Victoria am 21. Mai 1856 verwundeten Offizieren und Soldaten Auszeichnungen verleiht.

Rolle. Ihr Stolz auf die Soldaten war ganz echt, wie ihre Briefe beweisen. Nachdem sie im Februar 1855 einige der verwundeten Goldstromgardisten und schottischen Füsiliere gesehen hatte, schrieb sie an Leopold: »Ich fühle so sehr mit ihnen, und ich habe meine lieben Soldaten so gern . . ., und ich bin so stolz auf sie.« Erstaunt zeigte sie sich vom jugendlichen Alter einiger von ihnen, mit ihren »zarten Mädchengesichtern«.
Im März untersuchte die Königin die Frage einer zweckmäßigen Krankenhausunterbringung. Sie erklärte, daß die Krankenstuben oft mehr Gefängnissen als Krankenhäusern glichen und daß das Fehlen von Speisesälen die Männer dazu zwinge, ihr Essen in Räumen einzunehmen, wo »manche vielleicht sterben und jedenfalls dort leiden«. Als beschlossen war, eine besondere Medaille für den Kriegsdienst auf der Krim zu prägen, sagte die Königin zu Lord Panmure, dem Kriegsminister, sie wolle die Medaille persönlich überreichen, und zwar ohne Unterschied zwischen Offizier und Soldat. »Die grobe Hand des tapferen und ehrlichen Gemeinen«, so schrieb Victoria voller Begeisterung, »kam auf diese Weise erstmals in Berührung mit der Hand seines Souveräns und seiner Königin.« Was heute als ganz

gewöhnliches Ereignis erscheinen mag, war im Jahre 1855 das Zerbrechen sozialer Schranken aus menschlicher Haltung und Güte. Später wurde beschlossen, eine Medaille für besondere Tapferkeit zu schaffen. Victoria verlieh ihr ihren Namen und gab der Inschrift des Victoria-Kreuzes ihre Zustimmung: »Für Tapferkeit«.

Um 1856 ging der Krieg langsam seinem Ende entgegen. Am 10. September fiel Sebastopol den französischen Truppen in die Hände – ein wenig zum Ärger der Briten. Sowohl die Königin als auch Palmerston bedauerten das, aber beide meinten, wenn der Friede zu vernünftigen Bedingungen zu haben sei, gebe es keinen Grund für die weitere Vergeudung von Leben für die ungewisse Chance eines spektakuläreren Sieges.

Der Friede von Paris war im Augenblick seines Zustandekommens nicht gerade populär. Die Königin anerkannte Lord Palmerstons zielstrebige und fähige Führung, indem sie ihm den Hosenbandorden überreichte. Palmerston seinerseits erwiderte in galanter Weise, ihre Anerkennung allein bedeute ihm schon Belohnung genug. Auch seine und seiner Kollegen Bemühungen waren durch die aufgeklärten Anschauungen der Königin, die sie ihnen zu allen Zeiten gewährt hatte, sicher unterstützt worden. Für den Rest seiner Regierungszeit blieben die Beziehungen zwischen den beiden alten Antagonisten freundlich. Beide gewährten dem anderen eine vernünftige Achtung vor seiner Meinung, obgleich diese Meinungen nicht immer unbedingt übereinstimmten.

Eine ernsthafte Meinungsverschiedenheit trat durch Lord Palmer-

Der »indische Aufstand« (Mutiny) von 1857 – in der Optik der Königin und vieler ihrer britischen Untertanen. Victoria schrieb von »Schrecklichkeiten, die an den armen Damen begangen worden sind«. Derartige Greuelpropaganda bauschte die Vorgänge von Feuer, Schwert und Raub noch auf. – Druck mit dem Untertitel: »Ein englisches Heim in Indien während des Aufstandes.«

stons Verhalten im indischen Aufstand auf. Die Gründe und der Verlauf des Aufstandes (Mutiny), der mit einer Revolte der Sepoys in Neerut ausbrach, sind zu verwickelt, als daß man sie in einer kurzen Biografie der Königin Victoria darlegen könnte. Sie sind ein Teil der Geschichte des britischen Weltreiches.

Ende Juni hatten sich Bengalen, die Nordwestprovinzen und Oudh dem Aufstand angeschlossen. Die Königin und der Prinz beklagten mit gutem Grund, daß Lord Palmerston den Ernst der Situation nicht richtig eingeschätzt hatte und drängten auf sofortige Entsendung von genügend Verstärkungen. Als die Nachricht von den Abscheulichkeiten nach der Einnahme von Cawnpore eintraf, war Victoria über die »Scheußlichkeiten, die an den armen Damen begangen worden sind«, höchst bestürzt, Scheußlichkeiten, »die einem das Blut kalt über den Rücken laufen lassen«. Sie hielt den Aufstand für etwas viel Schlimmeres als den Krimkrieg, in dem doch wenigstens »Ruhm und ehrenhafter Krieg geherrscht hatten und bei dem die armen Frauen und Kinder in Sicherheit gewesen waren«.

Noch waren die letzten Zuckungen des Aufstandes nicht erstickt, als Lord Palmerston zum Rücktritt gezwungen wurde. Sein Sturz hatte nichts mit seiner Haltung in den indischen Unruhen zu tun. Im Jahre 1858 war durch einen Revolutionär namens Orsini ein Attentat auf Kaiser Louis Napoleon verübt worden. Als man feststellte, daß das Komplott in England geschmiedet und dort auch die Bombe hergestellt worden war, brachte Lord Palmerston ein Gesetz ein, das das Land in Zukunft vor einem ähnlichen Mißbrauch schützen sollte. Eine vom Zufall geborene und unsichere Gruppe politischer Feinde brachte ein Votum gegen ihn zusammen. Es war Ironie des Schicksals, daß ausgerechnet er durch das Ergebnis seines Versuches, in Europa revolutionäre Aktivitäten zu vermindern, statt sie zu ermutigen, gestürzt wurde.

Der Führer der Konservativen, Lord Derby, wurde überredet, eine Regierung zu bilden. Er zögerte freilich angesichts einer so unstabilen Grundlage. Seine Befürchtungen waren gerechtfertigt, denn seine Regierung hatte nur bis zum Juni des folgenden Jahres Bestand. Zum zweitenmal kehrte Palmerston als Premierminister zurück. Bis zu seinem Tode im Jahre 1865 blieb er im Amt. Während all dieser Regierungswechsel verhielt sich Victoria in völlig konstitutioneller Angemessenheit. Das neue Modell der konstitutionellen Monarchie schien sich herauszuschälen. Freilich sollte die Zukunft erweisen, daß die Königin ihre alten Parteinahmen für einige Minister und ihre Abneigung gegen andere keineswegs abgestreift hatte. Die königliche Ungnade konnte durchaus noch immer die Position eines Premierministers abkühlen, wie Mr. Gladstone erfahren sollte.

Linke Seite oben: Gemälde von Schloß Balmoral, Aberdeenshire, von Bekker. Im Jahre 1844, nach einem Besuch des königlichen Paares in Schottland, beschlossen Victoria und Albert, Balmoral zu kaufen. Ursprünglich war es nur ein kleines Schloß; mit dem Größerwerden der königlichen Familie und der Notwendigkeit, auch den Hof unterzubringen, faßte die Königin den Entschluß, es umzubauen. Der Umbau war im Jahre 1853 beendet.

Unten: Osborne House auf der Insel Wight, das Victoria und Albert im Jahre 1845 erwarben und nach ihren Bedürfnissen im Stile einer italienischen Villa umbauten. Das Aquarell von Leitch – Zeichenlehrer der Königin – zeigt das Haus nach seiner Rekonstruktion.

Familienleben
1840–1861

Vorhergehende Seiten:
Victoria und Albert mit ihren drei ältesten Kindern. Albert mit dem Prinzen von Wales auf dem Schoß, neben der Königin sitzt Prinzessin Victoria. Prinzessin Alice liegt in der königlichen Wiege. Zeichnung von John Doyle, Juli 1843.

Rechte Seite:
Die schnelle und regelmäßige Vergrößerung der königlichen Familie wurde von der öffentlichen Meinung nicht gerade freudig begrüßt, besonders was die Kosten der Erziehung so vieler Prinzen und Prinzessinnen anbelangt. Bis 1857 waren neun Kinder geboren – das war die endgültige Zahl –, aber John Bull hatte das Gefühl, von den Coburgern zum Bankrott getrieben worden zu sein.

Seit ihrer Heirat im Jahre 1840 bis zum Tode des Prinzgemahls im Jahre 1861 war Victorias Mann die wichtigste Person sowohl in ihrem privaten wie in ihrem öffentlichen Leben. Einmal, als der Prinz kurz abwesend war, schrieb sie Stockmar: »Ich fühle mich sehr einsam ohne meinen lieben Herren; und obgleich ich weiß, daß andere Leute oft ein paar Tage voneinander getrennt sind, so spüre ich, daß mich die Gewohnheit nicht daran gewöhnen könnte.«

Nicht nur war der »liebe Papa« der anerkannte Herr und Meister im eigenen Hause, er war auch der inoffizielle Privatsekretär und vertraute Berater der Königin in allen öffentlichen Angelegenheiten. Er verbrachte Stunden mit der Lektüre der Kontinentalpresse, viele Stunden mit der Abfassung von Memoranden zur Vorlage bei der Königin. Er stellte sogar Abschriften für sie her. In den letzten Jahren ihrer Ehe beklagte sich die Königin darüber, daß ihr Mann mit Arbeit so überhäuft sei, daß sie bis zum Abend nur noch selten Zeit füreinander hätten. Sie war die Frau eines Hauptgeschäftsführers geworden, und die Firma, die einmal als »Ich und Albert« begonnen hatte, war hinter der Bühne nunmehr zu »Albert und ich« geworden. Viele offizielle Mitteilungen schrieb die Feder Victorias nieder, aber die Politik stammte von Albert.

Im Jahre 1857 verschaffte ihm seine Frau endlich einen eigenen offiziellen Titel, den des Prinzgemahls. Trotz seiner unschätzbaren Hilfe hielt Victoria ihre dritte Rolle, die der Mutter, für schwierig und erschöpfend in Verbindung mit den Rollen der Ehefrau und Königin. Unglücklicherweise glaubte die Königin nicht an Geburtenkontrolle, eine Praxis, die die Achtbaren mißbilligten. So mußte die junge Frau in den Zwanzigern häufige Schwangerschaften, mütterliche Kümmernisse und Regierungsprobleme gleichzeitig meistern. Daher ist es nicht verwunderlich, wenn Victoria an nervöser Schwäche und an all der Reizbarkeit und dem unsicheren Temperament litt, zu denen diese Schwäche führen kann. In ihrer schwierigsten Lage befand sie sich zum Beispiel in den Monaten nach der Geburt von Prinz Leopold, als sie sich verzweifelt um seine Gesundheit sorgte. Während solcher Zeiten hatte Albert die Hauptlast ihrer Stimmungen zu tragen, die oft genug stürmisch verliefen.

Sosehr diese Stimmungen auf ihrer Ehe gelastet haben mögen, körperlich scheint ihre Vereinigung glücklich gewesen zu sein. Briefe nach Alberts Tod deuten immer wieder darauf hin. Einmal schrieb sie, sie sei »umklammert und eng umschlungen in den heiligen Stunden der Nacht gewesen«, »wenn die Welt nur uns selbst zu gehören schien«. Bei anderer Gelegenheit schrieb sie verzweifelt: »Wie schrecklich war das Zubettgehen! Was für ein Gegensatz zu jenes zärtlichen Geliebten Liebe.«

Wie viele Witwen vor und nach ihr haben diesen bitteren Schrei ausgestoßen! In ihren physischen Beziehungen zu ihrem Gatten ließ Victoria kein bißchen von der Prüderie erkennen, die sich mit ihrem Namen verbindet. Hierin war sie untypisch für eine Generation, die von »Beinen« als von »Gliedmaßen« sprach. Bei ihr gab es keine Verstellung in der Meinung, daß eine »hübsche« Frau sich dem Begehren ihres Mannes als einer Pflicht unterwerfen müsse, an dem sie kein Vergnügen haben könne. Hierin war ihre Haltung noch die der Regentschaftszeit. In den frühen Tagen ihrer Ehe war Victoria eher geneigt, die Schwächen anderer tolerant zu betrachten, indem sie etwas Ähnliches murmelte wie »wegen der Gnade Gottes«, während ihr junger Gatte einen streng moralistischen Standpunkt vertrat. Er war es, der

JOHN BULL'S CONNUBIAL VISION FOR 1850.

[A PEEP INTO FUTURITY.]

" The COBURGS are Coming! Ohon! Ohon!"

VIC.—My dear, Mr. Bull's purse must really have belonged (originally) to the famous *Fortunatus,* for it never seems empty. When you r I handle it the sovereigns fall out like Jupiter's golden shower. Ha! ha!

ALBERT.—Yes, mein lub, dat is vera true, and it is no less indishpenshible dat it should do so, particular as ve have had von pabby evera year ince ve vast married, and by der plessing of Bob and der people dere seem to pe a like addition to our conjugal facility.

VIC.—Aye dear, and they must all be provided for. The little dears must, of course, be Dukes and Dutchesses, with suitable establishments, you now, and how is all this to be done but with our old friend John's bottomless purse?

JOHN BULL (Awaking.)—I have had a most frightful dream. I thought the Fates had given me a peep into futurity; a period of ten years had lapsed—the year 1850 had far advanced—my PETS, Victoria and Albert, had managed to present me with TEN MUTUAL PLEDGES, for which I was to ay ten-times-ten-thousand pounds annually; and my " Collective Wisdom " fellows were talking of doubling that sum for them; and I fancied I saw the hades of ten more little " Pledges " growing up in the Royal Parsley-bed; and I indistinctly saw the figures 1860 at the further end of the bed. Well hought I, in my dream, here's a pretty prospect for me, twenty of them! Why, that's one every year; and I instinctively put my hand on my purse, ut it was empty. I was near fainting, when a fat old fellow, with a black apron, and a strange looking hat, with a book in his hand, now stood before me— ' Have faith, John," said he. Then a soldier put a sword at my breast, and said, " The dignity of the crown *must* be supported." " I have nothing left," aid I; " you have drained me of my last *tyrant.*" " Tyrant!" said the infuriated soldier; " what do you mean, you old scoundrel?" " I beg your pardon," aid I, " I have not a *sovereign* left in my pockets, that's what I mean." " You shall pay in person, if you have no gold," said a savage-looking fellow, with large bunch of keys. " You shall go to prison," at the same time dragging me off. A street musician, with a mouth organ and drum (under my window) truck up, " The Coburgs are coming, oh dear, oh dear!" This awoke me, and I was delighted to find that I had been dreaming, although ONE of the Coburgs *has* come, and no doubt all the others ARE coming.

selbst von den *Müttern* der Brautjungfern verlangt hatte, daß sie bei deren Hochzeit ohne jeden Tadel waren!

Später wurde Victorias eigene Haltung unter seinem Einfluß härter. Als Königinwitwe weigerte sie sich sogar, die Frau ihres neuen Lordkanzlers, Lord St. Leonards, bei Hofe zu empfangen, weil sie vor ihrer Ehe im Jahre 1808 mit ihm zusammengelebt hatte, obgleich die »irrende« Dame jetzt bereits über 70 und ihr Gatte nicht viel jünger war. Kein Wunder, daß die bürgerlichen Klassen auf den königlichen Haushalt als das Modell eines »glücklichen Familienlebens« emporblickten. Gewisse Kreise der Aristokratie waren davon weniger entzückt.

Der königliche Haushalt war ebenso typisch für die viktorianische Großfamilie. In ihren ersten Ehejahren kamen die Kinder mit monotoner Regelmäßigkeit. Die Kronprinzessin wurde am 21. November 1840 geboren, der Prinz von Wales am 9. November 1841, Alice 18 Monate später und ihr Bruder Alfred – in der Familie »Affie« genannt – im Jahre 1844. Dann trat eine kurze Pause ein. Helena wurde 1846 geboren, Louise 1848, Arthur 1850, Leopold 1853 und Beatrice, »Baby« genannt, 1857. Ungewöhnlich war es jedoch für die königliche Familie, daß alle Kinder überlebten und heirateten.

Victoria hatte für dieses regelmäßige Gebärmodell nicht viel übrig. Albert berichtete, sie sei erzürnt gewesen, als sie entdeckte, daß sie schon so bald nach der Geburt der Kronprinzessin wieder schwanger war. Später warnte sie ihre Tochter Victoria, damals mit Prinz Friedrich von Preußen verheiratet, gegen zu häufige und zu frühe Schwangerschaften. Sie schrieb ihr: »Das Leben ist erbärmlich, ich weiß es aus der Erfahrung der ersten vier Jahre meiner Ehe, und man wird so müde, und die Nerven werden so schlecht.«

Im Rückblick konnte sie erkennen, was sie zugegebenermaßen nicht getan hatte, als sie noch jünger war, »daß es für eine Frau sehr schlimm ist, sie sehr schnell nacheinander zu bekommen, und daß die armen Kinder noch mehr darunter leiden, nicht zu sprechen vom Aussehen einer jungen Frau ..., das sie um ihres Gatten willen nicht vernachlässigen darf, insbesondere, wenn sie eine Prinzessin ist und öffentlich in Erscheinung treten muß«. Kurz, sie fand das ständige Kindergebären als eine Beleidigung ihres Schönheitssinnes. Ihrer verheirateten Tochter schrieb sie im Jahre 1859: »Ich finde diese Damen, die ständig in anderen Umständen sind, ganz abscheulich; sie sehen eher wie ein Kaninchen oder ein Meerschweinchen als etwas anderes aus, und wirklich ist es kein sehr erhebender Anblick.« Ihre eigenen Erfahrungen des Kinderkriegens waren nicht leicht gewesen, und mit Dankbarkeit machte sie von der neuen Praxis der Verschreibung von Chloroform Gebrauch, um bei der Geburt von Prinz Leo-

Die Schweizer Hütte, die Albert auf dem Grundstück des Osborne-Hauses für die Königskinder hatte erbauen lassen.

pold den Schmerzen zu begegnen. Hierdurch machte sie die Verwendung von Chloroform in den Augen der victorianischen Frauen respektabel. Sie war auch das erste Mitglied der königlichen Familie, das sich impfen ließ, zweimal als Kind und später nochmals nach taktvoller Überredung durch Lord Melbourne.
Verheiratete Frauen lassen sich in zwei Kategorien einteilen: In solche, die ihre Ehemänner an den ersten Platz rücken, und solche, denen ihre Kinder am wichtigsten sind. Victoria gehörte zu der ersten Gruppe. Als unverheiratetes Mädchen hatte sie die Kinder ihrer Halbschwester Feodora und ihren Halbbruder Charles in ihrem Zimmer gern um sich. Trotzdem war Victoria nicht kinderlieb von Natur. Sie dachte, kleine Kinder sähen eher wie kleine Frösche aus und seien häßlich.
Diese irgendwie distanzierte Betrachtungsweise bedeutete nicht, daß die königlichen Kinder in isolierten Kinderhorten aufwuchsen, in denen ihre Eltern sie nur zu bestimmten Routinezeiten besuchten. Albert war ein begeisterter Vater, und er raste durch das Kinderzimmer, wann immer er Zeit zum Spiel mit seinem Nachwuchs fand. Bei Familienmahlzeiten waren die Kinder anwesend, und Familienfeste wurden mit Vergnügen gefeiert. Zu Weihnachten wurden ein Christbaum prachtvoll geschmückt und die Tische mit Geschenken beladen. Wenn Schnee lag, baute Albert, wie jeder andere verliebte Vater, einen großen Schneemann und ging mit seinen Kindern Schlittschuh laufen oder Schlitten fahren.
Vor allem seine älteste Tochter Vicky bewunderte ihren Vater, mit

dem sie vieles gemein hatte. Victoria war zwar die Königin, aber sie war auch stets sorgfältig darauf bedacht, ihren Kindern klarzumachen, daß der »geliebte Vater« das Familienoberhaupt war. Es besteht kein Zweifel daran, daß die königliche Familie eine glückliche Familie war, die ein erstaunlich normales Leben führte, besonders wenn es ihr gelang, vom Buckingham-Palast oder Schloß Windsor fortzukommen und Zuflucht in ihren Ferienhäusern Osborne oder Balmoral zu suchen. Heute können Touristen diese glücklichen Tage nacherleben, wenn sie die Schweizer Hütte durchforschen, die Albert auf dem Grundstück für seine Kinder hatte erbauen lassen. Dort kochten die kleinen Prinzessinen in der Küche ihre Mahlzeiten und versuchten sich die jungen Prinzen beim Schreinern. Sie können sich auch Victoria vorstellen, wie sie von ihrem versteckten Badewagen aus, der noch heute am gleichen Platz steht, einen Sprung in den See tat.

Victorias Kinder wurden geliebt, aber nicht verwöhnt. Einmal sagte sie zu ihrer Mutter, man könne in einer großen Familie gelegentlich einen Klaps austeilen, ohne über dessen Notwendigkeit gleich traurig zu sein! Trotzdem verspürte man im königlichen Kinderhort wahrscheinlich weniger von der Regel »Geh sparsam mit der Rute um und verwöhne deine Kinder!«, weniger jedenfalls als in vielen Häusern der Untertanen, wo die Disziplin hart bis an den Rand der Grausamkeit sein konnte und manchmal noch schlimmer.

Albert und Victoria verlangten von ihren Kindern nicht die besten Umgangsformen, sie wollten jedoch Moralität durch das Beispiel einflößen und lieber durch Vorschriften als durch Schläge wirken. Ein unartiges Kind bekam vielleicht einen Klaps, ein bösartiges bekam eine moralische Lektion.

Wie in allen Familien waren die einzelnen Kinder sehr verschiedenen Charakters. Vicky hatte ihres Vaters nachdenkliche Art und las und grübelte gern. Besonders beeindruckten sie seine hohe moralische Weltanschauung und sein Glaube an eine liberale Regierung. Später versuchte sie, mit diesem Glauben auch ihren Gatten zu beeinflussen, den Kronprinzen von Preußen, der dann für eine viel zu kurze Zeit als Friedrich III. Kaiser von Deutschland war.

Als Victorias zweites Kind, der zukünftige Edward VII., geboren wurde, war es seiner Mutter glühende Hoffnung, »er möge seinem engelgleichen Vater in jeder Hinicht ähneln, an Geist und Körper«. Zum Unglück für den Seelenfrieden seiner Eltern und zu seinem eigenen Pech sollte sich diese Hoffnung nicht verwirklichen. Viel steckte in dem jungen Bertie, was eher an den »Onkelkönig« George IV. erinnerte. Doch erst als Albert Edward neun Jahre alt war, begannen sich seine Eltern darüber Sorgen zu machen, weil er in seiner

Rechte Seite: Eröffnung der Großen Ausstellung durch die Königin und die königliche Familie am 1. Mai 1851.

Abstinenz-Karikatur: Eine königliche Amme flößt dem kleinen Prinzen von Wales den Geschmack an Alkohol ein. Diese Karikatur weist in unfreiwilliger Ironie darauf hin, daß die Königin später ihren ältesten Sohn wegen seines maßlosen und lockeren Lebenswandels kritisieren mußte.

Erziehung nicht die Fortschritte machte, die sie sich erhofft hatten. Sie vermuteten einen Mangel an Fleiß – der junge Bertie liebte keine Bücher – anders als seine Schwester, die Kronprinzessin –, und sie verdoppelten ihre Bemühungen, ihn in eine Form zu pressen, die seiner Natur fremd war. Für den Prinzen von Wales als zukünftigen König von England sollte des Leben »echt und ernst« sein, und ihm wurde dafür eine zu moralistische Diät verschrieben, als daß sie nicht instinktiv zurückgewiesen worden wäre. Die Diät wurde noch ungenießbarer für ihn, als man ihn der Fürsorge eines sympathischen Lehrers entzog und ihm dafür einen weniger genehmen gab.

Irgendwie wiederholte sich damit die Geschichte. Die Königin selbst hatte unter den Zwängen einer unterdrückten Kindheit gelitten, nun aber versagte sie ihrem Sohn das Verständnis, das ihn hätte glücklich machen können. Der junge Prinz wollte wirklich tun, was man von ihm erwartete. Er sehnte sich nach Anerkennung durch seine Eltern, aber er konnte den Weg nicht gehen, den sie ihm vorgezeichnet hatten. Seine Tugenden und seine Befähigungen – die beträchtlich waren – würden nie die seines »lieben Papas« sein.

Der »liebe Papa« zeigte auch nicht viel Verständnis für das Temperament seines Sohnes, und auch das setzt vielleicht ein wenig in Erstaunen. Albert hatte im Gegensatz zu Victoria eine glückliche Kindheit verbracht, aber seine Interessen und die seines ältesten Sohnes waren höchst verschieden. Außerdem war Albert für seine hohe Bestimmung als Ehemann der Königin seit seiner Jugend zuerst von seinem Onkel und dann von Stockmar ausgebildet worden. »Wenn er nicht gleich von Anbeginn an«, so schrieb sein Onkel, »seine Bestimmung als eine Berufung zu schwerer Verantwortung auffaßt, von deren wirksamer Erfüllung seine Ehre und sein Glück abhängen, besteht wenig Wahrscheinlichkeit zum Erfolg.« Jung-Berties Bestimmung lag noch höher. Daher durfte nichts, was sich seine Eltern ausdenken konnten, vergessen werden, um ihn zu einer moralischen, wohlgebildeten und hart arbeitenden Persönlichkeit zu erziehen. Sein Unglück waren die Tugenden, die seine ältere Schwester besaß, und der junge Prinz wurde auch noch ständig darauf aufmerksam gemacht. Es war einer der phantasielosesten Handlungen des Prinzgemahls, als er Bertie von seinem geliebten Kameraden, seinem Bruder Alfred, trennte, weil er glaubte, daß dies im besten Interesse beider läge. Man fragt sich, ob er damals seinen eigenen bitteren Kummer vergessen hatte, als er zum erstenmal von seinem älteren Bruder Ernst getrennt worden war.

Alles spricht für die Wahrscheinlichkeit, daß Albert, wenn er einmal etwas als seine Pflicht erkannt zu haben glaubte, diese Pflicht erfüllte, koste es, was es wolle. Im Jahre 1856 schrieb Albert an seinen Bruder in Coburg: »Der Mensch ist ein Lasttier, und er ist nur glücklich, wenn er seine Last zu tragen bekommt und wenn er nur wenig freien Willen hat. Meine Erfahrung lehrt mich immer mehr die Wahrheit dieser Ansicht.« Ein überentwickeltes Gewissen in einem überanstrengten Geist und Körper hatten Albert im Alter von 37 Jahren zu dieser trübseligen Philosophie gebracht.

Bis zu seinem Tode hielt Albert seinen Sohn am kürzesten Zügel. Als der Prinz von Wales zu einem kurzen Universitätszwischenspiel nach Oxford ging, mußte er mit seinem Tutor außerhalb des College leben. Er durfte nicht einmal rauchen. Als er 17 war, schrieb seine Mutter der Tochter Vicky endlose Briefe und machte darin immer wieder kleine traurige Bemerkungen über den »armen Bertie«. Sie gab zu, daß er warmherzig und liebevoll war, »aber so faul und so schwach«. Ein paar Monate später beklagte die Königin die Tatsache, daß ihr ältester Sohn »nicht ein bißchen Nachdenklichkeit oder Aufmerksamkeit für etwas außer der Kleidung« zeige, und fuhr fort: »Ich hoffe nur, daß er eine harte Lektion bekommt, die ihn aus seiner Unwissenheit und Dumpfheit heraustreibt.«

Für Victoria, die sich stets gern geschäftig gezeigt hatte, war die Faulheit ihres Sohnes »wirklich sündig«. Ihr und Albert scheint nicht der

Gedanke gekommen zu sein, daß ihr Sohn, wenn man ihm mehr Gelegenheit zu den Dingen gegeben hätte, die ihn wirklich interessierten, auch weniger dazu hätte gezwungen werden müssen. Beständig, in und außerhalb der Saison, gingen die moralischen Vorlesungen weiter. Anläßlich des achtzehnten Geburtstages des Prinzen ergriff sein Vater die Gelegenheit, um einen höchst ominösen Brief zu schreiben, der mit seinen Ermahnungen den Lebensgeist eines jeden jungen Mannes hätte dämpfen müssen. Wenn man derartige Moralpredigten kritisiert, muß man freilich die Konventionen der Zeit in Betracht ziehen. An Victorias dreizehntem Geburtstag hatte ihr der Onkel die Tatsache einzuprägen versucht, daß sie von der Vorsehung ausersehen sei, »eine höchst herausragende Mission« zu erfüllen, und »sie gut auszufüllen, muß jetzt dein ganzes Bestreben sein«. An ihrem vierzehnten Geburtstag erhielt sie eine noch längere moralische Abhandlung. Die junge Victoria allerdings schien beide mit liebender Dankbarkeit zu empfangen.

Trotz allem, trotz ihrer zu häufigen Schwangerschaften, die sie nervös und hysterisch machten, trotz ihrer Befürchtungen für den »armen Bertie« und trotz des unruhigen Verhaltens der Politiker im allgemeinen und ihrer Regierungen im besonderen war Victorias Leben glücklich zu nennen. Sooft es das königliche Paar vermochte, entzog sich die Familie der Öffentlichkeit. Im Jahre 1842 liehen sie sich Schloß Walmer in der Nähe von Deal für die Familienferien aus, und später, im gleichen Jahr, statteten sie Schottland einen Besuch ab. Albert schrieb seinem Bruder: Schottland »machte einen höchst vorteilhaften Eindruck auf uns beide. Das Land ist voll der Schönheit eines ernsten und großartigen Charakters; untadelig für den Sport und mit bemerkenswert reiner Luft.«

Es sollte nur der erste Besuch von vielen sein. Um 1843 diskutierten Albert und Victoria die Möglichkeit, für sich ein ständiges Ferienheim zu finden. Nach Beratung mit Sir Robert Peel begannen Verhandlungen über den Ankauf von Osborne House, einem kleinen Grundstück auf der Insel Wight. Im Frühjahr 1845 war es angekauft. In den folgenden Jahren sollte es der ganzen Familie ein Heim und viel Glück verschaffen. Osborne House lag nahe genug an London und war für die Vergnügungen eines zwanglosen Ferientages doch abgelegen genug. In der Umgestaltung der Anlage und der Gärten fand Albert volle Befriedigung für eines seiner bevorzugten Steckenpferde, während Victoria in der privaten Atmosphäre des Hauses schwelgte. Mit den Jahren wurde Osborne, das Victoria ihrem Onkel zuerst als kleines komfortables Haus beschrieben hatte, völlig umgebaut und erweitert, je mehr die Familie sich vergrößerte und je mehr Besucher kamen. Trotzdem blieb es ein Familienheim, wo sich

Linke Seite: Albert stattete Frankreich mehrere offizielle Besuche bei Louis Philippe ab. Dieser farbige Stich von Vautier zeigt Victoria mit dem französischen König im Pariser Rathaus bei einem Empfang vor einem Ball (1855).

die Familienschätze um sie ansammelten. Heute kann sich der Tourist, wenn er durch die Zimmer wandert, die bis oben hin mit jeder Art Familienerinnerungen und Geschenken an die Königin aus jeder Ecke der Welt angefüllt sind, die Atmosphäre eines längst vergangenen Lebens gut vorstellen.
Trotz der vielen Vorteile Osbornes hatten sich die Königin und der Prinz, immer wenn sie Edinburgh besuchten, nach einer Rückkehr nach Schottland gesehnt. Nach der Abreise von Edinburgh zu der königlichen Jacht *Victoria and Albert* hatten sie eine kurze Rundfahrt gemacht, auf der sie Dalkeith, Perth, Scone, Dunkeld und Taymouth besuchten, von wo die Gesellschaft den Loch Tay hinaufsegelte. Victoria sandte ihrem Onkel und Lord Melbourne begeisterte Berichte: »Das Hochland ist so schön und so neu für mich.«
Nach einem weiteren Besuch in Schottland im Jahre 1844 ließ sich die königliche Familie endgültig in Balmoral nieder. Bei ihrem ersten Aufenthalt stand dort nur ein bescheidenes Schloß, das für die ganze Gesellschaft kaum groß genug war. Die Königin war entzückt: »Es war so ruhig und so einsam, es tat einem schon gut, wenn man nur umherblickte, und die reine Bergluft war höchst erfrischend. Alles schien Freiheit und Frieden zu atmen und ließ einen die Welt und ihr trauriges Getümmel vergessen.«
Das Schloß war wirklich zu klein, besonders als die Familie sich vergrößerte und die Königin und der Prinz dort mehr Zeit verbrachten, was bedeutete, daß gelegentlich auch die Minister und andere Beamte dort untergebracht werden mußten. Im Jahre 1853 ersetzte das neue Schloß, mit Zinnen und mit Türmchen, das alte. Seit ihrem ersten Besuch war die Königin von Schottland fasziniert. Sie liebte die Hochländer mit ihren ungezierten Manieren, die sie eine Zeitlang ihre Königinrolle vergessen machten, und sie freute sich am Landschaftsbild. Wie viele Konvertiten wurde die königliche Familie schottischer als die Schotten selber. Die Kinder und Albert trugen den Schottenrock, alle, auch die Königin, lernten die schottischen Tänze. Albert, stets nach Wissen strebend, mühte sich selbst mit Gälischlernen ab.
Diese Vergnügungen sind nur zu verständlich: Endlich einmal konnte sich die Familie gehen lassen. Albert ging auf die Pirsch nach Rotwild und Auerhahn. Victoria zeichnete und plauderte mit den Landarbeitern. Lord Palmerston erzählt, wie sie bei einem früheren Besuch in Schottland dem Regen getrotzt hatte, eine große Kapuze über ihrer Haube. Man veranstaltete Picknicks und Ponyausritte zu nahegelegenen Aussichtspunkten und manchmal zu weiter abgelegenen Orten. Eine Zeitlang konnten sie sich wie jede andere Familie in Ferien fühlen.

Victoria und Albert hielten sich gern in Balmoral im schottischen Hochland auf. Während Albert auf Jagd und Pirsch ging, zeichnete und aquarellierte Victoria die umliegende Landschaft. Hier ein Aquarell der Königin, das die Sicht aus dem Schloß wiedergibt.

In den traurigen Tagen ihres Witwenstandes erinnerte sich Victoria später in »*Tagebuchblätter von unserem Leben im Hochland*« an eine ihrer vielleicht glücklichsten Zeiten. Es handelt sich um Auszüge aus ihrem Tagebuch, das ursprünglich nur für den privaten Umlauf bestimmt war, dann aber der Öffentlichkeit zugänglich gemacht wurde. Diese Veröffentlichung regte den taktvollen Disraëli zu der Formulierung an: »Wir Autoren, gnädige Frau ...« Victoria selbst war davon überzeugt, daß die Monarchie ihre wachsende Volkstümlichkeit »unserem glücklichen Familienleben« verdankte, »das ein so gutes Beispiel abgibt«. Sie freute sich auch über die wachsende Anerkennung ihres Gatten in der Öffentlichkeit. Nach der Eröffnung der Königlichen Börse im Jahre 1844, die, für sich genommen, eine höchst erfolgreiche Angelegenheit war, freute sich Victoria über die Menschenmengen, die sich in den Straßen drängten, »alle so gut gelaunt und so treu«. Ihrem Onkel berichtete sie, daß ihr Mann »bei allen wirklich einflußreichen und bei allen rechtschaffenen Leuten so beliebt ist«.

In vieler Beziehung war der Prinz ursprünglich früher mit dem neuen, sich entfaltenden England in Berührung gekommen, als die Königin

Die königliche Familie im schottischen Hochland

Über ihren ersten Besuch in Schottland schrieb Victoria an Lord Melbourne: »Das Hochland ist so herrlich und so neu für mich«. Ihre Begeisterung für das Hochland sollte nie abnehmen, und die königliche Familie wurde »bald schottischer als die Schotten«.

Unten: Victoria und Albert machten oft Ausflüge zu den nahegelegenen Aussichtspunkten bei Balmoral. Dieses Aquarell von Carl Haag zeigt das Königspaar beim Mittagsmahl in Cairn Lochan (1861).

Rechts: Eine von Alberts Lieblingsbeschäftigungen war die Jagd. Dieses Gemälde von Landseer stellt den Prinzen dar, wie er am Loch Muich der Königin den von ihm erlegten Hirsch zeigt.

Unten rechts: Die Königin in der Tracht einer Hochlandfrau mit vier Kindern – von links nach rechts der Prinz von Wales, die Kronprinzessin, Alice und Alfred. Foto vom Februar 1854 im Schloß Windsor.

selbst. Sie hatte eine abgeschirmte Kindheit verlebt und hatte meist nur die angenehmeren Seiten ihrer Umgebung gesehen. In einzelnen Elendsfällen hatte sie sich stets verantwortlich und warmherzig erwiesen. Als Mädchen hatte sie sich über das Zigeunerlager bei Claremont bekümmert gezeigt, wo sie Weihnachten verbracht hatte. »Gestern abend«, so schrieb sie in ihr Tagebuch, »als ich in der kalten Nacht sicher und glücklich zu Hause war, und heute, als es so schneite und alles weiß dalag, fühlte ich mich ganz unglücklich und bekümmert bei dem Gedanken, daß unsere armen Zigeunerfreunde aus Mangel umkommen und vor Kälte zittern könnten.« Als man etwas zu deren Hilfe tat, war Victoria hocherfreut. Dieses Beispiel war typisch für ihr Verhalten, sofern Leiden und Elend zu ihrer unmittelbaren Kenntnis gelangten. Aber ihre soziale Phantasie war von Lord Melbourne in den frühen Tagen seiner Betreuung königlicher Verantwortlichkeiten niemals entwickelt worden. Er hatte auch wenig für das neue Großbritannien übrig, das so schnell Gestalt annahm. Für ihn und die Königin, solange diese unter seinem Einfluß stand, wurde die Bevölkerung fast automatisch in treue Untertanen, die der Königin bei öffentlichen Anlässen zujubelten, und in Chartisten und gefährliche, von Agitatoren verführte Mobs eingeteilt, die unterdrückt werden mußten. Melbourne zeigte sich auch von den Verdiensten des Bürgertums keineswegs begeistert. Er und Victoria ließen eher das Gesellschaftsmodell und die sozialen Beziehungen, die auf das 18. Jahrhundert anwendbar waren, als die für das 19. Jahrhundert gelten.

Jenes Großbritannien verschwand jedoch schnell von der Bildfläche. Die Bevölkerung wuchs in scheinbar erschreckendem Maße. Sie verdoppelte sich von etwa 9 Millionen im Jahre 1801 auf 18 Millionen im Jahre 1851, und im Jahre 1901 war ihre Zahl bei 30,5 Millionen angelangt. Diese Zunahme war nur möglich durch das Wachstum der Industrie, die Arbeitsplätze schaffte, durch die Verwendung der Dampfkraft als Antrieb für Maschinen und das neumodische Transportmittel Eisenbahn.

Die Königin hatte nichts gegen diese Erfindung, erst später entwikkelte sie eine große Furcht vor Unfällen. Sie unternahm ihre erste Eisenbahnreise im Juni 1842 von Paddington nach Windsor. Die Fahrt dauerte nur eine halbe Stunde und war frei von Straßenstaub und Menschenmengen, wie sie ihrem treuen Korrespondenten Leopold berichtete, so daß sie »ganz entzückt davon war«. In der Zukunft sollte die Königin nachts in ihrem eigenen Sonderschlafwagen reisen. Von einer dieser Gelegenheiten sandte ihre Enkelin »Jung-Vicky«, die mit der Königin den Salonwagen teilte, einen höchst amüsanten Reisebericht. Die Königin erscheint darin als eine Person, die in weiße Schals eingewickelt war und ständig wünschte, daß das Fenster geöffnet oder wieder geschlossen wurde, oder nach einem Getränk verlangte. Einmal schockierte die Königin ihre strenger auf die Sabbatruhe eingestellten Untertanen dadurch, daß sie am Sonntag reiste, um einer öffentlichen Verpflichtung nachzukommen. Auch die königliche Jacht war hochmodern. Im Jahre 1842 veranlaßte Sir Robert Peel, daß diese von einer Schiffsschraube statt von den üblichen Paddeln angetrieben wurde. Die Königin werde, so meinte er, diese Antriebsart angenehmer finden als den ständigen Schlag der Paddel beim Drehen. Damals stellte die *Victoria and Albert* ein modernes und komfortables Wohnschiff für die königliche Familie dar.

»Wie herrlich, allein an Bord zu sein – keine Damen oder Herren.«

Die Dampfkraft bewirkte noch mehr als nur die Versorgung der Königin mit einem schnelleren und bequemeren Reisegefährt. Sie verwandelte das Gesicht des Landes, durch das sie reiste. Dampfmaschinen bedeuteten, daß die Industrie in der Nähe der Kohlefelder angesiedelt werden konnte, die den Brennstoff zum Betrieb der Maschinen lieferten. Viele Leute konnten sich an solchen Orten niederlassen, weil ihnen die Eisenbahn auch Nahrungsmittel heranbrachte, Kohle zum Heizen und Rohstoffe, die sie in Endprodukte verwandelten, welche die Eisenbahn wiederum hinwegtrug. Infolgedessen wuchsen schnell neue Industriestädte heran. Um 1851 lebten so viele Menschen in Städten wie in Dörfern und auf dem flachen Lande. Als Victoria starb, waren die Briten ein verstädtertes Volk geworden. Nunmehr stellte »der Mann auf der Straße« die öffentliche Meinung dar. Diese gewaltige wirtschaftliche Revolution brachte unvermeidlich auch eine soziale Revolution mit sich. Es gab immer mehr Gelegenheiten für Techniker, Unternehmer, Manager, Kaufleute, Anwälte und Lehrer, für Männer, die die neuen Eisenbahnen und Schiffdocks bedienten, in anderen Worten, für das Anwachsen der sogenannten Mittelklassen oder des Bürgertums.

In den Städten förderte das Zusammenkommen von Massen von Arbeitern die Bildung der »Arbeiterklasse«. Der Übergang von einer Gesellschaftsform in eine andere, von einer vorwiegend ländlichen in eine vorwiegend städtische, von einer Gesellschaft, die in Begriffen der »Ordnung und des Ranges« dachte, in eine Gesellschaft, die eher in Begriffen der Klasse oder des Besitzes als in Begriffen der Geburt dachte, mußte zwingendermaßen das gesellschaftliche Denken berühren. Auch konnte eine solche Wandlung nicht mit der Eleganz einer gut vorgeplanten Operation ablaufen. Es war eher das Werk drängender oder leidender Individuen, wie es oft der Fall ist auf dem Hintergrund einer Nachkriegsdepression, einer Inflation oder der Arbeitslosigkeit. In dem Jahr, in dem Victoria den Thron bestiegen hatte, standen die Arbeiter in den nördlichen und Midlands-Indu-

Die Königin reiste gern mit dem Zug und machte ihre erste Bahnreise im Juni 1842 von Paddington nach Windsor. Ihr Luxus-Privatwagen wurde im Jahre 1869 von der Londoner und Nordwest-Eisenbahn gebaut.

Rechts: Schlafwagenabteil der Königin.

Unten: Hauptsalon der Königin mit den Initialen und dem Wappen der Königin auf den Sofakissen eingestickt und in den Teppich eingewebt.

Rechte Seite: Im 19. Jahrhundert war es noch erlaubt, Bilder der Königin und der königlichen Familie zu Reklamezwecken zu verwenden. Hier die Königin mit der Prinzessin von Wales auf dem Wege nach Windsor.

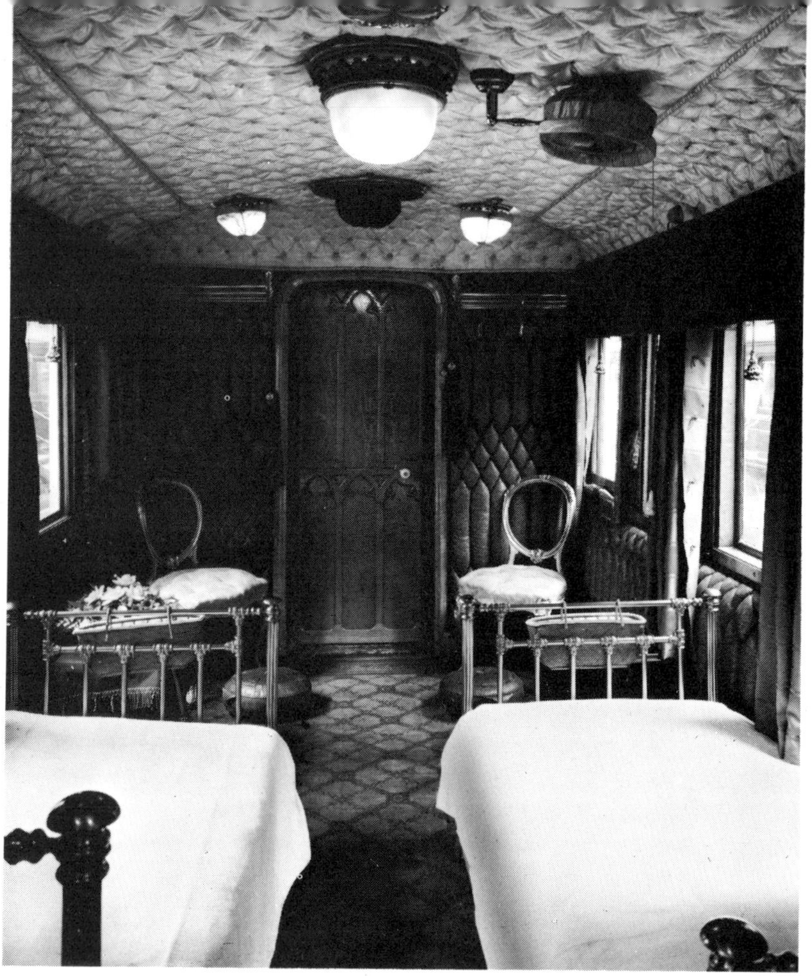

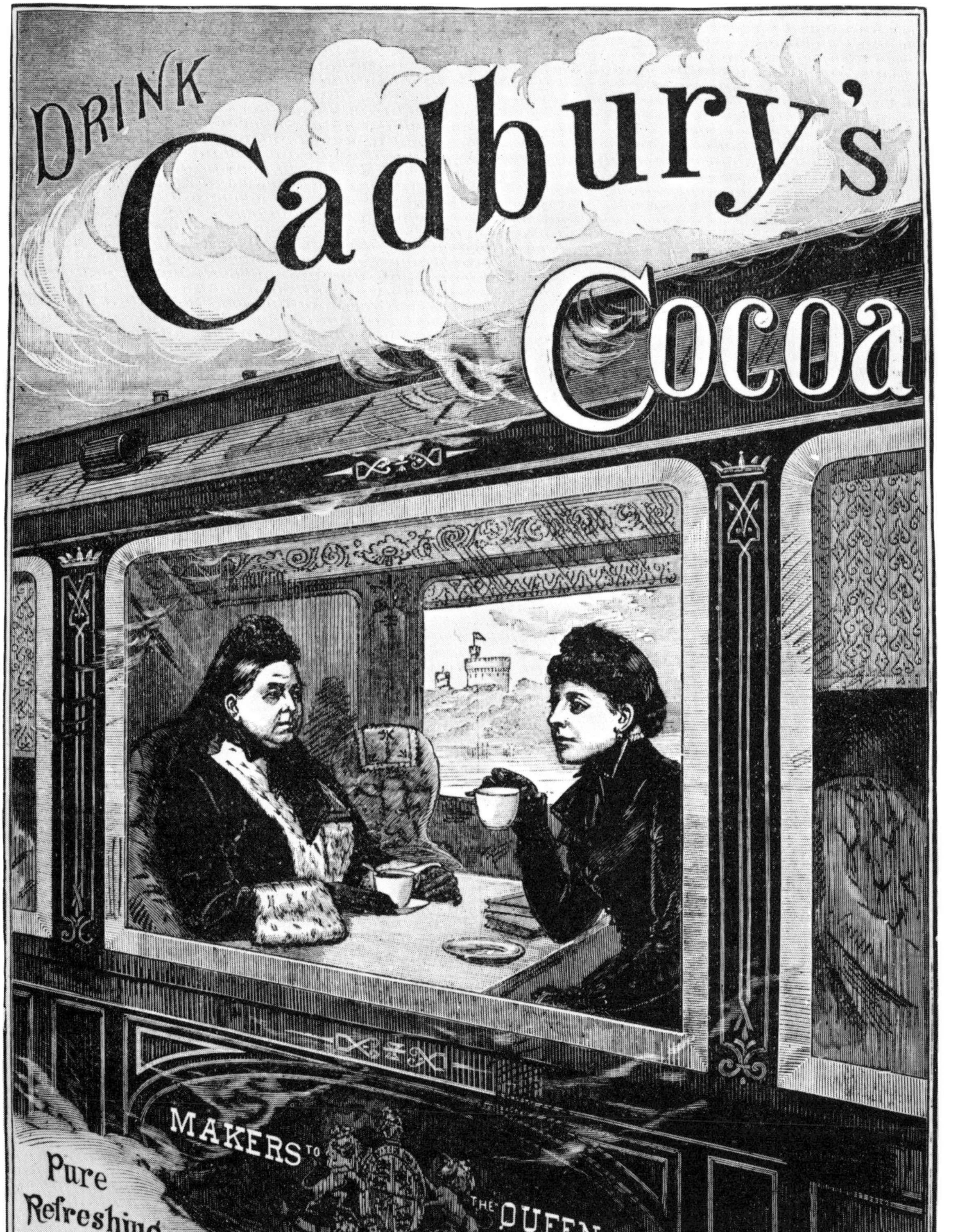
DRINK
Cadbury's
Cocoa
MAKERS TO THE QUEEN
Pure
Refreshing.

striestädten vor einer Massenarbeitslosigkeit und der Einführung des strengen neuen Armengesetzes, welches das gefürchtete Arbeitshaus androhte, wie es Charles Dickens in seinem *Oliver Twist* unsterblich gemacht hat. Auf diesem Hintergrund entstand die Chartistenbewegung. Sie trat mit scheinbar extravaganten Forderungen auf wie dem allgemeinen Wahlrecht, gleichmäßigen Wahlbezirken, geheimer Wahl, Bezahlung der Parlamentsmitglieder und jährlich wechselndem Parlament. Der Schmutz und die Übervölkerung in den ungeplanten Städten, verbunden mit niedrigen Löhnen, Arbeitslosigkeit und dem strengen Armengesetz verwandelten die Masse der arbeitenden Bevölkerung in eine ungeheure Bedrohung des althergebrachten Zustandes.

Albert war sich in den frühen Tagen ihrer Ehe all dieser Zusammenhänge weit stärker bewußt als seine Frau. Seine Neigung galt der Naturwissenschaft – später beschrieb Sir Charles Lyell seinen Geisteszustand als »in voller Aktivität in einer Vielzahl von ernsthaften Gegenständen«, und sein Interesse an den Vorgängen in der Welt der Technologie war echt. General Grey schrieb: »Überall da, wo sein Besuch oder seine Gegenwart das wirkliche Gute des Volkes fördern konnte, warteten seine Pferde.«

Der Prinz erwarb noch mehr Erkenntnis für die Notwendigkeit, der

Die große Chartisten-Versammlung am 15. April 1848 auf dem Kensington Common im Süden Londons. Das Jahr 1848 war einer der Höhepunkte der Chartisten-Bewegung, aber sie war dem Ende ihrer Durchschlagskraft nahe.

neuen Welt durch Gesetzgebung zu begegnen, in seiner herzlichen Beziehung zu Sir Robert Peel. Es war Peel, der ihn und die Königin von den Vorteilen des Freihandels überzeugte und von der eventuellen Notwendigkeit der Abschaffung der Getreidezölle, ein Ziel, das die Torypartei in Peeliten und Anhänger von Lord Stanley spaltete. Sir Robert war einer der neuen Männer – sein Vater war einer der ersten Baumwollmagnaten gewesen –, und der Premierminister erkannte sehr wohl die sozialen und wirtschaftlichen Spannungen der Zeit.

Im Verlaufe einer langen Unterhaltung mit dem Prinzen am 24. Dezember 1845 zeigte sich Peel voller Pläne für die Behandlung der Arbeitslosigkeit, die er für das Ende des Eisenbahnbaus befürchtete. Seine Regierung war gekennzeichnet durch die Ernennung königlicher Kommissionen für die Frauen- und Kinderarbeitslosigkeit in Bergwerken und für den beklagenswert ungesunden Zustand der Städte. Es wäre jedoch ungenau zu behaupten, Peel wäre der Initiator vieler Gesetze gewesen, wenn freilich er und sein Vater mit früheren Gesetzen in Verbindung gebracht werden müssen, die sich mit der Verbesserung der Kinderarbeit in den neuen Baumwollfabriken befaßten. Der Hauptdruck während der Herrschaft Victorias kam von Männern wie Lord Ashley, später Earl of Shaftesbury, und von den neuen Bürokraten, von denen Edwin Chadwick einer der gewaltigsten und bekanntesten war.

Prinz Albert zeigte auf vielfältige Weise sein Interesse am Zustand der Arbeiterklasse. Sein Englisch zur Zeit seiner Eheschließung war zwar noch begrenzt, und seine erste Rede anläßlich der Abschaffung des Sklavenhandels, die er im Juni 1840 hielt, mußte noch niedergeschrieben und vorher auswendiggelernt werden, er übte sich jedoch darin, ein erfolgreicher öffentlicher Redner zu werden. Wo immer er konnte, schlug er Brücken zu den Interessen der arbeitenden Bevölkerung von London und der großen Industriestädte.

Im Jahre 1843, als er mit den Peels in Drayton weilte, bestand er darauf, Birmingham zu besuchen, damals eine feste Burg der Chartisten. Sir James Graham, der Innenminister, war darüber höchst beunruhigt. Victoria hingegen freute sich über den Erfolg des Besuches. Der Bürgermeister, der für seine extremen politischen Anschauungen gefürchtet war, berichtete George Anson, dieser Besuch habe »in Birmingham die glücklichsten Ergebnisse gezeitigt«.

Im nächsten Jahr wurde der Prinz Präsident der Gesellschaft für die Verbesserung der Lage der arbeitenden Klassen. Er bestand sogar darauf – übrigens zum Mißvergnügen von Lord John Russell –, am 18. Mai 1848 den Vorsitz über ein Treffen zu führen, ausgerechnet in dem Jahr, in dem die Agitation der Chartisten eine solche Stärke

Die Weltausstellung von 1851 erforderte umfängliche Organisation und Planung. Sie wurde unter einem großen Baldachin aus Stahl und Glas, dem Kristallpalast, untergebracht, der sein Vorbild in Sir Joseph Paxtons riesigem Observatorium in Chatsworth hatte.

Rechts:
Die Tragbalken für das Mittelschiff wurden im Januar 1851 mit Hilfe von kräftigen Karrenpferden emporgehievt.

erreicht hatte, daß selbst die königliche Familie es für klüger hielt, sich im Monat zuvor nach Osborne zurückzuziehen. Bei diesem Anlaß mahnte Albert die besitzenden Klassen, durch Errichtung von Musterwohnhäusern der arbeitenden Bevölkerung zu größerem Komfort zu verhelfen, denn die vorhandenen Wohnungen waren ungesunde Orte des Schreckens. Er regte die Vergabe von Darlehen und die Parzellierung von Grundstücken an. Die Arbeiter ihrerseits ermahnte er, sie sollten die Tugenden der Sparsamkeit, Ehrlichkeit und harten Arbeit üben. Es war eine wohlgemeinte Mixtur der sozialen Allheilmittel der Zeit. Im nächsten Jahr hatte er herausgefunden, daß die Mehrzahl der Bewohner von Londoner Arbeitshäusern ehemalige Diener waren. Der Prinz forderte die Diener-Unterstützungskasse und den Wohltätigkeitsverein auf, Mittel und Wege für die Beseitigung »der erschreckenden Armut dieser Klasse« zu suchen. Die Königin nahm an solchen Hilfsplänen weniger Anteil, bis sie später als Witwe dem Beispiel ihres Gatten zu folgen versuchte. Doch schon im Jahre 1842 gab sie einen großen Kostümball, bei dem sie und alle ihre Hofdamen Kleider britischer Herkunft trugen, um den um ihre Existenz kämpfenden Seidenwebern von Spitalfields zu helfen. Im Jahre 1846 begleitete die Königin während eines Besuches im Herzogtum Cornwall ihren Gatten in ein Eisenerzbergwerk hinunter, wobei sie »diesen höhlenartigen Ort« etwas unirdisch fand.

Höhepunkt in den Interessen des Prinzen an Naturwissenschaft und Technik war die Große Weltausstellung von 1851. Ohne seine Voraussicht und unablässige harte Arbeit wäre sie nie zustandegekommen. Sie ist das beste Denkmal für seinen Glauben an das industrielle Großbritannien und an seine Hoffnung, der Mensch möge die neue Technik für die Schöpfung einer neuen Welt verwenden. Die Ausstellung war ein Tribut an die Leistungsfähigkeit des Menschen, aber sie war auch mehr als nur ein riesiges britisches Schaufenster, voller Produkte der neuen Industrie, und mehr als reine Beweihräucherung des neuen Maschinenzeitalters: Sie war ein Versuch, Nützlichkeit und Schönheit in einem Guß zu vereinigen.

Im Jahre 1842 hatte Sir Robert Peel die Anregung zur Ernennung des Prinzen zum Präsidenten der künstlerischen Kommission für die

Aus der ganzen Welt wurden die Ausstellungsstücke in den Kristallpalast gebracht. Diese Illustration zeigt, wie auf der Pariser Gare du Nord die französischen Ausstellungsstücke auf den Weg nach London gebracht wurden.

Die Weltausstellung 1851

Der offizielle Ausstellungskatalog gibt eine ausgezeichnete Beschreibung der Gegenstände, die im Kristallpalast ausgestellt wurden. Die Ausstellung sollte die Erfindungskraft des Menschen demonstrieren, der an der Maschine arbeitet, um nicht nur nützliche Dinge hervorzubringen, sondern auch kunsthandwerkliche Gegenstände. Das Ergebnis war oft bizarr oder exotisch.

Rechts: Das Kristallpalastmesser, hergestellt von Rodgers and Sons in Sheffield. Es handelte sich um ein Messer für einen Sportsmann mit 80 Messerblättern und anderen Instrumenten, geschmückt mit eingelegtem Gold, Nadelätzungen und Gravuren, die verschiedene Dinge darstellten, z. B. Ansichten des Kristallpalastes, von Schloß Windsor, Osborne House und der Britannia-Brücke. Der Griff besteht aus Perlmutt mit eingravierten Jagdemblemen.

Links: Ofenschirm aus Papiermaché, hergestellt von Spiers and Sons. Abbildung aus dem Ausstellungskatalog.

Unten: Himmelbett aus Nußbaumholz geschnitzt und ausgestellt von der Firma Roger and Dean.

Die Wirkung der Ausstellung auf die Besucher war ungeheuer. Sonderzüge aus den Industriestädten wurden eingesetzt, so daß die Arbeiter die Ausstellung besuchen konnten, und die Karikaturisten fanden für ihre Zeichnungen genügend Motive in den Attraktionen. Diese Ansicht der Hyde-Park-Ecke verdeutlicht das Verkehrschaos beim Kristallpalast am »Schillingtag«.

Rekonstruktion des Parlamentes gegeben. Moderne Besucher mögen sich vielleicht nicht für die Fresken begeistern, die als Ergebnis dieser Kommission heute das Gebäude zieren, sie bezeugen aber zumindest das Interesse Alberts an der Kunst. Der gewaltige Kristallpalast mit seinem Himmel aus Glas und Stahl, der über und um die Bäume des Hyde-Parks errichtet worden war und ein Gelände von 26 Morgen umfaßt, verband Ingenieurkunst, Zweckmäßigkeit und Schönheit zu einem phantastischen Ganzen.

Heute, wo überragende Wolkenkratzer zum täglichen Anblick gehören, ist es schwierig, sich die Kühnheit der Planung vorzustellen, die auf den Gewächshäusern von Chatsworth beruhte. Nicht nur auf die Bevölkerung von London übte dieser Bau eine ungeheure Wirkung aus, auch auf das gesamte britische Volk und nicht nur auf das Bürgertum – dessen Tempel er war –, sondern auf die Arbeiter von überall. Sie kamen zu Tausenden. Immer wieder wurden Ausstellungszüge organisiert. Insgesamt sollen sechs Millionen Besucher die Eingangspforten passiert haben. Auch wenn diese Zahl die Mehrfachbesucher und ein paar ausländische Besucher einschließt, ist es doch eine erstaunliche Zahl bei einer Gesamteinwohnerschaft Englands und Wales von 18 Millionen Einwohnern. Die meisten Ausstellungsstücke waren englischer Herkunft, doch kamen auch einige aus dem Ausland. Insgesamt gab es 13 000 Aussteller, die sich auf anderthalb Kilometer Galerien und 100 000 qm Fläche verteilten.

Die Ausstellung läßt sich vielleicht am besten als die große »Zukunftsparty« für das neue industrielle Großbritannien bezeichnen, eine Party, die der Prinz für das Land seiner Wahl gab. Es war kein öffentliches Abenteuer – das Parlament hatte das Projekt abgelehnt und es dem Prinzen überlassen, für die gigantische Aufgabe genug Finanzgaranten zu finden. Aber Alberts Glaube war gerechtfertigt: Weit davon entfernt, ein Fehlschlag zu sein, warf die Ausstellung einen Gewinn von einer Viertelmillion Pfund ab (damals etwa 5 Millionen Mark). Der Gewinn wurde zu den ersten Museumsbauten in Südkensington verwendet.
Überdies war es eine Zukunftsparty in einem sehr besonderen Sinn. Während der Zeit nach den französischen Kriegen und den Streiktagen, nach Straßenkämpfen und Chartistendemonstrationen hatte man die Arbeiter als eine ständige Bedrohung von Gesetz und Ordnung betrachtet. In den Augen der besitzenden Klassen waren sie so etwas wie gefährliche und unberechenbare Tiere. Jetzt, wo sie zu Tausenden durch die Ausstellung wanderten, sauber angezogen und mit gutem Benehmen, ebenso interessiert an den Wundern ringsumher wie die »Besseren«, wurde es deutlich, daß sie ihren Platz in der neuen Gesellschaft einzunehmen bereit waren, nicht als Knechte, sondern als verantwortliche Bürger.
Die Idee des allgemeinen Wahlrechtes war nach 1851 weniger absurd als vorher. Die neue Arbeiterklasse war das Produkt eines neuen Zeitalters, welches sie zu schaffen mitgeholfen hatte. Die Revolutionsgefahr bis 1848 war als echte Drohung erschienen. Jetzt war die Gefahr vorüber, und das respektable viktorianische England war geboren.
Der Stolz der Königin nach der Eröffnung der Ausstellung am 1. Mai 1851 mußte noch seine Rechtfertigung erfahren, als sie schrieb: »Alberts liebster Name ist mit diesem großen Gedanken unsterblich verbunden, sein *eigenes* und mein *eigenes* teures Land haben gezeigt, daß es dessen würdig ist.« Wenn es vielleicht auch nicht, wie sie stolz verkündete, »der größte Tag in unserer Geschichte« war, so war es wahrscheinlich doch der größte Triumph in Alberts Laufbahn. Victoria hatte damit recht, »sein Temperament, seine Geduld, seine Sicherheit und seine Energie« zu preisen und zu glauben, daß dies »der glücklichste Tag meines Lebens« war, wenn freilich ihr Tagebuch zeigt, daß es da noch andere Mitbewerber auf diesen Ruhm gab. Wenn Victoria glücklich war, dann war sie eben glücklich!
Dieses Ereignis war ein gesegnetes Zwischenspiel heiteren Lächelns zwischen dem Revolutionsjahr von 1848 und dem Ausbruch des Krimkrieges im Jahre 1854, als der öffentliche Klatsch den »deutschen Kerl« als pro-russischen Verräter brandmarken und böse Gerüchte über seine Einlieferung in den Tower umgehen sollten.

Witwenstand · Die bitteren

ahre 1861-1865

Vorhergehende Seiten: Prinz Albert starb am 14. Dezember 1861 im Blauen Zimmer von Schloß Windsor. Der Raum wurde bis zum Tod der Königin selbst, 40 Jahre später, genauso belassen, wie er während der letzten Krankheit des Prinzen ausgesehen hatte.

Links: Letztes Porträt von Albert, während seiner letzten Erkrankung von Thorburn gemalt. Der Prinz entwirft auf dem Bild ein Memorandum zur *Trent-Frage*.

Die Große Weltausstellung darf mit Recht als Höhepunkt von »Ich und Albert« oder sogar von »Albert und Ich« betrachtet werden. Vor Stolz erglühte die Tante der Königin, die Herzogin von Gloucester, darüber, daß so viele Ausländer »Zeuge der Zuneigung des *Volkes* für Dich und *Deine Familie* geworden sind, und wie sehr das *englische* Volk die Krone liebt und achtet«. Bis zu ihrem Thronjubiläum gab es vielleicht keine solch spontane Welle der Zuneigung für die Krone mehr. Was vom Jahrzehnt blieb, war für Victoria als Frau und Königin voller Unruhen und Ängste.

Ihr Sohn Leopold, der am 7. April 1853 geboren war, kränkelte schon als Kind. Später stellte man fest, daß er an Haemophilie litt, jener seltenen Bluterkrankheit, die von einem der beiden Elternteile übertragen wird, aber gewöhnlich nur männliche Familienmitglieder trifft. Da der Prinzgemahl von der Krankheit frei war, muß sie auf irgendeinem Weg durch die Königin selbst übertragen worden sein, obwohl es offenbar keinen Bericht von irgendeinem ihrer Vorfahren über ein solches Leiden gibt. Einige Monate nach Leopolds Geburt machte sich seine Mutter Sorgen über seine Gesundheit, mit den Folgen, die ein solcher Kummer stets hervorruft. Victoria wurde nervös und reizbar, überließ sich plötzlichen Temperamentsausbrüchen, die auf den ewig-geduldigen Albert herniederprasselten, dessen vernünftige Versuche, sich mit ihrem Kummer zu befassen, nur noch mehr die Flammen ihrer Beinahe-Hysterie schürten.

Es war keine glückliche Zeit für beide, denn nach einem derartigen Ausbruch pflegte sich Victoria für die schlimmen Wörter zu tadeln, die auszustoßen sie fähig war. Kein Wunder also, daß Victoria, die sehr genau von den gelegentlichen Stürmen wußte, die er zu ertragen hatte, ihn gern als »ihren Engel« bezeichnete. Es muß Gelegenheiten gegeben haben, bei denen er diese Bezeichnung verdiente, obgleich Victorias normale Rolle ohnehin die einer bewundernden Frau war und sich ihr gemeinsames Leben ruhig und glücklich abspielte. In wachsendem Maße nahmen sie jedoch auch die öffentlichen Angelegenheiten und Schwierigkeiten über Gebühr in Anspruch.

Alberts schicksalhafte Bestimmung, seine Pflicht zu tun, wurde für ihn fast zur Besessenheit. Graf Vitzthum berichtete, daß der Prinz »niemals eine Stunde seine eigene nennen konnte«. Vom frühen Morgen bis zum späten Abend wirkte er an seinem Schreibtisch. Er wurde dicker und ein wenig kahlköpfig. Sein Magen war stets ein schwacher Punkt. Schon früher, als er und die Königin den König von Frankreich besucht hatten, konnte er das gebotene reichhaltige Menü nicht vertragen. In seinen späteren Jahren wurde er zudem noch von Rheumatismus und Schlaflosigkeit geplagt. Victoria selbst war körperlich robust. Es fiel ihr schwer, die Achs und Wehs ihres Gatten

ernst zu nehmen. Sogar noch am 30. November 1861, vierzehn Tage vor seinem Tode, schrieb die Königin an die Kronprinzessin, daß Papa »wie üblich verzweifelte, wie es nur Männer tun ... wenn es ihnen nicht gut geht ... aber er will nicht einmal zugeben, daß es ihm besser geht«. Zu dieser Zeit sah es auch nicht aus, als ob der Prinz sich mehr als eine sehr schwere Erkältung zugezogen hätte, und wahrscheinlich war er der einzige, der ganz klar erkannte, wie krank er wirklich war.

Im Jahre 1851 freilich lag dieses Elend noch in der Zukunft. Das königliche Paar war gerade erst dreißig geworden und muß in der Erwartung vieler gemeinsamer Jahre gestanden haben. Leicht vergißt man, daß sie noch jung waren. Der Grund dafür, daß sie so gesetzt erscheinen, liegt teilweise in den viktorianischen Kleidern und Fotos. Ihre direkteren Sorgen betrafen die Politik. Im Jahre 1854 umwölkte der Krimkrieg mit seinem bitteren Vorspiel der Angriffe auf den Prinzen wegen angeblicher pro-russischer Sympathien und mit dem Durcheinander und Leiden, die der Feldzug mit sich brachte, das öffentliche Leben. Im Mai 1857 leckten die ersten Flammen des indischen Aufstandes empor, und erst im Juli 1859 konnte Lord Canning, der Generalgouverneur und spätere erste Vizekönig von Indien, berichten, daß der Aufstand völlig niedergeschlagen war. Zusätzlich gab es Schwierigkeiten mit China und eine bedrohliche Situation in

Heirat der Kronprinzessin mit Kronprinz Friedrich von Preußen im Januar 1858. Die Königin steht neben dem Prinzgemahl und ihrem Onkel Leopold, König der Belgier. Gemälde von John Philip.

Europa, wo Louis Napoleon im Bündnis mit Sardinien einen Feldzug gegen Österreich führte, um dieses aus seinen italienischen Besitzungen zu vertreiben. Ausländische und kaiserliche Angelegenheiten brachten ständige Unruhe mit sich und verstärkten den Streß, unter dem der Prinz stand, weil jede Krise im Ausland eine Vermehrung der Lektüre und die Abfassung von Telegrammen bedeutete. Diese Aufgabe wurde nicht etwa leichter durch die Tatsache, daß die Königin und der Prinz nicht unbedingt mit der Politik übereinstimmten, die Palmerston verfolgte. Sie fühlten sich verpflichtet, alle Telegramme, die sie erhielten, auch zu lesen und oft Anregungen für deren Verbesserung zu geben. Diese ständig anwachsende Bürde ließ Albert immer weniger Zeit für seine Frau und seine Familie.

Während dieser Jahre herrschte im Familienkreis eine Mischung von Glück und Traurigkeit. Unter den glücklichen Ereignissen muß man die Geburt ihres letzten Kindes Beatrice am 14. April 1857 nennen. Die Geburt wurde durch die Verwendung von Chloroform erleichtert, und das Mädchen wuchs als fröhliches und glückliches Kind auf. Der erste Riß im Familienkreis erfolgte im Januar 1858 mit der Heirat der Kronprinzessin mit Kronprinz Friedrich – bekannt als Fritz –, dem Sohn des Königs von Preußen. Die Ehe war glücklich, und für Victoria wurde der traurige Verlust ihrer Tochter in gewisser Weise durch die Freude kompensiert, ihren geliebten Gatten an den Abenden wieder allein für sich zu haben. Als Vicky für das Schulzimmer zu alt geworden war, hatte man ihr gestattet, sich der Erwachsenengesellschaft ihrer Eltern anzuschließen.

Für Albert war die älteste Tochter von allen seinen Kindern an Temperament und Interessen ihm am ähnlichsten. Daher war ihre Abreise nach Deutschland für ihn ein trauriger Abschied. Victoria berichtete Leopold, der Verlust einer Tochter sei ein großer Schlag für eine Mutter, doch irgendwie kam sie ihrer Tochter auch näher, sobald die kleinen Reibungen des Alltagslebens durch lange und häufige Briefe zwischen ihnen ersetzt wurden. Wer das verstehen und vielleicht mehr mit der Königin sympathisieren möchte, sollte wenigstens einige ihrer Briefe an ihr »liebes Kind« lesen, weil diese so deutlich ihre unmittelbaren Reaktionen auf das tägliche Familienleben, auf den Hof und die Regierung widerspiegeln.

Im April besuchte Albert seine geliebte Tochter in Berlin, und im August, als sie erfuhren, daß Vicky »in anderen Umständen« sei, statteten ihr beide Eltern einen Besuch ab. Im Januar 1859 wurde Victorias erster Enkel, der zukünftige Kaiser Wilhelm II., geboren. Achtzehn Jahre, nachdem sie Ehefrau geworden war, wurde Victoria Großmutter – sie war erst vierzig.

Im nächsten Jahr waren diese jugendlichen Großeltern kräftig genung, eine Wanderung von Balmoral nach Glen Feshie zu organisieren. Sie reisten inkognito mit General Grey und Lady Churchill und waren von ihren Jagdburschen John Brown und Grant begleitet. Die Gesellschaft machte an einer Wirtschaft halt und fand es dort höchst amüsant. Später erlebte die Königin in ihren »Blättern aus dem Hochland« dieses glückliche Zwischenspiel nostalgisch noch einmal nach. Bis zum Ende teilten sie und Albert einfache Vergnügungen miteinander, wie etwa Pony-Reiten im Hochland oder lautes Vorlesen an den Abenden in Windsor. Irgendwie waren sie ein sehr repräsentatives englisches Ehepaar, das lediglich höchst ungewöhnliche Verantwortungen trug.

Das Jahr 1861 war das schwärzeste in Victorias Leben. Der Reigen der düsteren Ereignisse begann mit dem Tod ihrer Mutter am 16. März. Zu dieser Zeit war die Entfremdung, die die ersten Jahre von Victorias Regierung gekennzeichnet hatte, lange vorüber. Albert, der seine »Tante Kent« stets gemocht hatte, hatte sich bemüht, beide Frauen wieder zusammenzubringen, und mit dem Verschwinden von Conroy und der Baronin Lehzen war die Harmonie wiederhergestellt. Jahrelang hatte die alte Dame danach zufrieden in Frogmore gelebt. Im Mai 1859 war sie krank geworden.

Diese Krankheit, die sich jedoch nicht als tödlich erwies, brachte Victoria plötzlich zum Bewußtsein, wie viel ihr die Mutter bedeutete. »Ich wußte kaum selbst, *wie* sehr ich sie liebte und wie stark mein ganzes Leben mit ihr verbunden zu sein schien.« Eine Zeitlang schien sich die Herzogin zu erholen, aber im März 1861 nahm die Krankheit einen schlimmen Verlauf. Victoria und Albert eilten vom Buckingham-Palace nach Frogmore und waren bei ihrem Tode zugegen.

Victorias Schmerz war untröstlich. In seiner Übertriebenheit war er ein Vorgänger des nervösen Zusammenbruchs, der Alberts Tod im gleichen Jahr folgte. Sie schrieb Leopold: »Ich *kann* noch keine langen Gespräche, langes Reden von vielen Leuten untereinander ertragen. Es muß erst wieder ganz allmählich kommen.« Victoria erklärte auch, daß sie Frogmore auch so lassen wollten, »wie es die liebe Mama verlassen hat«. Als sie durch die Besitztümer ihrer Mutter ging und dabei die Erinnerungsstücke an ihre eigene Kindheit fand, wurde sie von Reue überwältigt bei dem Gedanken, daß »eine Zeitlang zwei Leute höchst schurkisch uns entfremdet haben«. Es bedeutete ihr ein wenig Beruhigung, daß dies »vor langer, langer Zeit« geschehen war und daß sich ihre Mutter nur an »die letzten sehr glücklichen Jahre« erinnert hatte. Es scheint ihr nicht aufgegangen zu sein, daß ihr eigener Groll ein Hauptelement dieser Entfremdung gewesen war. Im allgemeinen war Victoria nicht blind für ihre eigenen Fehler, aber manches war einfach zu schmerzlich in der Erinnerung. Wenigstens

Albert war da, um all ihren Kummer mit ihr zu teilen. Victoria nannte ihn »furchtbar mitgenommen«.

Im November kamen traurige Nachrichten aus Spanien. Sowohl der junge König Pedro (der Sohn von Victorias Vetter, jenes Ferdinand, von dem sie als Mädchen erklärt hatte, sie liebe ihn wie den liebsten aller Brüder) und seine jüngeren Brüder waren an Typhus gestorben. Albert und Victoria empfanden darüber großen Kummer. Albert hatte den jungen König sehr gemocht. Später in diesem Monat erreichte sie eine tief schmerzende Nachricht über den Prinzen von Wales. Seine Eltern hatten sich so sehr in den Kopf gesetzt, daß er ein Muster an Tugend werden sollte, und hatten ihn unter so beständiger Überwachung gehalten, daß es nicht verwunderte, als er während eines kurzen Militärdienstes bei der Armee in Curragh in Irland über die Stränge schlug. Er hatte eine kurze Liebesaffäre mit einer jungen Schauspielerin, Nellie Clifton. Dies wurde auf dem Kontinent bekannt und erreichte auch die Ohren von Stockmar, der es für seine Pflicht hielt, es dem Prinzgemahl mitzuteilen.

Für Albert und Victoria mit ihren strikten Moralvorstellungen war dies nicht etwa der bedauerliche, aber verständliche Seitensprung eines jungen Mannes von 20, sondern die Bestätigung all ihrer Befürchtungen. Zwei Jahre später nannte Victoria den 12. November »jene Zeit des Schreckens und des Schmerzes... und den noch schlimmeren Jahrestag jener Nachrichten, die meines Engels Herz brachen«.

»Der noch schlimmere Jahrestag der Nachrichten, die meines Engels Herz brachen.«

Im historischen Rückblick kann das Leiden Alberts als frühe Anzeichen von Typhus erkannt werden. Albert war nach Cambridge gereist, um seinen Sohn dort zu besuchen, wo der Prinz von Wales noch einer weiteren Bildungsmaßnahme unterworfen wurde. Der betrübte Vater kehrte zwar froher zurück, nachdem er sich von Berties Zerknirschung überzeugt hatte, aber die rheumatischen Schmerzen und die Schlaflosigkeit, über die er sich beklagt hatte, verschlimmerten sich.

So elend krank er auch war, der Prinz konnte sich nicht von seinem Schreibtisch entfernen. Jenseits des Atlantiks wütete der amerikanische Bürgerkrieg, in dessen Verlauf zwei Agenten des Südens durch ein Kriegsschiff des Nordens von Bord eines britischen Schiffes, der *Trent,* entführt worden waren. Die Wogen britischer Gefühle über diese Willkürhandlung gingen hoch, und als das Foreign Office einen Protest mit starken Worten abzusenden vorschlug, schien sich eine häßliche Situation zu entwickeln. Die letzte öffentliche Handlung des Prinzen war die Redaktion des Telegrammes in einer Weise, die es dem Norden erlaubte, ohne Verlust an Würde die beiden Abgesandten auszuliefern. Als der Prinz der Königin den verbesserten Entwurf zur Unterschrift vorlegte, konnte er kaum noch die Feder halten. Zunächst erkannte niemand in der königlichen Familie, außer möglicherweise Albert selbst, wie sehr krank er wirklich war.

Nach dem tragischen Tod der spanischen Königsfamilie durch Typhus hatte Sir James Clark, jetzt ein alter Mann, Angst vor der Erwähnung des gefürchteten Wortes, das den Patienten hätte erschrekken müssen. Erst am 11. Dezember gab man ein öffentliches Bulletin heraus, und es hatte keinen alarmierenden Charakter. Abends hustete der Prinz und redete unzusammenhängendes Zeug, am Tage wanderte er ruhelos von Zimmer zu Zimmer und vom Bett zum Sofa. Das ging so bis zum 9. Dezember, von welchem Tag an er in seinem Bett blieb.

Tagelang wechselten Hoffnung und Furcht. Die Königin war erschöpft vor Sorge und durch die Krankenwache, während sie sich abmühte, ohne seine Hilfe mit den öffentlichen Angelegenheiten fertig zu werden. Am 13. Dezember sandte Prinzessin Alice auf eigene Verantwortung nach dem Prinzen von Wales. Noch am 14. Dezember schienen die Ärzte – jetzt war auch Dr. Watson, ein Facharzt, herbeigerufen worden – zu glauben, daß die Krise vorüber sei. Aber gegen halb sechs Uhr morgens war es klar, daß das Ende nahte. Victoria saß neben ihrem Gatten, während ihre Kinder und einige Mitglieder des Hofstaates zum Abschied hereinkamen. Eine Zeitlang lag er ruhig da, und Victoria ruhte sich im nächsten Raum aus. Als sie seinen Atem schwer gehen hörte, eilte sie an seine Seite zurück. Über ihn gebeugt, bat sie ihn um einen Kuß, und seine Lippen bewegten sich. Unfähig, sich zu beherrschen, eilte sie erneut aus dem Zimmer, bis Alice, die während dieser letzten Stunden ständig bei ihrem Vater gewacht hatte, ihre Mutter zurückrief. Um 10.45 Uhr starb der Prinz friedlich, die Hand seiner Frau haltend. Mit 42 war Victoria Witwe. Alleingelassen, lagen weitere vierzig Jahre vor ihr, vor einer Matriarchin, die sich abmühte, über ihre Familie zu herrschen, vor einer Königin, die sich abmühte, ihrem Volk zu dienen.

Alberts Tod hinterließ sie in äußerster Erschütterung. Jedoch irgendwie mußte sie ohne ihn ihr Leben wiederaufbauen. Er war ihre Welt gewesen, ein geliebter Ehemann, Vater ihrer Kinder, ein geduldiger Kamerad, während ihrer Stimmungen aus nervöser Erschöpfung und fast unkontrollierbarem Temperament, eine »Vaterfigur«, immer bereit, ihr bei der Erfüllung öffentlicher Pflichten als Königin zu assistieren. Zwanzig Jahre lang waren sie kaum länger als auf ein paar Tage getrennt gewesen. In jeder häuslichen und öffentlichen Krise hatte er stets hinter ihr gestanden. Jetzt stand sie da mit einer so tiefen und so schwarzen Leere in ihrem Inneren, daß das bloße Drandenken sie an den Rand der Verzweiflung trieb. Kein Wunder,

Die fünf Töchter Victorias und Alberts beklagen ihres Vaters Tod: Foto vom März 1862 im Schloß Windsor. Von links nach rechts: Alice, Helena, Beatrice, Victoria und Louise.

daß sie Leopold schrieb. »Mein Lebensglück ist beendet! Die Welt ist für *mich* tot.« Alles, was ihr noch zum Leben blieb, waren ihre »armen vaterlosen Kinder« und ihr »unglückliches Land«. Später, als alle äußeren Kennzeichen des Schmerzes sich Jahr für Jahr fortsetzten und ihre Briefe an die Minister sie als eine einsame Witwe darstellten, die, aller Hilfe und aller Erleichterung beraubt, sich abmühte, ihre Pflicht zu tun, haben zukünftige Generationen ihren ständig genährten Kummer als übertrieben verurteilt. Solche Kritiker sollten ihren Fall jedoch im gesellschaftlichen Kontext der Zeit sehen und nicht mit den Augen der modernen Welt, in der zwei größere Kriege viel zu viele Witwen geschaffen haben, die keine Möglichkeit des Gefühlsausdrucks öffentlichen Kummers hatten, während gleichzeitig der Krieg noch gewonnen werden mußte. Im 19. Jahrhundert waren die Trauerzeit und der Witwenstand, wenigstens für diejenigen, die sie sich leisten konnten, öffentliche Konventionen in einer Gesellschaft, die daran glaubte, daß der Ehegatte der Brotgeber, der Beschützer

seiner Familie und der Ursprung aller Autorität sei, seine Ehefrau aber der anhängliche, gehorsame Kamerad, die Haushälterin für ihren Mann, ihren Herrn. So tief war dieses gesellschaftliche Ideal in der Öffentlichkeit verwurzelt, daß selbst Frauen, die mit unsympathischen oder ungetreuen Ehemännern verheiratet gewesen waren, es fertigbrachten, eine dezente und sogar überzeugende Schau der Trauer zu dokumentieren, wenn sie Witwe wurden. War der Verstorbene ein Elternteil, ein Ehemann, ein Kind oder nur ein naher Verwandter, blieb der Tod ein Fetisch, der in anerkannten Riten verehrt wurde. Man muß sich daran erinnern, daß Victoria selbst als Mädchen den Tod einer Tante, die sie kaum gekannt hatte, als unvergeßlichen Verlust bezeichnet hatte. Alles in ihrem Wesen hatte sie stets bis zu den Extremen der Gefühle getrieben, eine Eigenschaft, die von ihren starken Unterstreichungen in ihren Briefen und in ihrem Tagebuch veranschaulicht wird. Ihre Gefühlsergüsse erleichterten ihr wenigstens die Last des Kummers, und in der gesellschaftlichen Konvention gab es nichts, was von ihr forderte – modern ausgedrückt –, »sich zusammenzureißen«.

Unbestritten war Victorias Kummer verzweifelt und alles durchdringend. Der Unterton der Trauer, der in ihren Briefen an die Kronprinzessin Friedrich mitschwingt, ist nur allzu deutlich. Victoria fand ein wenig Erleichterung, indem sie alles tat, um das Gedächtnis ihres Gatten zu verewigen. In Frogmore wählte sie einen Ort in der Nähe des Grabes ihrer Mutter und ließ dort ein Mausoleum errichten, wo Alberts Leichnam und vielleicht einmal auch ihr eigener ruhen sollten. Sehnsüchtig wünschte sie diesen Tag herbei. Bis dahin lag auf dem granitenen Sarkophag das Marmorbild Alberts.

Dieser Ort wurde für Victoria ein Ort der Einkehr, wohin sie sich zurückziehen konnte, um auf seine »geliebten Züge« zu schauen und zum Gebet neben dem »geliebten Schrein« niederzuknien, in dem sich »der Gott ihrer leidenschaftlichen Verehrung« befand. Victoria war auch entschlossen, ihrem Land den Geliebten in Erinnerung zu halten. Alles, was sie nur zu dessen Bewahrung tun konnte, wurde unternommen. Von der Anbringung einer Erinnerungstafel, dort, wo er seinen letzten Hirsch geschossen, bis zur Errichtung von Standbildern zur Erinnerung an seine öffentlichen Arbeiten. Für diese trauernde Witwe konnte es gar nicht genug Statuen, Bildnisse und Büsten von ihrem »geliebten Engel« geben, damit seine Familie, sein Land und die Nachwelt an den Verlust erinnert wurden. Als Disraëli im Herbst 1868 Balmoral besuchte, schenkte man ihm unter anderen Dingen ein Bild des Prinzgemahls in voller Größe, wofür er das erwartete Entzücken aussprach. Später legte das Albert Memorial Zeugnis von der Entschlossenheit der Königin ab, wenigstens in Lon-

Linke Seite: Die Herzogin von Kent wurde im August 1861 in Frogmore beigesetzt. Die Königin beschloß, für Albert – und am Ende auch für sich selbst – in der Nähe des Grabes ihrer Mutter ein Mausoleum zu errichten. Sie besuchte dieses oftmals, um Alberts Ebenbild auf dem granitenen Sarkophag zu betrachten. Aquarell von Brewer.

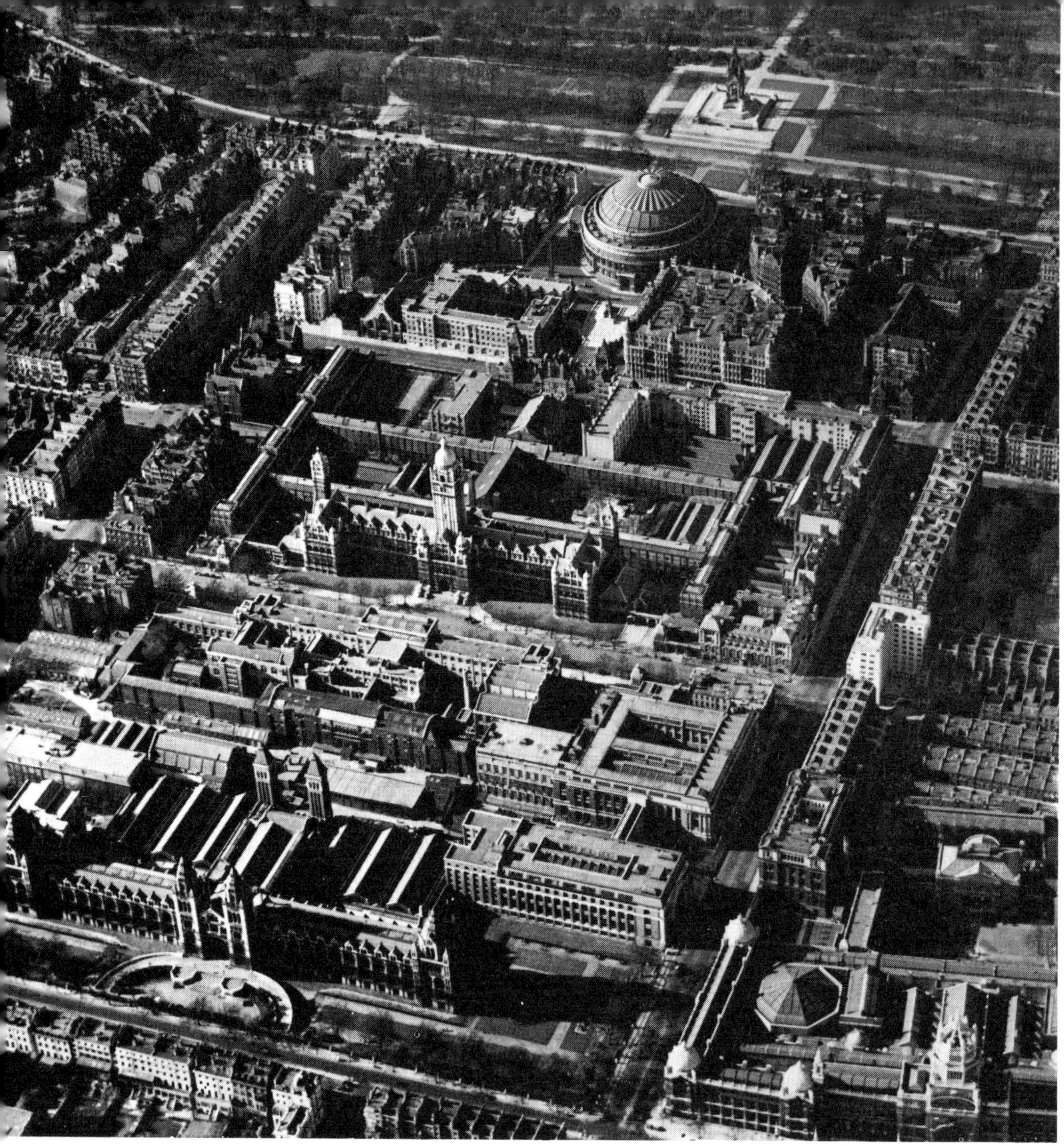

don das Gedächtnis an ihn wachzuhalten. Heute freilich wird in der Öffentlichkeit diese Erinnerung gefälliger durch die Albert Hall wachgehalten, die die Königin im Jahre 1871 eröffnete, und durch das Victoria-und-Albert-Museum, das zum Teil aus den Gewinnen der Großen Weltausstellung finanziert wurde. Die Londoner haben allen Grund zur Dankbarkeit für die Bewahrung des Gedächtnisses an den Prinzen, auch wenn heute sein Leben halb vergessen ist. Victorias zweites Monument für ihren Gatten war ihre feste Ent-

Die Königin hatte beschlossen, daß niemand Albert vergessen sollte. Sie hatte das Albert Memorial (rechts) und die Albert Hall erbauen lassen, und ein Teil der Gewinne aus der Weltausstellung wurde für einen gro-

ßen Komplex von Museen und Instituten (links) verwendet – vielleicht das erfolgreichste Projekt zur Lebendighaltung von Alberts Erinnerung.

schlossenheit, jede ihrer Handlungen als Mutter wie als Königin auch weiterhin von seinen Wünschen beherrschen zu lassen. So schrieb sie Leopold: »Seine *Wünsche, seine* Pläne ... zu allem, seine Ansichten zu *allem* müssen *meine* Gesetze sein! Und keine menschliche *Gewalt* wird mich von dem abbringen, was *er* beschlossen und gewünscht hat.«

Einer dieser Beschlüsse war bereits in Ausführung. Sie waren beide der Meinung gewesen, daß es für den Prinzen von Wales das Beste wäre, jung zu heiraten, und trotz der politischen Verwicklungen, die sich vielleicht aus der ungeklärten Nachfolge in den Herzogtümern Schleswig und Holstein ergeben könnten, war es beschlossene Sache, daß die Prinzessin Alexandra von Dänemark eine passende Braut wäre.

Die Königin setzte daher diese Pläne in die Wirklichkeit um.

Im September 1862 machte der Prinz von Wales seinen Heiratsantrag und wurde angenommen, nachdem er vorher die junge Prinzessin kennengelernt hatte und von ihr angetan war. Sie heirateten mit großem Pomp und ausgedehnten Feierlichkeiten am 5. März 1863 in der St.-George-Kapelle in Windsor. Die Königin weigerte sich, am öffentlichen Gottesdienst teilzunehmen und beobachtete die Vorgänge von der Loge der Katharina von Aragon aus, die hoch über dem Altar liegt. Sie weigerte sich sogar, beim Hochzeitsessen zu erscheinen. Vor diesem Ereignis fand bereits am 1. Juli 1862 die Heirat von Prinzessin Alice in einer Atmosphäre tiefster Betrübnis statt. Ihre Verlobung mit dem Prinzen Ludwig von Hessen war schon vor ihres Vaters Tod bekanntgegeben worden. Für die Königin war es »ein schrecklicher Augenblick«, und obgleich der Raum mit Pflanzen und Blumen geschmückt war, wurde die Feier ganz privat abgehalten. Die Gesellschaft war in tiefe Trauerkleidung gehüllt, und Victoria saß in ihrem Witwenkleid unter einer Büste des Prinzgemahls.

In den folgenden Jahren mühte sich die Königin, ihre kummerbeladene Abgeschiedenheit zu bewahren. Einen ersten Vorgeschmack gab sie mit ihrer Weigerung, einem Staatsrat in Person beizuwohnen. Statt dessen saß sie bei geöffneter Tür im Nachbarzimmer, wobei der Staatssekretär in den geeigneten Momenten »einverstanden« hinüberrief. Victoria begrub sich in Osborne und schrieb an Granville, es sei ihr einfach unmöglich, nach London zu fahren. »Des Rates und der Unterstützung durch den besten und klügsten aller Ratgeber beraubt«, wie sie nunmehr sei, erweise es sich als notwendig, daß er oder einer der Staatssekretäre jede Woche herüberkäme, um sie in Verbindung mit den öffentlichen Angelegenheiten zu halten. Sie bat auch Lord Russell in den Angelegenheiten der auswärtigen Politik um Hilfe und erklärte, man könne ohne eine Anleitung von ihr nicht er-

Zwei königliche Hochzeiten fanden bald nach Alberts Tode statt, und die Königin litt schwer unter beiden Feiern. Im Juli 1862 heiratete Prinzessin Alice den Prinzen Ludwig von Hessen-Darmstadt. Die Zeremonie fand in den Privatgemächern der Königin statt. Der Altar stand unter Winterhalters Familiengemälde (wiedergegeben auf S. 62/63), so daß Alberts Gegenwart gesichert war. Die Königin ist die vor dem Fenster sitzende Gestalt im Witwenkleid. Gemälde von G. H. Thomas.

warten, daß sie die umfänglichen Telegramme aus dem Ausland und die Entwürfe verstehe, die sie unterzeichnen solle. Ihre Verwirrung ist ein beredtes Zeugnis für die Kärrnerarbeit, die Albert für sie geleistet hatte.

Aber allmählich begann die Königin, die Fäden der auswärtigen Politik wieder selbst in die Hand zu nehmen, besonders wenn die Angelegenheiten ihre Familie zu betreffen schienen oder es sich um ein Legat von Albert handelte. Als erstes Problem erhob sich das Thronangebot durch Griechenland an ihren Sohn Alfred, den Albert zum Nachfolger seines kinderlosen Onkels in Coburg bestimmt hatte. Das Angebot wurde abgelehnt, und als der Herzog von Coburg versuchte, den Thron für sich selbst zu sichern, wurde er von Victoria ausmanövriert. Sie meinte, dieser Schachzug würde Alfred als sein Erbe in eine schwierige Position bringen. Durch die Behandlung der Angelegenheit zeigte Victoria, daß sie sich sehr wohl noch aus der Lethargie emporzureißen vermochte, sobald die Interessen ihrer Familie auf dem Spiel standen.

Die nächste Probe ergab sich mit dem Streit um Schleswig-Holstein, der wie erwartet mit dem Tod des kinderlosen Königs von Dänemark

Der Prinz von Wales heiratete im März 1863 in der St.-Georgs-Kapelle in Windsor die Prinzessin Alexandra von Dänemark. Die Königin bestand darauf, die Zeremonie vom Kabinett der Katharina von Aragon aus zu beobachten, und weigerte sich, am Hochzeitsessen teilzunehmen.

ausbrach. Die Sympathien der Königin lagen bei Preußen, und die Mehrheit im Kabinett pflichtete ihrem Entschluß bei, sich nicht auf der Seite Dänemarks in den Streit hineinziehen zu lassen, aber die öffentliche Meinung äußerte sich allgemein pro-dänisch. Die junge Prinzessin von Wales war verständlicherweise bestürzt, was vielleicht zur vorzeitigen Geburt ihres ersten Kindes führte. Da Kenntnis von der Haltung der Königin durchgesickert war, sah sich Lord Palmerston gezwungen, einen kurzen Hinweis auf die Verfassung zu geben: »Es dringt allmählich der Eindruck durch, daß Ihre Majestät persönliche Meinungen zu den Angelegenheiten von Dänemark und Deutschland geäußert haben.« Weiterhin erklärte er, es würde sich als höchst unglücklich erweisen, wenn der Schutz, der dem Souverän durch die Übereinkunft gewährt werde, daß die verantwortlichen Minister allein für die Politik verantwortlich sind, ausgehöhlt würde und wenn die Meinung und die Ansichten der Königin Gegenstand von Kritik und Angriffen würden. Victoria reagierte auf diesen Rat durch die Erklärung, Palmerston sei sehr unverschämt und müsse an Gicht leiden. Trotz der langen Betreuung durch den Prinzgemahl konnte sich Victoria nie ganz einer persönlichen Einbezogenheit enthalten. Stockmar hatte Albert ermahnt, »der Verfassungsgenius der Königin zu sein, da die Krone über den Parteien steht«. Sie versuchte es zwar, aber ihre Gefühle brachen immer wieder durch, und für gewöhnlich gab es wenig Zweifel, auf welcher Seite ihre Sympathien lagen. Wenn sie angegriffen wurde, wie es jetzt der Fall war, als Lord Ellenborough im Parlament das Wesentliche der genannten Vorwürfe wiederholte, verschanzte sich die Königin hinter ihrem Witwenstand, und sie klagte. »Ihre schwere Heimsuchung, ihre Vereinsamung ohne ihren geliebten Gatten, ihre schwache Gesundheit und ihre erschütterten Nerven« hätten zu dem »Ergebnis eines gebrochenen Herzens« geführt. Dies und »ihre beständigen, jedoch nicht unterstützten und nicht anerkannten Mühewaltungen für ihr Land« hätten »sie *gegen solche* unmännlichen und abscheulichen Anschuldigungen *schützen müssen*«.

Dies war die Verteidigungslinie, die sie unablässig gegen Versuche einnahm, sie zur Leistung öffentlicher Pflichten zu überreden, die das ganze Volk von seiner Königin erwartete. Zunächst war ihr viel Mitgefühl entgegengebracht worden und wurde ihr Bedürfnis nach Abgeschiedenheit geachtet, aber die meisten Leute meinten, ein Trauerjahr müßte diesem Bedürfnis genügt haben, und die Königin solle ihre gewohnte Rolle als Repräsentationsfigur des Staates wiederaufnehmen.

Im Dezember 1863 fingen die Zeitungen mit Hinweisen an, die Königin möge persönlich das Parlament eröffnen. Diese Zumutungen veranlaßten sie, sich hinter der medizinischen Meinung ihrer Ärzte Sir James Clark, Dr. Jenner und Dr. Watson zu verschanzen, die unter Druck erklärten, daß eine solche Anstrengung für die königliche Gesundheit schädlich sei.

Im Jahre 1864 erhob sich die Stimme des Volkes deutlicher, und am 1. April ging die *Times* mit der Veröffentlichung eines Artikels so weit, die Königin für ihre Unfähigkeit zu tadeln, eine öffentliche Rolle im Leben der Nation zu spielen. Victoria war so wütend, daß sie einen nicht unterschriebenen Brief absandte, dessen Verfasserschaft für nur wenige ein Geheimnis blieb. Der Brief behauptete, die Königin könne nicht mehr tun, als was sie derzeit tue. Trotz wachsendem Mißvergnügen dauerte die Zurückgezogenheit an, und ebenso die Sorge und kaum verhüllte Reizbarkeit ihrer Minister.

Es erstaunt nicht, daß Victoria beim Tode ihres Gatten einen Nervenzusammenbruch erlitten haben mußte. Es war ein Tod gewesen, auf den sie völlig unvorbereitet gewesen war. Ihr ganzes Leben lang war sie niemals gezwungen gewesen, so allein zu sein, wie sie es nach Alberts Tode gezwungen war. In ihrem frühen Kampf gegen Conroy hatte ihr stets eine völlig ergebene Person zur Seite gestanden – die

QUEEN HERMIONE.

Paulina (*Britannia*) unveils the statue.—"'Tis time! Descend; be stone no more!"
Winter's Tale, Act V., Scene 3.

*** Since the death of the Prince Consort, Queen Victoria had remained in almost absolute retirement. The cartoon breathes a loyal wish that her Majesty would again resume her public duties.

Die Öffentlichkeit reagierte mit großer Anteilnahme auf den Tod des Prinzgemahls, die meisten Leute aber meinten, sie solle nach einer angemessenen Trauerzeit ihre öffentlichen Pflichten wiederaufnehmen. Als sich Victoria weigerte, wurde diese Meinung auch öffentlich laut. Sie spiegelt sich in dieser Karikatur aus dem *Punch* wider. Die Königin wird hier mit der Hermione in Shakespears *Ein Wintermärchen* verglichen.

Lehzen. Der jungen Königin hatte Melbourne das ungeheure Gewicht der neuen Verantwortlichkeiten von den Schultern genommen, so daß ihr diese nur als vergnügliche Bürde erschienen waren. Nach seinem Rücktritt hatte sie sich auf Albert gestützt. Während Alberts letzter Krankheit, aber noch bevor sie deren tödlichen Charakter erkannt hatte, beklagte sie sich Leopold gegenüber: »Diese Bürde belastet mich in jeder Weise so sehr, denn ich habe meinen Führer, meine Unterstützung, mein alles auf *einige Zeit* ... verloren, da wir ihn nicht fragen oder ihm etwas berichten können.« Zu dem tiefen

Bewußtsein eines persönlichen Verlustes kam der auch nicht leichte Verlust der Gewohnheit der Verläßlichkeit.

Victoria war auf einen Schlag des Gatten beraubt worden, der ihr geholfen hatte, ihr lebhaftes und reizbares Temperament zu zügeln, zudem des Privatsekretärs, der Memoranden und Telegramme entworfen, mit ihr die einzunehmende Haltung besprochen und sie beraten und als Gefühlspuffer zwischen ihr und schwierigen Ministern gewirkt hatte. Der Gatte konnte nie ersetzt werden. »Nie, nie«, so schrieb sie ihrer Tochter Vicky, »werde ich in der Lage sein, das furchtbar trübselige, frostige, unnatürliche Leben einer Witwe zu ertragen.«

»Nie, nie werde ich in der Lage sein, das furchtbar trübselige, frostige, unnatürliche Leben einer Witwe zu ertragen.«

Man hätte ihr leichter gegen den Druck der öffentlichen Angelegenheiten helfen können. Viel von dieser Arbeit war ihr bereits früher, nach dem Nachlassen der ersten Begeisterung, unsympathisch gewesen, so daß sich Victoria nach Alberts Tod selbst antreiben mußte, sie zu tun. Als ihr der Onkel die Anregung gab, Arbeit würde ihr vielleicht Erleichterung verschaffen, antwortete sie scharf, das träfe vielleicht für gewöhnliche Arbeit zu, aber der zwangsläufige Kampf gegen beständige Sorge und unter Verantwortung bei gebrochenem Herzen sei etwas anderes.

Heute wären die Psychologen darin einer Meinung, daß Kummer und Streß nicht die besten Heilmittel für die Art nervösen Zusammenbruches wären, an dem die Königin litt. Zudem brauchte Victoria wirklich eine geschickte Sekretariatshilfe. Inoffiziell fungierten Sir Charles Phipps, der nach Ansons Tod dessen Platz eingenommen hatte, und General Grey, auch Mitglied des Hofstaates des Prinzen, als ihre Sekretäre, aber erst im Jahre 1867 wurde letzterer auch offiziell ernannt. Die Königin hatte daher genügend Grund, sich während der ersten Jahre ihres Witwenstandes überfordert zu fühlen.

Trotzdem scheint ein neurotisches Element in Victorias Dauerschmerz gewesen zu sein. Zum Beispiel als Vicky gestand, sie freue sich auf Berties bevorstehende Hochzeit, setzte ihr die Mutter einen Dämpfer mit den Worten auf, daß der Tag, den sie so lange erwartet hatten, für sie nun schlimmer als eine Beerdigung sei, und fragte ihre Tochter, wie sie überhaupt froh darüber sein könne, wo »sie bei jedem Schritt den gesegneten Hüter, den einen ruhigen Großen vermissen werde, der alle geführt hat?«

Das war die Reaktion der Königin auf jeden Druck, der sie zur Wiederaufnahme ihrer normalen Lebensweise bringen sollte, noch lange nachdem sich ihr körperlicher Zustand gebessert hatte und lange nachdem sie wieder die Fähigkeit bewiesen hatte, sich mit auswärtigen Angelegenheiten zu befassen und ministerielle Krisen zu behandeln, etwa als sich die Regierung mit so dornigen Fragen wie einem weiteren Schritt zur Parlamentsreform herumschlug. Damals hatte sich in ihrem Kopf die Überzeugung festgesetzt, daß man sie ohne ihren »geliebten Engel« nicht der schweren Prüfung eines Erscheinens in der Öffentlichkeit aussetzen dürfe. Im Jahre 1866 eröffnete die Königin unter dem öffentlichen Druck das Parlament, tadelte aber als Gefühllosigkeit den Wunsch der Öffentlichkeit, Zeuge »des Schauspiels einer armen Witwe mit gebrochenem Herzen« zu werden, die, »nervös und schreckhaft, in tiefe Trauerkleider gehüllt war. *Allein im Staat* als *Show-Objekt,* während sie früher von ihrem Gatten unterstützt zu gehen pflegte.« Doch Victoria in ihren Mittvierzigern war eine noch verhältnismäßig junge Frau, eine Tatsache, die bei ihrer Düsternis und ihren Witwenkleidern leicht übersehen wird.

Während dieser Jahre war es Victorias Haupttrost, im Mausoleum an Alberts Grab zu beten. In der Vergangenheit war ihre Religion eine ehrliche, unkomplizierte Annahme der Wahrheiten des protestantischen Glaubens gewesen. Sie stellte Gottes Macht nicht in Frage, auch wenn sie gelegentlich seine Verwendung dieser Macht etwas rätselhaft empfand. In ihren Kommentaren taucht fast der Hinweis auf, daß sie das eine oder andere besser eingerichtet hätte! Sie sagte einmal zu Leopold, sie habe nie die Kraft des Gebetes, die einen Menschen über die Welt des Kummers erhebt, erlebt, bis sie am Grabe ihres Gatten gebetet habe. Sie glaubte – wie viele ihrer Zeitgenossen, wenn auch nicht alle – an eine persönliche Auferstehung, und glaubte, daß sie mit ihrem Gatten in einem zukünftigen Leben wiedervereint sein werde. Sie besaß auch die feste Überzeugung, daß Albert selbst noch in diesem Leben ihr nahe sei und erkenne, was mit den Lieben geschah, die er zurückgelassen hatte.

Leopold ermutigte sie in diesem Glauben und schrieb seiner Nichte, daß ihr Albert einst, wenn sie auch weiterhin die Wünsche ihres Gatten erfülle, »im Augenblick der Wiedervereinigung sagen werde, wie *zufrieden er mit deinen treuen Bemühungen* war«. Der Gedanke scheint beiden nicht gekommen zu sein, daß Albert sicher lieber vom Himmel auf seine Ehefrau herabgeblickt hätte, wie sie ein aktives und glückliches Leben führte, statt den Nerven nachzugeben, die so oft in seinem Leben ein Grund für Kummer für ihn gewesen waren.

Als Victoria schließlich gegen ihren Willen wieder ein Interesse am Leben zu nehmen begann, fühlte sie sich so gewissensbeladen, daß sie der Dekan Wellesley beruhigen mußte und ihr erklärte, eine trauervolle Resignation sei besser als die wilde Hingabe an den Schmerz. Viel später sollte auch noch die »trauervolle Resignation« Victorias natürlichem Lebensgeist weichen, aber die Zeit war noch nicht gekommen. Sie hatte noch viele Jahre der Gesundung ihrer Gefühlswelt hinter sich zu bringen.

1865-1879

Nachlassen des Kummers

In den Jahren zwischen 1865 und 1871 gelangte Victoria allmählich zu einer Hinnahme ihres Witwenstandes. Langsam übernahm sie wieder die Pflichten, die ihr als Königin zukamen. Einerseits focht sie weiterhin ein Rückzugsgefecht zur Verteidigung ihrer Abgeschiedenheit: Im Februar 1866 machte sie Earl Russell noch immer ihre Pflicht zur Erhaltung ihrer Gesundheit »und sehr erschütterter Nerven« angesichts einer weiteren Verschlimmerung klar (jeden Tag waren sie erschütterter). Andererseits wurde ihr Leben erträglicher, wenn sie es auch nicht gern zugab.

Alte Stützen schwanden dahin, das ist wahr, aber neue traten hinzu. Einige gewohnte Gestalten waren hinweggegangen. Baron Stockmar starb im Jahre 1863, ihr Onkel Leopold im Jahre 1865. Das Band zwischen Leopold und Victoria war wie das von Vater und Tochter gewesen. Als Albert gestorben war, hatte Victoria ihre Briefe an Leopold unterschrieben »Stets Dein unglückliches, aber treues Kind«.

Jetzt, wo Albert, Stockmar und Leopold aus ihrem Leben geschieden waren, stand Victoria wirklich allein, Matriarchin ihrer Familie und Souverän ihres Landes. Zwar glaubte sie noch immer, den Plänen und Gedanken ihres »geliebten Engels« zu folgen, doch zwangen sie die Umstände, jetzt ihren eigenen Weg zu gehen. Freilich verheimlichte sie diese Tatsache vor sich selber durch dürftige Beziehung auf das, was er vielleicht getan hätte. In politischer Hinsicht gewann die Königin schnell ihr Selbstbewußtsein zurück.

Wenn sie sich sicher fühlen wollte, so daß sich ihre angespannten Nerven erholen konnten, war es für sie eine Notwendigkeit, daß jemand in ihrem Leben stand, auf dessen ausschließliche Treue sie sich verlassen konnte. Dieses Bedürfnis wurde nunmehr von zwei Männern erfüllt, nämlich ihrem Diener John Brown und ihrem Premierminister Disraëli. Victoria kannte Disraëli schon lange, aber ihre Gefühle gegen den vorwitzigen jungen Politiker waren in der ersten Zeit ihrer Ehe keineswegs freundlich gewesen. Kurz, die Königin hatte den jungen Mr. Disraëli deshalb nicht akzeptiert, weil er in Opposition zu Peel stand. John Brown seinerseits war mit ihren glücklichen Ferientagen im Hochland verbunden, als er königlicher Jagdbursche gewesen war. Brown konnte ausgezeichnet mit Pferden umgehen und hatte die Königin vor mehreren Unfällen bewahrt, so daß sie gern seine gelegentlichen Schwächeanfälle übersah, wenn sich der Whisky als zu große Versuchung erwies. Im Motorzeitalter vergißt man zu leicht, daß der Pferdetransport gleichfalls unfallträchtig war, auch wenn die Folgen sich nur selten als tödlich erwiesen. Doch auch der Herzog von Orléans war umgekommen, als er beim Aufbäumen seiner Pferde vom Wagen sprang!

Vorhergehende Seiten:
Königin Victoria zu Pferde mit ihrem Diener John Brown auf dem Grundstück von Osborne House. Nachdem Landseer das Gemälde fertiggestellt hatte, stellte er es auf der Sommerausstellung der Königlichen Akademie aus und verursachte hierdurch großes Aufsehen, denn die Beziehung zwischen der Königin und ihrem Diener wurde als Skandal angesehen.

Als die Königin nach Alberts Tod nach Deutschland fuhr, kam Brown mit, um ihren Pony-Wagen zu versorgen. Aber erst im Winter 1864 kamen Dr. Jenner und Sir Charles Phipps auf die Idee, Brown nach Windsor zu bringen, in der Hoffnung, er werde Victoria zur Wiederaufnahme ihrer regelmäßigen Ausritte ermutigen können. Seine Ankunft bewirkte tatsächlich eine Veränderung im Gefühlsleben der Königin. Sie hatte Brown zuerst in Balmoral kennengelernt, wo die Zeichen des Königtums auf ein Minimum beschränkt waren und die Königin wie jede andere schottische Edelfrau zu Pferde gestiegen war, wo sie gezeichnet und vertrauten Umgang mit den Kleinpächtern und ihren Ehefrauen gepflogen hatte. Sie war in die Dorfkirche gegangen und hatte ihr Geld in den Klingelbeutel geworfen wie jedes andere Gemeindemitglied auch.

John Brown, der Diener aus dem Hochland, der den Schmerz der verwitweten Königin lindern half. Nach einer Büste von Sir Edgar Boehm, 1869.

Persönliche Hochlanddiener hatten niemals daran geglaubt, daß Treue auch Servilität enthalte. Sie waren es gewohnt, ihren Gedanken direkten Ausdruck zu verleihen, und John Brown machte da keine Ausnahme. In seinen Augen war Victoria eine Frau und nicht eine Königin, und er behandelte sie entsprechend. Ihre englischen Untertanen zeigten sich schockiert, als er sie als »Frau« ansprach, aber für Victoria vermittelte seine brüske Art, ihr Sicherheit und Bequemlichkeit zu gewährleisten, Beruhigung und das Gefühl, umhegt zu sein. Endlich hatte sie jemanden, bei dem sie sich natürlich geben konnte, und was vielleicht noch wichtiger war, jemanden auf dessen Treue sie den ersten Anspruch hatte. Überdies brauchte sie John Brown nicht mit ihren Kindern und der Nation zu teilen. Er war ausschließlich nur für sie da.

Victoria tat stets alles mit ganzem Herzen. Wenn sie einmal ihre Zuneigung und ihr Vertrauen schenkte, tat sie es ohne Einschränkung. Stets weigerte sie sich, auf die leiseste Kritik an dem Betroffenen zu hören. So war es auch mit John Brown der Fall, der eine immer größere Rolle im Leben der Königin spielen sollte. Zuerst war er nur der Hochlanddiener der Königin gewesen. Von Anfang an nahm er nur ihre Befehle entgegen, weshalb er in ihr Zimmer kam. Er begleitete sie bei allen Gelegenheiten und saß auf dem Rücksitz ihrer Kutsche. In wachsendem Maße sahen sich die Mitglieder des königlichen Hofstaates gezwungen, über Brown mit der Königin Verbindung zu halten. Die Hofleute und die Kinder der Königin begannen sich über die Art zu ärgern, in der er die Position eines persönlichen Freundes und Vertrauten einnahm. Der Prinz von Wales war ihm von Herzen gram, Prinz Alfred verwickelte sich in einen langen Streit mit ihm, während zwischen Brown und dem übrigen Hofstaat eine ständige Kampfstimmung herrschte. Hätte die Königin ihren vollen Anteil an den zeremoniellen Pflichten ihres Amtes genommen, wäre Brown vielleicht nur Gegenstand des Hofklatsches geblieben, aber in Verbindung mit ihren ständigen Rückzügen nach Balmoral oder, während der Parlamentssitzungsperiode, nach Osborne, machte sich öffentliche Unzufriedenheit über ihre Beziehung Luft, die die Boulevardpresse zu einem Skandal aufbauschte. Genauso wie Victoria einst den Spitznamen »Mrs. Melbourne« erhalten hatte, so sprach das Volk jetzt von »Mrs. Brown«. Es gab sogar Gerüchte von einer geheimen Hochzeit, während einige Leute behaupteten, John Brown genieße die Privilegien des Prinzgemahls ohne eine derartige Feierlichkeit. Ihre Familie und ihre Minister beunruhigten sich immer mehr über die steigende Flut der Kritik, die die Monarchie zu unterminieren drohte. Victoria weigerte sich, wegen Brown oder der Seltenheit ihres Erscheinens in der Öffentlichkeit dieser Kritik ihr Ohr zu leihen.

Während der ersten Regierungszeit Disraëlis hatte sie begonnen, aus ihrer fast ununterbrochenen Abgeschiedenheit bis zu dem Grade herauszukommen, daß sie im Jahre 1867 persönlich das Parlament eröffnete und 1868 den Grundstein für Florence Nightingales neues Krankenhaus St. Thomas legte. Sie hatte jedoch im Jahre 1870 Gladstones Bitte abgelehnt, das Parlament zu eröffnen. Im Jahre 1871 erschien sie in der Öffentlichkeit aus Anlaß der Einweihung der Albert Hall und der Blackfriars Bridge. Sie war der Meinung, daß diese Prüfungen für eine Frau in ihrem Gesundheitszustand genug seien. Gegen allen Augenschein weigerte sie sich zu glauben, daß sich ihre Gesundheit wesentlich gebessert habe.

Alle Hinweise, sie möge sich der Dienste John Browns enthalten oder sie in weniger deutlicher Weise annehmen, wies sie mit Verachtung von sich. Er war für ihre Bequemlichkeit und ihre Sicherheit notwendig. Selbst wenn das nicht so gewesen wäre, würde ihre besondere Eigenschaft hartnäckiger Treue sie bis ans Ende an seiner Seite gehalten haben. In Kürze würde sie wieder in der Öffentlichkeit erscheinen, sobald sie sich dazu in der Lage fühlte, und Brown würde bleiben. Ihre Familie und ihre Minister zogen sich gleichermaßen besiegt zurück.

Das Ergebnis war, daß die Krone jetzt so unbeliebt war wie zu der Zeit, als König George IV. versuchte, sich von Königin Caroline scheiden zu lassen. Selbst auf der Höhe ihrer früheren Popularität hatte es Attentate auf das Leben der Königin gegeben. Nur zwei davon hatten schwache politische Motive, die anderen waren Handlungen von gleichgewichtsgestörten Personen, die es versäumt hatten, ihre Pistolen richtig zu laden oder die mehr drohen als töten wollten.

Das erste Attentat fand im Juni 1840 statt. Im Jahre 1842 gab es zwei derartige Versuche, einen weiteren im Jahre 1849, während im folgenden Jahr ein verwirrter Leutnant der 10. Husaren mit Namen Pate

THE OUTRAGE.

Einer der Attentatsversuche in den vierziger Jahren. Dieses Attentat wurde von John Hamilton, einem arbeitslosen irischen Arbeiter, verübt.

der Königin mit einem Stock heftig über den Kopf schlug. Als sie an jenem Abend in der Königlichen Oper erschien, erhob sich der Saal und brachte ihr für ihren Mut und als Zeichen der Erleichterung über ihr Entkommen fünf Minuten lang Ovationen entgegen. Aber im Jahre 1871 war die Milch der Begeisterung sauer geworden. Die meisten Leute hatten keine Ahnung von den Stunden, die die Königin mit den öffentlichen Angelegenheiten zubrachte. Die Bürger wünschten einen sichtbaren Beweis dafür, daß sie Werte für das Geld in Höhe von 385 000 Pfund auf der Zivilliste bekamen. Als das Parlament anläßlich des 21. Geburtstages von Prinz Arthur um Genehmigung einer jährlichen Zuwendung gebeten wurde, erhob sich verärgerte Kritik. Im September erschien ein Pamphlet mit dem Titel *Was tut sie damit?* und allenthalben las man in der Arbeiterpresse versteckte Andeutungen von privater Verschwendung und öffentlichem

Geiz. Die Beschuldigungen waren ungerecht und unfair. Das königliche Einkommen reichte weiter, weil die königlichen Einrichtungen infolge der Verwaltungsmaßnahmen des Prinzgemahls sparsam bewirtschaftet wurden. In diesem Zusammenhang ist es bemerkenswert, daß sowohl Osborne wie Balmoral von diesen Ersparnissen gekauft worden waren. Solche Dinge waren entweder unbekannt oder man wollte sie nicht wissen.

Eine Form der öffentlichen Unzufriedenheit war die Forderung, daß die Königin, wenn sie wirklich zu krank wäre, um ihren öffentlichen Verpflichtungen nachzukommen, zugunsten des Prinzen von Wales abdanken solle, der mit seiner hübschen Frau überall hinging und entsprechend beliebt war. Einige Extremisten gingen sogar noch weiter und forderten die Abschaffung der Monarchie überhaupt. Im Jahre 1870 hatte es im Hyde Park eine ziemlich unbedeutende Versammlung von Republikanern gegeben, die niemand ernst genommen hatte.

Anders verhielt es sich mit dem radikalen Parlamentsmitglied Sir Charles Dilke, der in einer öffentlichen Vorlesung in Newcastle in November 1871 die Königin anklagte, sie vernachlässige ihre Pflicht und habe enorme Ersparnisse beiseitegebracht. Er sprach sich für eine Republik aus. Victoria, die zu dieser Zeit während des Sommers in Balmoral wirklich krank gewesen war, fühlte sich durch den Angriff verletzt und betrübt. Sie ärgerte sich auch darüber, daß Gladstone die Beschuldigungen gegen sie nicht mit mehr Kraft zurückgewiesen hatte. Seine Verteidigung klingt interessant. Er erwiderte, daß Dilke die Grenze überschritten und dadurch die öffentliche Meinung gegen sich aufgebracht habe. Es wäre das klügste, die ganze Sache dadurch zu dämpfen, daß man das Feuer des Streites nicht schüre. Im Hinblick auf Dilkes Angriff auf die königlichen Finanzen führte Gladstone weiter aus, wenn man ihm im vollen Umfang entgegentrete, würde es die Diskussion über Dinge in Gang bringen, die er »im gegenwärtigen Zustand der öffentlichen Meinung« für unklug halte. Im Herbst 1871 war die Beliebtheit der Königin auf den Nullpunkt gesunken. Es folgte ein plötzlicher schneller Aufschwung von Sympathie, welche die Unterstützung, die Dilke genossen hatte, völlig vernichtete. Am 22. November hatte man der Königin, die sich in Balmoral befand, berichtet, der Prinz von Wales habe einen leichten Typhusanfall durchgemacht. Sofort sandte sie Sir William Jenner nach Sandringham, wo der Prinz wohnte, und sie selbst kehrte nach Windsor zurück. Am 27. November erhielt sie eine weniger beruhigende Nachricht, und zwei Tage später begab sie sich selbst nach Sandringham, wo sie ihren Sohn viel besser vorfand, als sie befürchtet hatte. Sie kehrte daher am 1. Dezember nach Windsor zurück. Unglücklicherweise verschlimmerte sich danach der Zustand des Patienten, und die Königin eilte mit ihrer Tochter Louise wieder nach Norfolk. Ein paar Tage sah die Situation bedrohlich aus, und sowohl Leopold wie Beatrice wurden herbeigerufen. Dann kam eine quälende Wartezeit, als der Todestag von Prinz Albert, der an der gleichen Krankheit gestorben war, näherrückte. Victoria scheint davon überzeugt gewesen zu sein, daß sie ihren Sohn ebenso verlieren würde wir ihren Gatten.

Einer der traurigsten Punkte in ihrer frühen Witwenzeit betraf ihr Unvermögen, sich um Hilfe und Trost an ihren ältesten Sohn wenden zu können, denn sie gab ihm die Schuld an ihrer Lage. Durch seinen unmoralischen Seitensprung hatte er das Herz ihres Engels gebrochen und war die Ursache dafür gewesen, daß Albert nach Cambridge gereist war, während er schon unter den ersten Anzeichen von Typhus litt. Eine Zeitlang konnte sie kaum den Anblick von Bertie ertragen, obwohl der arme junge Mann nur zu sehr darauf bedacht war, seiner Mutter zu helfen und sie zu trösten, wo er nur konnte. Mit der Zeit hatten es ihr die mütterlichen Instinkte ermöglicht, seine Schuld auf das lockere Leben der modischen Welt, die ihn umgab, zu schieben. Sie hegte jedoch noch immer die Furcht, die schon seinen Vater gepeinigt hatte, Bertie habe trotz der Sorgfalt, mit der sie seine Erziehung geplant und überwacht hatten, nicht die Eigenschaften harter Arbeit und der Hingabe entwickelt, die sie so hoch einschätzten. Sie anerkannte wohl, daß er ein liebevoller, pflichtbewußter und gutherziger Sohn war, hielt ihn aber weiterhin für zu unbesonnen und unerfahren, um ihre Verantwortung als Königin zu teilen.

Als der Prinz zum Beispiel im Jahre 1864 darum bat, man möge ihm Einblick in die auswärtigen Nachrichten gewähren, gestattete ihm seine Mutter lediglich die Vorlage von Zusammenfassungen der interessanteren Dinge. Außerdem sollten ihm nur solche Informationen über die allgemeine Politik der Regierung gegeben werden, die die Königin für wünschenswert hielt. Wiederum wollte die Königin keine Opposition gegen ihre Ansichten riskieren. Sie hielt es für klüger, daß der Prinz keinen unbegrenzten Zugang zu den entscheidenden Dingen erhielt.

»Das Land und wir alle möchten dich ein wenig seßhafter sehen.«

Noch auf andere Weise durchkreuzte die Mutter die Chancen ihres Sohnes für eine bedeutendere Rolle im öffentlichen Leben. Als Disraëli darauf drang, daß der Prinz in Irland einen Dauerwohnsitz erhalte, widersetzte sich Victoria. Als er an der Hochzeit seiner Schwägerin in Rußland teilnehmen wollte, beschuldigte sie ihn, »er bleibe so wenig ruhig zu Hause und laufe ständig herum«. Blieb er jedoch zu Hause, gab ihm die Königin keine Verantwortung und keine Ausbildung für seine zukünftige Position als König. Selbst dann, wenn ihm

Max Beerbohms Satire auf die unbehagliche Beziehung der Königin zu ihrem ältesten Sohn und Erben. Diese Karikatur trägt den Untertitel »Die seltenen, ziemlich schrecklichen Besuche von Albert Edward, Prince of Wales, im Schloß Windsor« und stammt aus Beerbohms *Things old and New.*

die Königin gestattete, bei einer Amtseinführung neben ihr Platz zu nehmen, erinnerte sich Victoria mit Bitterkeit daran, daß er auf dem Platz seines Vaters saß. Ganz unvermeidlich wurde der Prinz so ins Vergnügungsleben zurückgetrieben. Statt dankbar dafür zu sein, daß ihr Sohn bis zu einem gewissen Grade die Folgen ihrer eigenen Zurückgezogenheit milderte, indem er sich viel in der Öffentlichkeit sehen ließ, versuchte die Königin auch weiterhin, selbst diese Aktivitäten zu überwachen. Sie hatte kein Verständnis für die Vorliebe des Prinzen für Rennen. Vor dem Ascot-Rennen im Juni 1870 schrieb ihm Victoria, er möge seine Anwesenheit auf die beiden großen Tage, den Dienstag und Donnerstag, beschränken, statt an allen vier Renntagen teilzunehmen. Weil überdies jedes Beispiel, das er gebe, von Bedeutung sei, solle er nicht jedes Jahr den Sport durch seine Anwesenheit fördern. In seinem eigenen Interesse, so führte Victoria aus, solle Bertie nur gute, charakterfeste und verdiente Leute um sich versammeln.

In diesem Falle brachte ihr pflichtbewußter Sohn eine sanfte Entgegnung hervor, indem er darauf hinwies, daß der Rennsport immerhin der Nationalsport der Engländer sei, auch wenn es in der Rennwelt vieles gebe, was auch er mißbillige. Es lägen mehr Chancen darin, die Normen dieses Sports zu verbessern, wenn er an den wichtigen Veranstaltungen teilnehme, als wenn er fernbliebe. Er fügte einen ruhigen Tadel hinzu: »Ich bin jetzt über 28 und verfüge über eine beträchtliche Kenntnis der Welt und der Gesellschaft. Du wirst sicher, wenigstens vertraue ich darauf, Dinge dieser Art meinem eigenen Ermessen überlassen.«

Victoria hatte ein grundsätzliches und nicht ganz unbegründetes Mißtrauen in die modisch bestimmte Umgebung, in der sich der Prinz bewegte. In den unmittelbaren Hofkreisen bestand sie auf vollkommener Einhaltung der strengen Moralbegriffe des Prinzgemahls und hielt es für ihre Pflicht, zu verhindern, daß der Adelsstand an jemand verliehen würde, dessen moralischer Charakter in Frage gestellt war, so groß seine Fähigkeiten oder Dienste sonst auch sein mochten. Manchmal hielten ihre Minister diese moralische Einstufung für unpassend.

Außerhalb des Hofes wandelten sich die Normen. In der Vergangenheit war die Geburt die Einlaßkarte zur Aufnahme in die Gesellschaft gewesen, wobei der Besitz zweitrangig war. Jetzt hatten sich diese Attribute umgekehrt. Besitz war immer schon wichtig gewesen, aber es hatte zwei, manchmal drei Generationen gedauert, bis eine Familie ihre Position hatte sichern können. Jetzt wurden die Neureichen immer mehr anerkannt, und damit wurde auch der neuerworbene Wohlstand bis zu einem gewissen Grade in aller Öffentlichkeit forsch zur Schau getragen.

Die Lockerheit der Gesellschaftskreise, in denen der Thronerbe verkehrte, wurde in dramatischer Weise demonstriert, als eines ihrer Mitglieder, Sir Charles Mordaunt, die Scheidungsklage gegen seine Frau erhob und hierzu den Prinzen von Wales *vorladen* ließ. Edwards Briefe an Lady Mordaunt wurden vor Gericht verlesen. Sie waren wirklich ganz harmlos, wohingegen Lady Mordaunt deutlich geistig zerrüttet war. Die Tatsache allein, daß der Prinz von Wales in einem Scheidungsgericht als Zeuge aufgerufen wurde, zeigte für sich schon, wie sehr sich die Zeiten geändert hatten. Die Königin glaubte zwar, ihr Sohn sei in diesem Fall frei von jedem Fehlverhalten, es traf sie je-

doch tief, daß er sich mit Leuten abgab, deren Lebensführung zur Kritik Anlaß gab. Es war deutlich, daß Mutter und Sohn das Leben aus ganz verschiedenem Blickwinkel betrachteten.
Als Edward offensichtlich zu Tode darniederlag, war all dies vergessen. Victoria schrieb: »Eine große Sorge scheint alles andere zu überschatten.« Seine Krankheit hatte das ganze Land wie ein Schock getroffen. Das Königtum trug noch immer die Aura des Romantischen und des Zaubers in einer Welt, in der es wenige Gegenattraktionen gab. Als der Prinz sich in einer Weise erholte, die fast wie ein Wunder erschien, besuchten er und die Königin am 27. Februar 1872 einen großen Dankgottesdienst in der St.-Pauls-Kathedrale. Als sie in Temple Bar die Innenstadt betraten, empfing sie ein donnerndes Willkommen, das die Versöhnung zwischen einem frustrierten Volk und einer zurückgezogenen Königin verdeutlichte. Als die Königin zwei Tage später bei der Ausfahrt mit einer Pistole bedroht wurde – die sich dann als ungeladen herausstellte – war die Versöhnung besiegelt. Republikanismus und Kritik ließen nach. Sir Charles Dilke machte nur noch eine einsame Figur, die in einem feindseligen Unterhaus nach Anerkennung rief. Erneut sollte die Königin ihre Rolle im Leben der Nation spielen. Von 1874 an wurde dies auch durch ihre Übereinstimmung mit ihrem Premierminister Benjamin Disraëli in dessen zweiter Amtsperiode erleichtert.
Mit dem Tode von Lord Palmerston trat die britische Politik in eine neue Phase ein. Die älteren Kombinationen im Kampf um die politische Macht verhärteten sich nunmehr zu zwei wohlorganisierten Parteien. Damit wurde der Höhepunkt einer Entwicklung erreicht, die sich seit dem Reformgesetz von 1832 angebahnt hatte. Infolge der Zunahme der städtischen Wähler war es notwendig geworden, die Wählerlisten, in denen diese neuen Wähler registriert waren, zu organisieren. Russell und Palmerston waren beide Whigs der alten Schule gewesen. Sie wollten sich mit den bürgerlichen Schichten verbünden, um die Führerschaft der Aristokraten zu sichern und den Besitz gegen die besitzlosen Klassen zu schützen. Sie glaubten an eine verfassungsmäßige, aber nicht unbedingt demokratische Regierung. Lord Palmerston schienen die häufigen revolutionären Bewegungen in Europa zu ermutigen, weil sie sich gegen autokratische Herrscher richteten, und nicht etwa, weil er vornehmlich Demokrat war. Inzwischen hatte Sir Robert Peel allmählich die Grundlagen für die neue Konservative Partei gelegt, welche die alte Tory-Partei ersetzen sollte, die sich hauptsächlich aus Landedelleuten zusammengesetzt hatte. Anders als die Whigs schaute Peel eher vorwärts als rückwärts, legte jedoch auch, anders als die Radikalen, größeren Wert auf eine Verwaltungsreform als auf weitere Abschnitte einer Parlamentsre-

form. Er glaubte, die Verwaltungsreform sei das beste Mittel, um den Notwendigkeiten in einer sich wandelnden Gesellschaft in einer sich verändernden Welt zu begegnen. Während der Jahre 1842 bis 1846 zeichnete seine Regierung für viele Gesetze mit dieser Zielsetzung verantwortlich. Hierzu gehörten eine Reihe von Gesetzen zur Sicherung des Freihandels, eine umfängliche Reorganisation der Bank von England, ein bedeutendes Fabrikgesetz, ein Gesetz zur Festigung des Eisenbahnnetzes und schließlich die Aufhebung der Getreidegesetze. Letzteres Gesetz spaltete die Partei, was in den nächsten

PUNCH, OR THE LONDON CHARIVARI.—MAY 25, 1867.

THE DERBY, 1867. DIZZY WINS WITH "REFORM BILL."

MR. PUNCH. "DON'T BE TOO SURE; WAIT TILL HE'S *WEIGHED*."

Im Jahre 1866 hegte Lord Russell die Hoffnung, einen weiteren Schritt in der Parlamentsreform tun zu können, wurde jedoch von seiner eigenen Partei nicht genügend unterstützt. Disraëli, der im Jahre 1866 zusammen mit Lord Derby an die Macht gelangt war, beschloß, »einen Sprung ins Dunkel« zu wagen, und setzte das zweite Reformgesetz durch.

zwanzig Jahren bedeutende Folgen hatte. Die Peeliten, einschließlich Gladstone, tendierten zu einer Zusammenarbeit mit den Whigs, was die Konservativen unter Lord Derby und seinem Gefolgsmann Disraëli zu schwach machte, als daß sie gegenüber der Regierung von Aberdeen, Russell und Palmerston eine starke alternative Regierung hätten bilden können.

Nach Lord Palmerstons Tode war die Position Lord Russells, der gern einen weiteren Schritt zur Parlamentsreform tun wollte, weiter geschwächt, weil sich ein Flügel seiner Anhänger einem solchen Schritt heftig widersetzte. Zögernd wandte sich die Königin, die persönlich nicht gegen eine weitere Parlamentsreform eingestellt war, wohl aber keine Regierungskrisen mochte, an Lord Derby. Dieser bildete im Jahre 1866 eine Regierung mit Disraëli als seinem Schatzkanzler.

Im Jahre 1868 zwang Krankheit Derby zum Rücktritt, und Disraëli wurde Premierminister. Endlich hatte Victoria einen Regierungschef, mit dem sie enge persönliche Beziehungen knüpfen konnte, die so wichtig für sie waren. Diese Bindung gab ihr, abgesehen vom glatten Verlauf der öffentlichen Angelegenheiten, das Gefühl, als Frau ebenso wie als Königin umhegt und bewundert zu werden. Schon Disraëlis erster Brief an die Herrscherin schlug diese neue Note an. Er könne, so schrieb er, nur seine Ergebenheit anbieten und hoffen, die Königin würde »sich herablassen, von ihm nicht die Wohltat der Führung in den großen Staatsangelegenheiten durch Ihre Majestät fernzuhalten«. Das war ein hocherfreulicher Wandel nach jenen »furchtbaren alten Männern« Russell und Palmerston. Wieder einmal fühlte sich Victoria anerkannt. Leider dauerte dieses glückliche Zwischenspiel nur allzu kurz. Trotz der Annahme des Reformgesetzes von 1867, das die städtischen Arbeiter allgemein wahlberechtigt machte, erlitten die Konservativen bei der allgemeinen Wahl im November

Links: William Ewart Gladstone, der große liberale Premierminister, mit dem sich Victoria nur schlecht verstand. Foto aus dem Jahre 1860.

Rechts: Benjamin Disraëli, Earl of Beaconsfield und konservativer Premierminister. Seine Beziehungen zur Königin, der er den Spitznamen »die Fee« verlieh, waren sehr eng und voller Sympathie, und er füllte nunmehr die Rolle aus, die vor vielen Jahren Lord Melbourne gespielt hatte. Porträt von John Millais.

eine Niederlage. Die Königin war gezwungen, Mr. Gladstone zu sich zu bitten. Gleichzeitig erzeigte sie Mr. Disraëli ihre Gunst, indem sie seine Frau, die überspannte kleine Mary-Anne, zur Viscountess Beaconsfield ernannte.
Victoria war es stets schwergefallen, Gladstones Gewissenskniffe zu verstehen, während er seinerseits wenig von Disraëlis sympathischem und intuitivem Geschick des Umgangs mit ihr besaß. Statt der Königin eine Situation oder ein Problem klar zu erläutern, verwirrte er sie durch lange Reden voller Klammern und Andeutungen, die sie ermüdeten, statt sie zu erleuchten. Victoria anerkannte zwar seine »Güte«, eine Eigenschaft, die ihn ihr hätte empfehlen sollen, sein unverständliches Gebaren legte ihr aber oft den Gedanken nahe, er sei verrückt oder ein Schwindler. Das war keine gute Grundlage für eine wirkungsvolle Partnerschaft.
Trotzdem verlief Gladstones erste Amtsperiode, die von 1868 bis 1874 dauerte – im Vergleich mit seinen späteren Regierungen – noch verhältnismäßig glatt. Die Königin mochte zwar nicht sein Gesetz zur Trennung der Irischen Kirche vom Staat, nahm es aber an, indem sie schlauerweise argumentierte, das Gesetz werde wenig zur Lösung des in wachsendem Maße schwierigen irischen Problems beitragen. Offiziell verdeutlichte sie ihren Standpunkt durch ihre Weigerung, das Parlament persönlich zu eröffnen und hierdurch ihr stillschweigendes Einverständnis zu Gladstones Maßnahmen zu geben. Ihr Gesundheitszustand diente ihr als Entschuldigung.
Die Hauptstreitigkeiten zwischen der Königin und ihrem Premierminister ergaben sich aus seinen Versuchen, Victoria aus ihrer Zurückgezogenheit herauszulocken, obwohl ihre Vorwände wegen Krankheit wirklich einmal echt waren. Fast den ganzen Sommer 1871 war sie schrecklich krank, und von dem Augenblick an, in dem Gladstone sich davon überzeugt hatte, war er nur noch Sympathie und Besorgtheit. Trotzdem war die Königin erleichtert, als sie ihn im Jahre 1874 durch Disraëli ersetzen konnte.
Sechs Jahre lang hatte Victoria nunmehr einen Premierminister, mit dem sie freundschaftlich zusammenarbeiten konnte, einen Minister, der ihr das Gefühl gab, sie sei wichtig, und in dessen Gesellschaft sie sich gehenlassen konnte. Es war fast wie in den alten Tagen mit Lord Melbourne, als die Besuche des Regierungschefs ein Vergnügen gewesen waren und das Geschäftliche durch Plaudern und gefällige Konversation erleichtert worden war. Man hat viel über die romantischen Passagen zwischen ihnen geredet, über eine mollige Witwe in den Fünfzigern und den ältlichen Exzentriker, der sie »die Fee« nannte. Zweifellos wollte ihr Disraëli schmeicheln, und er betrachtete sie mit einer gewissen ironischen Amüsiertheit, doch schwang in

seinen erfindungsreichen Komplimenten neben der Schmeichelei auch Zuneigung mit. Es war angenehm, einen Premierminister zu haben, der beim Handkuß murmelte: »Ich verpfände mein Wort der freundlichsten aller Herrinnen.« Victoria mochte das. Trotzdem: Wenn derartige Redensarten auch bloße Schmeichelei gewesen waren, so war sie doch schlau genug, dahinter die Wirklichkeit zu spüren. Sie gab Zuneigung, weil sie welche empfing. Disraëli liebte die Gegenwart von Frauen – der Tod seiner Frau während der Zeit seiner Opposition im Parlament hatte ihn als einsamen alten Mann zurückgelassen. Zwar fand er die »Fee« anstrengend, doch war es nicht nur Ehrgeiz, der ihn zu ihrem Diener machte. Sie ihrerseits hat seine Treue und seine Zuneigung benutzt, um zu bekommen, was sie von keinem anderen Premierminister hätte bekommen können.

Nach Disraëlis Tod sagte die Königin zu Granville, er sei »einer der freundlichsten, wahrhaftigsten und besten Freunde und einer der klügsten Ratgeber gewesen, die sie je hatte«. Sie hatte das Gefühl zurückgewonnen, daß sie jetzt eine angemessene Kontrolle über die Politik ausüben konnte, weil er sorgfältig ihr Recht bestätigte, über die öffentlichen Angelegenheiten umfassend informiert zu werden, und daß ihr Rat wichtig sei. Diese Voraussetzungen machten Disraëli das Leben nicht immer leicht.

Ein Gesprächsstoff, der die Königin stark beschäftigte, war der wachsende Ritualismus in der Staatskirche. Die Religion wurde im viktorianischen England ernstgenommen. Während Victorias Herrschaft standen theologische Lehrstreitigkeiten fast ständig hoch in Blüte, und besonders solche, die sich mit dem Traktarianismus (Oxford-Bewegung) befaßten, der seinerseits wiederum eine Reaktion gegen den früheren Evangelikanismus des späten 18. und frühen 19. Jahrhunderts war. Victoria selbst war eine überzeugte Protestantin mit unkomplizierten Ansichten über die Theologie und einer neutralen Haltung ihr gegenüber. Einmal sagte sie zu Disraëli, die extreme Hochkirchenpartei füge der Staatskirche nach ihrer Meinung ebensoviel Schaden zu wie die Evangelikalen. Sie nahm ihre Pflichten als Oberster Kirchenherr ernst. Sorgfältig kümmerte sie sich um die Ernennung kirchlicher Würdenträger. Wo sie konnte, übte sie Einfluß auf die Ernennung von Männern breiter liberaler Gesinnung aus.

Victoria zeigte überraschend viel Sympathie für die irischen Katholiken, und zwar aus dem Grunde, daß diese, wie ihr Albert erklärt hatte, als Bevölkerungsmehrheit in Irland kaum als »Dissenters« (Andersdenkende) bezeichnet werden könnten. Andererseits hegte sie großes Mißtrauen gegen römisch-katholische Konvertiten und gegen die päpstlichen Forderungen zur Ernennung einer katholischen Hierarchie in Großbritannien. Die Wurzel zu Victorias Abneigung

Am 1. Mai 1876 wurde Victoria zur Kaiserin von Indien proklamiert. Disraëli hatte das Titelgesetz im Parlament durchgesetzt. Diese Karikatur zeigt die Königin, wie sie ihre britische Krone gegen das kaiserliche Diadem austauscht. Die Unterschrift unter dem Bild lautet: »Neue Kronen gegen alte!«

gegen die Hochkirchenpartei, die Wert auf den Ritus, auf die häufige Einnahme des Abendmahls und den Gebrauch des Beichtstuhls legte, ist in ihrer Meinung zu sehen, daß die Anhänger der Hochkirche »im Herzen römisch-katholisch und sehr unglaubwürdig hinsichtlich ihres Bekenntnisses der Zugehörigkeit zur Staatskirche« seien. Infolgedessen benutzte sie Disraëlis Ergebenheit für ihren Wunsch, ein Gesetz über den öffentlichen Gottesdienst durchzusetzen, das übertriebene rituelle Praktiken in der Staatskirche zurückdrängen sollte. Da damals die religiösen Gefühle stark waren, sah er sich vor eine höchst schwierige Aufgabe gestellt, aber nach viel politischem Manövrieren wurde der Vorschlag im Jahre 1874 Gesetz. Die ganze Epi-

Die Oxford-Bewegung

Die Oxford-Bewegung war eine lose Verbindung von Gleichgesinnten der Universität Oxford, die die Methoden der Gleichgültigkeit in der offiziellen anglikanischen Kirche reformieren wollten. Um 1837 war die Bewegung in voller Entfaltung. Sie ließ die *Tracts for the Times* (Abhandlungen für die Zeit) umlaufen, die den Streit und die Diskussion ständig in Gang hielten. Die Begründer der Bewegung waren John Keble, John Henry Newman und Hurrell Froude, zu denen sich bald Edward Bouverie Pusey gesellte. Die Königin verfolgte die Bewegung mit großer Mißbilligung, und im Hinblick auf ihre Betonung der symbolischen Werte als Überbleibsel göttlicher Wahrheiten hielt sie Newman und Pusey *»für römische Katholiken in ihrem Herzen und für sehr unernst* hinsichtlich ihrer Mitgliedsbekenntnisse zur Anglikanischen Kirche.«

Rechts: John Henry Newman, eines der Gründungsmitglieder der Oxford-Bewegung. Nach Dean Church waren es »Keble, der anregte, Froude, der Kraft verlieh, und Newman, der die Arbeit aufnahm.« Im Jahre 1845 jedoch bestätigte Newman die schlimmsten Befürchtungen der Königin und der Gegner der Oxford-Bewegung, als er in die römisch-katholische Kirche aufgenommen wurde. Im Jahre 1879 wurde er Kardinal. Porträt von Emmeline Deane aus dem Jahre 1889, nur ein Jahr vor Newmans Tod.

Links: Karikatur aus dem Jahre 1858: Der Bischof von London, Archibald Campbell Tait, tadelt Mitglieder der Hochkirchenpartei, weil sie Kerzen und Kruzifixe in die Kirchen bringen wollten.

Rechte Seite unten: Die Kapelle des Keble College, entworfen von William Butterfield. John Keble starb 1866. Das College wurde im Jahre 1870 ihm zu Ehren durch öffentliche Subskription gegründet. Das College wurde von William Butterfield, dem großen viktorianischen Förderer einer Wiedergeburt der Gotik, erbaut.

Links: Edward Bouverie Pusey, Führer der Oxford-Bewegung und brillanter Prediger. Mit seiner Predigt *Der Heilige Eucharist, Trost für den Bußfertigen,* im Jahre 1843 gehalten, schockierte er die Universitätsbehörden, so daß er für zwei Jahre vom Predigen suspendiert wurde. Er nahm an jedem wichtigen theologischen Streitgespräch teil und bemühte sich, die Grundlage für eine Vereinigung zwischen den Kirchen von England und Rom zu finden. Aquarell von C. Pellegrini aus dem Jahre 1875.

sode verdeutlicht schlagartig Victorias Anschauungen, ihre Hartnäkkigkeit und ihre Beziehungen zu Disraëli.
Der größte Liebesdienst Disraëlis, welcher der Königin vielleicht die höchste persönliche Genugtuung gewährte, war seine Leistung, ihr den Titel einer Kaiserin von Indien zu verschaffen. Entgegen der allgemeinen Annahme entwickelte die Königin selbst diesen Ehrgeiz. Noch vor dem Indischen Aufstand und mehr noch, nachdem Lord Canning Vizekönig geworden war, hatte sie Interesse für Indien entwickelt. Die Königin wünschte sich den Kaisertitel auch aus persönlichen Gründen. Es gab jetzt in Europa drei Kaiser, den Zaren, den Kaiser von Österreich und seit 1870 den Kaiser von Deutschland, den Schwiegervater ihrer ältesten Tochter Vicky. Wenn ihre Tochter eines Tages Kaiserin würde, dann müßte »Mama« es auch sein. Die öffentliche Meinung war davon nicht gerade begeistert.
Victoria zeigte sich ziemlich verärgert über die Schwierigkeiten, denen sich Disraëli im Parlament bei seinen Bemühungen um die Durchsetzung des Titelgesetzes gegenübersah. Er hatte jedoch Erfolg damit, und am 1. Mai 1876 wurde Victoria mit großen Feierlichkeiten in Delhi zur Kaiserin von Indien proklamiert. Sie war nunmehr Kaiserin in Indien und Königin in Großbritannien. Sie brachte sofort eine indische Note an ihren Hof. In Osborne gab es ein Durbar-Zimmer voller Schätze aus dem Osten. Nach dem Tode von John Brown im Jahre 1883 verwendete sie einen Inder – Abdul Karim, den Munshi – als ihren persönlichen Diener. Das Gebaren, das er an den Tag legte, verschaffte ihm in Hofkreisen fast ebensoviel Unbeliebtheit wie dem verstorbenen John Brown. Mit gewohnter Dickköpfigkeit verteidigte ihn die Königin. Er stand noch in ihren Diensten, als sie starb. Bei ihrem Streben nach der Kaiserkrone von Indien entfaltete die Königin ihre übliche Kombination aus persönlichem Gefühl und Schlauheit. Sie wollte Kaiserin werden, weil, so argumentierte sie, der Titel in Indien mehr bedeutete als der bloße Titel der Königin von England. Vermutlich hatte sie damit sogar recht.
Wenn Victoria selbst Disraëli antrieb, ihr diesen begehrten Titel zu verschaffen, so ging der Ankauf der Suez-Kanal-Aktien des Khediven auf seine eigene Initiative zurück. Irgendwie war es auch ein Anzeichen dafür, daß die öffentliche Meinung der Briten sich immer mehr dem Imperialismus zuwandte. Spätestens für 1865 hatte Victoria die Unabhängigkeit Kanadas erwartet. Sie betrachtete es als eine ihrer höchsten Hoffnungen, wenn Kanada einen ihrer Söhne als neuen Herrscher akzeptieren würde. Statt dessen ging im Jahre 1878 ihre Tochter Louise mit ihrem Mann, dem Marques von Lorne als neuem Generalgouverneur, nach Kanada. Die Kolonie war während der frühen Jahre ihrer Herrschaft voller Unruhe gewesen, nun aber

schien sie sich mit einem Verbleib im Rahmen des Empire zufriedenzugeben.

Die letzten vier Jahre von Disraëlis Regierungszeit waren durch einen großen Aufbruch gekennzeichnet, der als »Jingoismus« (Chauvinismus) bekannt geworden ist. Ursache hierfür war der russisch-türkische Krieg des Jahres 1877. In den von der Türkei besetzten Balkanprovinzen waren Aufstände ausgebrochen, zu deren Unterdrückung die Türken Freischärler, die Baschi-Bosuk (= türk. »Querköpfe«), verwendeten, die Tausende von bulgarischen Bauern ermordeten. 1876 war es den Großmächten während eines ganzen Jahres europäischer Diplomatie nicht gelungen, die Türkei zurückzuhalten oder sie zur Einführung von Reformen zu zwingen. Rußland bereitete sich daher auf militärische Hilfe für die christlichen Bulgaren vor. Es entstand eine häßliche Situation, die auf Victorias öffentliches und privates Leben erhebliche Rückwirkungen haben sollte.

Die Türkei war im Krimkrieg britischer Verbündeter gewesen, und Victoria war von einem fast fanatischen Mißtrauen gegen Rußland besessen. Sie und Disraëli verkleinerten daher die bulgarischen Scheußlichkeiten, während Gladstone, der vor kurzem in seinen ersten politischen Ruhestand getreten war, zurückkehrte und das Land in eine Wirbelwindkampagne zur Vertreibung der Türken aus Europa »mit Sack und Pack« versetzte. Worauf es der Königin mit der ihr eigenen Logik gelang, sich davon zu überzeugen, daß Gladstone und Rußland die Türken zu den genannten Scheußlichkeiten erst angestachelt hätten, um der Türkei den Krieg aufzuzwingen!

Hinter der Bühne mühte sich die Königin wild ab, eine antirussische Front zu schaffen, so daß eine Zeitlang der Eindruck entstand, Großbritannien selbst würde hineingezogen. Glücklicherweise erhielt die Diplomatie das Übergewicht, und Beaconsfield – der Titel war Disraëli im Jahre 1876 verliehen worden – bedeckte sich auf dem Wiener Kongreß von 1878 mit Ruhm. Zusammen mit Bismarck zimmerte er eine Lösung für die Ostfrage zusammen. Inzwischen sang man in den Music Halls:

> Wir wollen nur mit Jingo kämpfen, wenn überhaupt,
> Wir haben die Schiffe, wir haben die Männer,
> Wir haben auch das Geld dazu.

»Wir wollen nur mit Jingo kämpfen, wenn überhaupt. Wir haben die Schiffe, wir haben die Männer, wir haben auch das Geld dazu.«

Andere kaiserliche Abenteuer waren weniger erfolgreich, wenigstens in ihrem Frühstadium. Die britische Absicht, Afghanistan zu kontrollieren, wo der russische Einfluß gefürchtet war, führte im Jahre 1879 zur Ermordung einer britischen Mission. Der Versuch, die Kolonie Natal in Südafrika auf Kosten des Zulukönigs Cetewayo auszudehnen, endete in der schrecklichen Niederlage von Isandhl-

Die Königin hatte sich Glasalt Sheil, das kleine Haus am Ende des Loch Muich, drei Kilometer von Balmoral entfernt, bauen lassen. Dorthin zog sie sich mit einer Dienerin und Prinzessin Beatrice zurück, wenn sie dem formellen Leben des Hofes und des Haushaltes entfliehen wollte.

wana. Überdies veranlaßte der Ankauf der Suez-Kanal-Aktien eine Einmischung Großbritanniens in die Politik Ägyptens, wo der Khedive Bankrott gemacht hatte. Im Transvaal drohten die Buren mit Unruhen. Zwar wurde Cetewayo schließlich geschlagen und wurde Khandahar in Afghanistan wiedererobert, aber Gladstone kämpfte erneut gegen eine Politik, die er als aggressiv und übertrieben bezeichnete. Bei einer allgemeinen Wahl im Jahre 1880 erlitten die Konservativen eine Niederlage.

Zu ihrem äußersten Ärger stand die Königin erneut vor dem Verlust eines Ministers, der auch noch ihr Freund war, und vor der verfassungsmäßigen Notwendigkeit, eine Politik unterstützen zu müssen, die mit ihrem persönlichen Urteil im Streit lag. Zwei Jahre später starb Beaconsfield. Niemals wieder sollte Victoria gegenüber einem Premierminister Empfindungen hegen, wie sie es Disraëli gegenüber getan hatte.

Der Schotte John Brown und der Jude Disraëli hatten Victoria aus dem Morast der Verzweiflung gezogen und ihr den Wunsch nach Leben und sogar die Lebensfreude wiedergegeben. Ihr Tagebuch, wie immer ein Spiegel ihrer Gefühle, läßt eine neue Leichtigkeit des Herzens erkennen, eine Freude an kleinen Dingen, wie etwa am Malen des Ausblicks aus ihrem Fenster, und das Ende des alten Zurückweichens vor Öffentlichkeit und Menschenmengen. Sie freute sich über eine Fahrt im offenen Landauer vom Paddington-Bahnhof bis zum Marlborough House, wo der Prinz und die Prinzessin von Wales eine Gartenparty gaben. Als sie und die Prinzessin im August 1877 in Osborne weilten, fuhren sie mit einer Barke aufs Meer hinaus, um das neue Panzerschiff ihrer Majestät, die *Thunderer,* zu inspizieren. Victoria empfand Freude darüber, daß sie ihre »Seebeine« noch nicht verloren hatte. Freilich fand sie das Hineinkriechen in die Kanonentürme umständlich und unangenehm. Sie begann sogar wieder zu tanzen, was sie achtzehn Jahre lang nicht mehr getan hatte, und stellte anläßlich des Geburtstages von Beatrice bei einem improvisierten Tänzchen mit ihrem Sohn Arthur fest, daß sie es noch wie eh und je konnte.

Eines der ersten Anzeichen dafür, daß Victoria wieder ihr eigenes Leben zu leben begann, statt nur in Erinnerungen zu leben, war die Errichtung eines kleinen Hauses am Ende des Loch Muich in der Nähe von Balmoral, Glasalt Sheil oder »Königinhaus« genannt. Dort konnte sie ein gemütliches privates Leben führen, ohne von der Vergangenheit verfolgt zu werden.

Trotzdem fielen in diesen Jahren neben dem Sonnenschein glücklicher Stunden noch Schatten auf ihr Leben, hauptsächlich Schatten des Todes. Lady Augusta Stanley, die als Lady Augusta Bruce zu Victorias Hofstaat gehört hatte und vor ihrer Heirat mit Dean Stanley Victorias höchst vertraute Freundin gewesen war, starb im März 1876. Zwei Jahre später starb Victorias eigene Tochter Alice – die, wie Lady Augusta, die Königin in ihrer Agonie bei Alberts Tode getröstet und gestützt hatte – durch eine seltsame Schicksalsfügung am Todestag ihres Vaters, nachdem sie ihre Kinder durch die Diphtherie gesund gepflegt hatte. Dann starb im März 1879 ein Enkel Victorias. Wie Prinz Leopold hatte er an der Bluterkrankheit gelitten.

Während dieser Jahre erlebte Victoria trotz dieser Familienverluste viel Glück. Schließlich hatte sie zu freundlicheren Gedanken über den »lieben Bertie« hingefunden, und er war seiner Frau Alexandra stets zugetan. Dann heiratete im Jahr 1879 ihr Sohn Arthur, von dem Victoria immer glaubte, er ähnele Albert am meisten, die Prinzessin Luise von Preußen. Anders als die »Trauerhochzeit« Alices im Jahre 1861, wurde Arthurs Hochzeit mit aller Pracht gefeiert, obwohl Alice erst vor kurzem gestorben war. Die Königin trug den Koh-i-Noor-Diamanten und ein Kleid mit Schleppe. Der Hof war zum normalen Leben zurückgekehrt, und Großbritannien hatte wieder eine sichtbare Königin.

VICTORIA
ALL NATIONS SALUTE YOU

Victorias Triumph

Zenit und Sonnen-untergang

1879-1901

Vorhergehende Seiten: Straßendekoration aus Anlaß des Goldenen Thronjubiläums der Königin Victoria, 1887.

Die Politik ist ein Teil der Geschichte der britischen Nation, vielleicht weil Victorias Beziehungen zu ihren Ministern eine der wichtigsten Zutaten zu ihrem Glück waren, oder anders ausgedrückt, weil die Politik ebensosehr Teil ihres privaten wie ihres öffentlichen Lebens gewesen ist. Bis zu seinem letzten Rücktritt im Jahre 1893 blieb Gladstone eine Hauptursache ihrer Reizbarkeit und sogar ihres Kummers. Im Vergleich dazu waren Victorias Gefühle gegenüber ihrem anderen liberalen Premierminister, Lord Roseberry, von freundlicher Natur. Sie mochte ihn als Mann gern leiden, obgleich sie auf politischer Ebene nicht gerade übereinstimmten.

Als der Führer der Konservativen, Lord Salisbury, im Unterhaus über eine Mehrheit verfügte, vollzogen sich die Regierungsgeschäfte in glatter Weise, vornehmlich weil es in Fragen der Politik keinen Zusammenstoß von Bedeutung gab. Viele Jahre lang betrachtete Victoria Lord Salisbury – mit etwas weniger als strenger verfassungsmäßiger Genauigkeit – als ihren Hauptbundesgenossen gegen Gladstone. Aber zwischen ihm und der Königin herrschte keinerlei persönliche Wärme, die zur Zeit Disraëlis das öffentliche Leben so erfreulich gestaltet hatte.

Nach Disraëlis Rücktritt hatte Victoria ihre Anstrengungen verdoppelt, und sie hatte allerlei Haken geschlagen, um Gladstone nicht als ihren Premierminister wiederzusehen. Zuerst hatte sie sich gegen den Gedanken gewehrt, daß ihr etwas so Geschmackloses aufgezwungen werden könnte. Gladstone war nicht offizieller Führer der liberalen Partei. Er war früher zugunsten von Lord Granville zurückgetreten, und die Königin hatte es auch deutlich genug gesagt, daß sie nach seinem abscheulichen Benehmen während des russisch-türkischen Krieges niemals wieder einer Amtsübernahme durch ihn zustimmen würde. Als Granville und Hartington ihr berichteten, nur Gladstone vermöge im Unterhaus eine Mehrheit zusammenzuhalten, sagte die Königin rundheraus, sie könne ihm ihr Vertrauen nicht schenken, und sprach dunkel von Abdankung.

Schließlich mußte Viktoria doch nachgeben, aber es war kein zukunftsträchtiger Anfang. Hoffnungsvoll berichtete sie stets, wie krank er aussehe, und horchte begierig auf Berichte über Meinungsverschiedenheiten im Kabinett, wo die Radikalen unter Joseph Chamberlain die Liberalen auf dem rechten Flügel bekämpften, wie etwa den Herzog von Argyll. Manchmal entsprach das Verhalten der Königin kaum den verfassungsrechtlichen Konventionen, die von ihr Überparteilichkeit verlangten. Gladstone berichtete ihr unter diesen Umständen verständlicherweise so wenig von den Kabinettsangelegenheiten, wie er nur konnte, und sie rächte sich, indem sie geheime Informationskanäle benutzte. Sie korrespondierte auch privat mit den Oppositionsführern. Im Falle von Disraëli wiederholte sie nur, was sie nach Melbournes Rücktritt getan hatte, und sie hielt derartige Briefe, gleichgültig was die Welt darüber denken mochte, aus Gründen persönlicher Freundschaft für gerechtfertigt. Weder Melbourne noch Disraëli konnten sich überwinden, sie daran zu hindern. Sie liebten die Königin auf ihre eigene Weise.

Im Jahre 1886 ging Victoria sogar noch weiter. Sie fing an, Salisbury mit Insider-Informationen über Regierungsangelegenheiten zu versorgen, weil sie hoffte, dadurch den Fall des widerwärtigen Gladstone zu beschleunigen. Ihre persönliche Rechtfertigung eines solchen Verhaltens bestand in der Überzeugung, daß das Wohl des Landes seine Entfernung aus dem Amt erforderlich mache. Durch ein solches Verhalten hatte sie jedoch den Pfad verlassen, der von Albert und Stockmar einem konstitutionellen Monarchen vorgezeichnet worden war.

Wenn man Victorias Meinungsverschiedenheiten mit Gladstone diskutiert, lassen sich diese durch einen Überblick über seine drei Regierungszeiten – die von 1880 bis 1885, die vom Februar bis Juli 1886

Im Jahre 1880 folgte Gladstone auf Disraëli als Premierminister und stellte fest, daß er eine Reihe von politischen Problemen von seinem Vorgänger geerbt hatte, z. B. Afghanistan, den Transvaal, Ägypten und den Sudan.

LABOUR AND REST.

x-Head Gardener (*retired from business*). "WELL, WILLIAM, YER DON'T SEEM TO BE MAKIN' MUCH PROGRESS—*DO* YER!"
ew Head Gardener. "WHY NO, BENJAMIN; YOU LEFT THE PLACE IN SUCH A PRECIOUS MESS!!"

und schließlich die vom Jahre 1892 bis zu seinem endgültigen Rücktritt im nächsten Jahr – leichter zusammenfassen als durch den Versuch einer streng chronologischen Darstellung. Wahrscheinlich hegte die Königin die stärksten Empfindungen hinsichtlich der auswärtigen Politik, mit der sie seit fünfzig Jahren aufs engste verbunden war. Sowohl sie wie auch Disraëli hatten eine Vorliebe für großartige Ideen und wurden von imperialen Visionen angezogen.

Gladstones Reaktionen waren völlig anders. Seine Vorstellungen von den auswärtigen Angelegenheiten waren grundsätzlich moralischer Natur. Daher betrachtete er den Angriff als moralisch falsch. Überdies meinte der Mann, der seinen Ruf als Schatzkanzler begründet hatte, eine kaiserliche Politik hätte unnötige Ausgaben zur Folge. Als er im Jahre 1880 auf Disraëli folgte, waren mehrere schwierige Fragen anhängig. Der Mord an der britischen Mission in Afghanistan war durch die erfolgreiche Einnahme Khandahars durch Sir Frederick Roberts gerächt worden. Gladstone hatte nicht nur entschieden, daß Khandahar zurückgegeben werden sollte, er ärgerte die Königin auch noch dadurch erheblich, daß er sie in ihrer Parlamentseröffnungsrede zu diesem Zugeständnis veranlaßte, ohne vorher ihre Zustimmung eingeholt zu haben.

In Afrika proklamierten im Jahre 1880 die Transvaal-Buren, die nach dem Sieg über die Zulus von der Kapkolonie über den Vaal getreckt waren, um jenseits eine neue Afrikaander-Gemeinschaft zu gründen, eine neue Republik. Im nächsten Jahr wurde eine kleine britische Streitmacht am Majuba-Hügel geschlagen. Bei den folgenden Verhandlungen zogen die Briten ihre Forderungen nach irgendwelchen Teilen des Transvaal zurück und behielten lediglich eine vage Oberherrschaft über seine auswärtigen Beziehungen. Als die Königin erfuhr, daß ihre Auffassungen mißachtet worden waren, widersprach sie heftig und erklärte, sie sei äußerst angeekelt und enttäuscht.

Am ernstesten prallte sie mit Gladstone über die Angelegenheiten Ägyptens zusammen. Seit dem Ankauf der Suez-Kanal-Aktien vertrat Großbritannien vitale Interessen in diesem Land. Ein Aufstand des Religionsführers Arabi gegen die schwache Regierung des Khediven führte zur Entsendung britischer Truppen. Gladstone war der Ansicht, daß in diesem Falle die Intervention gerechtfertigt sei. Zu Victorias großem Stolz kommandierte bei dem Sieg von Tel-el-Kebir ihr Sohn Arthur von Connaught ein Bataillon der Wachtruppen.

Die britische Regierung sah sich gezwungen, die Verantwortung für die Überwachung der ägyptischen Verwaltung zu übernehmen. Das wiederum beschwor eine Verwicklung mit dem Sudan herauf, der von Ägypten beherrscht wurde. Im Jahre 1883 erhob sich der Mahdi, ein fanatischer Religionsführer, und löschte die ägyptische Armee fast völlig aus, die von einem britischen Offizier in ägyptischem Sold, Hicks Pascha, kommandiert wurde. Victoria war für eine schnelle kraftvolle Aktion, aber ihre Regierung widersprach. Statt dessen beschloß das Kabinett, die im Sudan verbliebenen verstreuten Garnisonen zu evakuieren. Die Wahl des Mannes, der dies tun sollte, war unglücklich: Colonel Gordon. Er war zwar ein glänzender Soldat, aber der letzte, den man mit der Aufgabe eines solchen Rückzuges hätte betrauen dürfen. Als er sich in Khartum niedergelassen hatte, verhielt er sich hinhaltend und verlangte erst einmal Verstärkung. Die Kritik und die Verteidigung von Gordons Aktionen liegen außerhalb des Rahmens einer Lebensbeschreibung der Königin Victoria, ausgenommen die Tatsache, daß sie seine glühende Anhängerin war. Immer wieder forderte sie, man möge weitere Truppen entsenden, bevor es zu spät sei.

Das Drängen der Königin war gerechtfertigt. Am 25. Januar fiel Khartum, gerade als sich die endlich geschickte Entlastungskolonne der Stadt näherte. Victoria war so sehr enttäuscht von Gladstones Verzögerungstaktik, daß sie ihm statt in der üblichen Verschlüsselung im Klartext telegrafierte: »Sich vorzustellen, daß man all dies hätte vermeiden und viele Leben durch früheres Handeln hätte retten können, ist eine zu schreckliche Vorstellung.« In seiner Antwort versuchte Gladstone bei der Herrscherin den scharfen Vorwurf der nicht verfassungskonformen Enthüllung ihrer persönlichen Meinung anzubringen, aber sowohl die Abstimmungen im Parlament wie die allgemeine Wahl, die folgte, machten deutlich, daß die Öffentlichkeit ebenso wie die Königin Gladstone für Gordons Tod tadelte.

Das dritte Streitobjekt zwischen der Königin und ihrem Premierminister betraf Irland. Gladstone war davon überzeugt, daß es seine Mission sei, »Irland zu befrieden«. Diese Mission vertrieb ihn 1880 wie 1892 aus seinem Ruhestand. Dieses gewaltige Problem war keines, an dem die Königin, alleingelassen, ein starkes persönliches Interesse gezeigt hätte. Victoria hatte kein Verständnis für die Iren und zeigte auch keine Neigung, sie zu mögen. Hieran war teilweise Melbourne mit seiner halbhumorigen Schwarzmalerei irischer Kümmernisse schuld. Für kurze Augenblicke war dieser frühe Eindruck vom Elend irischer Hungersnöte beiseitegeschoben worden.

Aber seit Peels Tod gab es niemanden, der mit Irland sympathisiert hätte und dem sie zutraute, ihr die tiefgehende Natur dies irischen Problems erklären zu können. Überdies waren die meisten Leute, mit denen die Königin in Berührung kam, anglo-irische Grundbesitzer, die vermutlich keineswegs unparteiisch waren. Infolgedessen gelangte Victoria allmählich zu der Auffassung, daß die irischen Unru-

»Sich vorzustellen, daß man all dies hätte vermeiden und viele Leben durch früheres Handeln hätte retten können, ist eine zu schreckliche Vorstellung.«

Folgende Seiten: Die Abbildungen stammen aus der Jubiläumsausgabe der *Illustrated News.*
Rechts: Porträts der Königin aus verschiedenen Lebensperioden und ihrer ältesten Kinder, des Prinzen von Wales und der Kaiserin Friedrich mit deren Ehegatten und Kindern.
Links: Die Entwicklung der Transportmittel während der Regierungszeit Victorias zusammen mit den Pionieren auf diesem Gebiet.

hen das Werk von Agitatoren seien, deren Machenschaften im Interesse des Gesetzes und der Ordnung durch harte Maßnahmen unterdrückt werden müßten. Insoweit sie Gladstones Politik der Trennung von Staat und Irischer Kirche nicht widersprach, war sie nicht anti-irisch eingestellt. Sie glaubte allerdings nicht, daß diese Politik eine Wirkung auf die öffentliche Meinung in Irland ausüben werde. Auch widersprach sie nicht den Grundsätzen des Landesgesetzes, das angemessene Pachtsätze und feste Besitzansprüche verlangte. Sie glaubte jedoch auch, daß zunächst ein Zwangsgesetz erlassen werden sollte, um die Ordnung wiederherzustellen. Sie war schockiert über die Morde und die Verbrechen in Irland und meinte, Gladstone leiste der Gesetzlosigkeit Vorschub, anstatt fest aufzutreten. Später glaubte Victoria, sein Selbstverwaltungsprogramm (Home Rule) bedrohe die Grundfesten des Empire, als dessen Wächter zu erscheinen sie sich angewöhnt hatte. Im Mai 1886 sagte sie zu Gladstone, sie »wünsche zwar immer, ihrem Premierminister ihre *volle Unterstützung* geben zu *können*«, sie könne dies aber nicht tun, »wenn sich die Einheit des Empire in der Gefahr des Auseinanderfallens befinde«. Entsprechend machte sie ihren Einfluß zu einer Niederlage des Home-Rule-Gesetzes geltend, und zwar wiederum in höchst nichtverfassungskonformer Weise, und freute sich über seine Ablehnung.

»Die Einheit des Reiches befindet sich in der Gefahr des Auseinanderbrechens.«

Die Königin wußte nur wenig von Irland – sie besuchte es nur zweimal, in den Jahren 1861 und 1900 – und entwickelte daher niemals den Sinn für persönliche Anteilnahme, der zur Erweckung ihrer Sympathien so notwendig war. Ständig verglich sie die Treue Schottlands mit der Untreue Irlands, ohne je zu begreifen, wie so völlig verschieden die Lage in beiden Ländern war. So kam zu ihrer Ablehnung von Gladstone noch ihr Nichtverstehen des Problems hinzu, das er lösen sollte. Es ist unwahrscheinlich, daß ihre Meinung das Ergebnis in irgendeiner Weise geändert hat. Wieder einmal war es eine Frage, in der die Königin mit der Mehrzahl ihrer Untertanen übereinstimmte, nämlich daß die Iren unordentliche Leute seien, die mit den soliden Verbesserungsmaßnahmen des Parlamentes niemals zufriedengestellt werden könnten, und daß man ihnen nicht erlauben dürfe, das Empire zu zerreißen.

Victoria hatte nicht nur nichts für Gladstones irische und Klein-England-Politik übrig, sie mochte auch seine Verbündeten, die Radikalen, nicht, also Männer wie Joseph Chamberlain mit ihren demokratischen, fast republikanischen Theorien. Das bedeutete nicht, daß Victoria unempfindlich für soziales Elend war. In Wirklichkeit war es umgekehrt. Hierin war Melbournes sozialer Konservatismus, den die langen Arbeitszeiten der Fabrikkinder und die Forderung nach Volkserziehung nicht interessierten, von Alberts starkem Interesse an

Wohnungs- und Sozialreformen hinweggefegt worden. Als Mädchen war Victoria leicht vom individuellen Unglück oder der Not angerührt worden, als Königin hatte sie ihre Sympathien auf Gruppen und Schichten ausgeweitet. Instinktiv dachte sie gut von der Masse, teils weil sie die modisch orientierten Londoner verabscheute, die für alles geradestehen mußten, was sie am meisten tadelte: lockere Sitten, Spielen, Rennen und vor allem Faulheit. Diese Leute tadelte Victoria für alles, was sie an ihren Söhnen mißbilligte, besonders an Bertie. Ihre eigenen Normen waren eher die des Bürgertums, aber sie war sich auch ihrer Verantwortung gegenüber allen ihren Untergebenen bewußt und hätte lieber eine Art klassenloser Gesellschaft unter ihren Flügeln versammelt. Von Dickens schrieb sie, er glaube an eine größere Klasseneinheit in der Zukunft, und fügte hinzu: »Ich bete ernsthaft, es möge so sein.«
Wo sie nur konnte, ermutigte die Königin solche Leute und Gesellschaften, die sich darum bemühten, das Leben für die ärmeren Untertanen erträglicher zu gestalten. Sie interessierte sich für Wohnungsfragen. Für die meisten städtischen Arbeiter hieß Wohnen Beengtheit, Übervölkerung und Mangel an sanitären Einrichtungen. Den letzteren Mangel teilten sie allerdings während Victorias fast gesamter Regierungszeit auch mit den Bessergestellten. Wenn die Stadt Windsor nicht voller stinkender Gräben gewesen wäre, hätte sich der Prinzgemahl vielleicht nie den Typhus geholt.
Im Jahre 1866 regte die Königin selber an, man solle an Mr. Peabody schreiben und ihm für seine großartige mildtätige Gabe von 100 000 Pfund an einen Trust zur Verbesserung der Londoner Armenwohnungen danken, weil sie ihm als amerikanischem Staatsbürger keine der üblichen Auszeichnung verleihen konnte. Nachdem sie später den *Bitteren Schrei des verworfenen London* gelesen hatte, der auf einer Untersuchung der Slums beruhte, tat sie ihr Bestes, um Gladstone zur Ingangbringung von Maßnahmen zur Verbesserung der Wohnverhältnisse zu bewegen. Andere Kräfte wirkten in der gleichen Richtung – ein Artikel von Lord Salisbury selber erschien in der *National Review*.
Ende 1833 war das *Slumproblem* eine modische Angelegenheit geworden, und im Jahre 1884 wurde eine Königliche Wohnungskommission ernannt. Im gleichen Jahr schlug die Königin Edwin Chadwick zum Ritter, eine längst fällige Ehrung für seine Pionierleistung im Kampf um bessere städtische sanitäre Verhältnisse und bessere Wohnungen für die arbeitende Bevölkerung. Der Krimkrieg hatte erstmals Victorias Interesse an Krankenhäusern geweckt. Im Jahre 1868 legte sie den Grundstein für das St.-Thomas-Krankenhaus. 1876 eröffnete sie nicht nur den neuen Flügel des Londoner Kran-

kenhauses, sie machte später auch einen Rundgang durch die Abteilungen. Victorias Anteilnahme blieb nicht auf die Kranken beschränkt. Nachdem sie ein Buch über das Leben im Frauengefängnis gelesen hatte, stattete sie dem Gefängnis in Parkhurst einen persönlichen Besuch ab. Sie inspizierte sogar das Zuchthaus von Windsor. Es gab jedoch strenge Grenzen für ihre Wohltätigkeit. In Übereinstimmung mit dem alten Sprichwort, daß Leute, die Pech berühren, sich besudeln, rumpfte sie die Nase über Gesellschaften, die sich der Hilfe für Prostituierte widmeten und verweigerte auch der Heilsarmee ihre Zustimmung. Ihre Sympathie war den Armen reserviert, die sie »verdienten«, mit der Ausnahme einer überraschenden Toleranz gegenüber dem Mann, der einen Tropfen zuviel trank. Diese Ausnahme ging vielleicht auf John Brown zurück.

In vieler Hinsicht waren Victorias Anschauungen entschieden liberal. Sie stimmte dafür, daß man den achtenswerten Arbeitern das Wahlrecht verlieh. Sie war entschieden für die zweckmäßige Versorgung unverheirateter Frauen. Sie zeigte sich auch überraschend tolerant gegenüber Katholiken, sofern sie keine Konvertiten waren. Sie war gänzlich frei von jeder Spur rassischer Diskriminierung. In ihren Augen waren Schwarze, Braune und Weiße, alle ihre Untertanen, gleich. Selbst zu der Zeit, als sie sich weigerte, ihre öffentlichen Pflichten wahrzunehmen, empfing Victoria Maori-Häuptlinge aus Neuseeland. Nach der Unterwerfung von Cetewayo empfing sie auch ihn. Im Jahre 1886 zeigte sie sich äußerst interessiert an der großen Kolonial- und Indien-Ausstellung, die sie im Mai persönlich eröffnete. Im Juli empfing sie Vertreter aller Nationen, die mit der Ausstellung zu tun hatten. Sie gab Kommentare echten Interesses zu deren Erscheinung, vom Kaffer, der nur mit einem übergeworfenen Tuch bekleidet war, bis zu den Kleinen Buschmännern, die »sehr lustig« auf ihren Pfeifen spielten.

Einer ihrer Einwände gegen die Gewährung der Unabhängigkeit an die Buren war ihre Überzeugung, daß sie hart gegen die eingeborene Bevölkerung sein würden. Wenn sie in mancher Hinsicht so modern erscheint, so zeigte sie sich in anderer Hinsicht ebenso konservativ. Sie hatte keine Geduld mit »Frauenrechtlerinnen« und fand schon den bloßen Gedanken an Ärztinnen abscheulich. Darin lag weniger Unlogik, als es auf den ersten Blick erscheinen mag. Trotz ihres Bestehens auf einer aktiven Rolle in der Regierung des Landes hat Victoria niemals wirklich Freude an der Welt der Politik empfunden. Sie konnte es zwar nie ertragen, übersehen zu werden, was immer auch ihr Tätigkeitsbereich war, aber ihre tiefste Genugtuung fand sie doch in ihrem Dasein als Ehefrau und später als Mutter. Eine Familie von neun Kindern, die alle verheiratet waren und selbst Kinder hervorge-

Die Königin gewann Interesse an den Wohnproblemen der Londoner Armen und tat ihr Bestes, um Gladstone zu Verbesserungen anzuspornen.

Links: Das Foto zeigt den Market Court (Markthof) in Kensington um das Jahr 1868. Dieser Stadtteil ist typisch für die unzähligen Höfe in Städten der mittelviktorianischen Zeit. Sie sind düster, schmutzig und gesundheitsschädigend.

Links unten: Gustave Doré kam in der Mitte des 19. Jahrhunderts nach London und schilderte das Elend der Übervölkerung unter den ärmeren Bewohnern. Dieses Bild von London des Jahres 1872 stammt aus *The London Pilgrimage.*

Die Heilsarmee

Die Heilsarmee wurde im Jahre 1878 von General Booth gegründet. Sie sollte die Trunksucht, Prostitution und die Ausbeutung der Arbeiterklasse bekämpfen. Die Königin stimmte den Aktivitäten Booths und seiner Mitarbeiter nicht im vollen Umfange zu, da sie meinte, sie sollten ihre Hilfe »auf die Armen« begrenzen, »die es verdienten«.

Rechts: General William Booth war ursprünglich ordentlicher Prediger der Methodistischen Neuen Vereinigung gewesen, hatte sich aber von ihr getrennt und begann seine Laufbahn als unabhängiger Lebensreformer. Im Jahre 1864 kam er nach London und gründete in Whitechapel die Christliche Mission, die dann zur Heilsarmee wurde. Booth schuf ihre Ordnungen und Regeln nach denen der britischen Armee und ernannte sich selbst zum »General«. Im Jahre 1890 veröffentlichte er *Im dunkelsten England, und der Weg hinaus,* ein Werk, das den Plan zur Heilung der Armut und des Lasters durch verschiedene Heilmittel enthält. Am Ende des Jahrhunderts wurden seine Ideen nicht mehr ins Lächerliche gezogen, und die aktive Ermutigung durch den Prinzen von Wales trug dazu bei, seiner Sache öffentliche Anerkennung zu verschaffen.

Links: Stich von 1882, der die verschiedenen Aktivitäten der Heilsarmee zeigt, z. B. ein Nachmittagstreffen im Griechischen Theater, unten General William Booth mit seiner Frau Catherine Mumford, die so viel zu der Bewegung beigetragen hat.

Rechts: Der soziale Feldzug der Heilsarmee, die eine wohlorganisierte Hilfs- und Rehabilitationsorganisation werden sollte. Armut und Laster sollten durch die Errichtung von Kolonien vermindert werden, wo die Notleidenden nützliche Arbeit erhalten sollten; durch sittliche Hebung von Prostituierten und Hilfe für entlassene Sträflinge und die Beschaffung gesetzlicher Fürsorge für die Armen. Farbiger Stich aus Booths *Im dunkelsten England.*

WORK FOR ALL
SALVATION ARMY SOCIAL CAMPAIGN
THE COLONY ACROSS THE SEA
BRITISH COLONIES
FOREIGN LANDS
TO THE COLONY
EMIGRATION FOR DOMESTIC SERVANTS
EMIGRATION TO ALL PARTS OF THE WORLD
WHITECHAPEL-BY-THE-SEA
CO-OPERATIVE FARMS
CRIME
DRINK
SHAME
DESTITUTION
DESPAIR
DEATH
THE FARM COLONY
SMALL FARM ALLOTMENTS
PERMANENT WORK IN THE PROVINCES
PROSTITUTES
In London there are over 30,000 Prostitutes
In Great Britain 100,000
CRIMINALS
In Prison 32,000
Juvenile Thieves 22,000
DRINK
DRINK TRAFFIC
Drink Bill £136,000,000
CHARITY
DESTITUTION
In London alone
THE POOR
MISERY
In Workhouses 190,000
Out Door Paupers 968,000
Out of Work in London 20,000
Three Millions of People in the Ocean of Misery
CARPENTRY
SALVATION FACTORIES
BUILDING
COOKING
WORKMEN RESTORED TO MASTERS
TEMPORARY WORK IN THE COUNTRY
POOR MAN'S METROPOLE
LOCAL OFFICERS
INQUIRY OFFICES
BAKERY
CHILDREN RESTORED TO PARENTS
BOYS INDUSTRIAL HOME
WOMENS NIGHT SHELTERS
SHELTERS
THE CITY COLONY
SALVAGE BRIGADE
HOMES FOR THE HOMELESS
POOR MAN'S LAWYER
FOOD DEPOTS
RESCUE HOMES
SLUM CRUSADE
SALVATION
SUICIDES 2297 LAST YEAR
FOUND DEAD 2157 LAST YEAR
GIN
SLAVERY
IDIOTCY
WANT
PRISON
BLACK MARIA
DRUNKENNESS
BETTING
OUTRAGE
UNEMPLOYED
STARVATION
3,000,000 IN THE SEA
DRUNKENNESS
FORNICATION
THIEVES
ADULTERY
UNCLEANNESS
GAMBLING
UNRIGHTEOUSNESS
LYING
UNBELIEF
DECEIT
HYPOCRISY
PRIDE
HATRED
MURDER
ENVY
COVETOUSNESS
MALICE

bracht hatten, verschaffte ihr ein großes Betätigungsfeld. Victoria war eine vollkommene Matriarchin. Sie liebte ihre Kinder, versuchte jedoch, unbeeindruckt durch die Erinnerung an ihre eigene eingegrenzte Kindheit, jede Einzelheit ihres Lebens zu kontrollieren. Gegenüber ihren Enkeln war sie, wie es so oft bei Großmüttern der Fall ist, viel toleranter. Ihre Enkelkinder empfanden »Gangan« gegenüber erheblich weniger Ehrfurcht, als es bei ihren eigenen Söhnen und Töchtern der Fall war. Die viktorianischen Konventionen standen auf ihrer Seite. Es wurden Respekt und Gehorsam gegenüber den Wünschen der Eltern erwartet, und die Familiendisziplin war streng. Die erwachsenen Söhne der Königin, die plötzlich in die Gegenwart ihrer Mutter gerufen wurden, entschuldigten sich fast ängstlich für ihr Erscheinen in »Rauchjacken«. Das Rauchen war eine ungern gesehene Unsitte, die auf das Rauchzimmer eingeschränkt wurde, das z. B. in Balmoral um Mitternacht für die Benutzung durch die Dienerschaft freigemacht werden mußte! Victorias Söhne hatten stets Probleme aufgeworfen. Abgesehen von Bertie war Victoria durch die Nachricht schockiert worden, daß Affie während seines Dienstes auf See in Malta in eine Liebesaffäre verwickelt worden war. Leopold war oft schwierig, weil die Bluterkrankheit seine Sehnsucht nach einem aktiven Leben blockierte und weil er die schützende Fürsorge seiner Mutter als lähmend empfand. Nur Arthur schien in jeder Hinsicht den Anforderungen zu genügen.

Die Töchter waren weniger Problemfälle, abgesehen von der Notwendigkeit, ihnen passende Ehemänner zu verschaffen. Nur Vicky, die Kronprinzessin, hatte sich vor ihres Vaters Tod verheiratet. Alice war damals allerdings schon mit Prinz Ludwig von Hessen verlobt, den sie bald darauf heiratete. Victoria versuchte, das junge Paar für ihre eigenen Zwecke so lange wie irgend möglich bei sich zu behalten. Sie schrieb an Onkel Leopold: »Ich *muß* eine verheiratete Tochter bei mir behalten.«

Mit bewundernswert unbewußter Ichbezogenheit ging Victoria daran, ihren Plan zu entwickeln, wie sie die Prinzessin Helena, in der Familie als Lenchen bekannt, bis zum Alter von 19 oder 20 bei sich behalten und dann nach »einem jungen vernünftigen Prinzen« als Ehemann für ihre Tochter Ausschau halten könne. Die Idee bestand darin, daß sie dann beide auf Lebenszeit zum Wohnen bei der Königin veranlassen würde, weil, wie sie gestand, »Lenchen so nützlich ist und ihr ganzer Charakter so gut an das Leben hier im Hause angepaßt ist, daß ich sie nicht aufgeben könnte.« Das einzige Requisit für Helenas Ehemann wäre ziemlich viel gesunder Menschenverstand und hoher moralischer Wert, verbunden mit genügend Einkommen, damit sie auch nach dem Tode der Königin unabhängig leben könnten!

»Ich muß eine verheiratete Tochter bei mir behalten!«

Oben: Im Juli 1885 heiratete Victorias jüngste Tochter, Prinzessin Beatrice, den Fürsten Heinrich von Battenberg. Die Königin gab ihre Zustimmung unter der Bedingung, daß das junge Paar bei ihr wohnte.

Im Jahre 1866 fand ihr Victoria in Prinz Christian von Schleswig-Holstein einen Ehemann.

Prinzessin Louise, die nächste Tochter, heiratete erst im Alter von 22, nicht etwa weil die Königin ihr Zurückhaltung auferlegt hätte, sondern weil sie zum Heiraten keine Neigung zeigte, bis sie sich in den Erben des Herzogs von Argyll, Lord Lorne, verliebte. Sie war das erste Kind Victorias, das einen Untertan heiratete. Die Erklärung der Königin gegenüber dem Prinzen von Wales, von dem sie annahm, er werde die Idee nicht begrüßen, zeigte sie von ihrer schlauesten und realistischesten Seite. Heiraten mit deutschen Prinzen, so argumentierte sie, seien bei den Briten immer unbeliebt gewesen. Verbindungen mit Ausländern könnten die Familien spalten, wenn ihre dynastischen Ziele in Konflikt miteinander gerieten, wie z. B. als Preußen, wo Vickys Ehemann Kronprinz war, im Großherzogtum Hessen-Darmstadt einfiel, wo Alices Ehemann regierte. Überdies würde eine Ehe mit einem Untertan nicht nur solche Schwierigkeiten verhüten, sie würde auch »den Thron *moralisch* wie physisch stärken«.

Victoria zeigte stets die gleiche Besorgnis, daß ihre Söhne zufriedenstellende Ehen schlossen, obgleich sie alle Ausländerinnen zur Frau nahmen. Besonders gern mochte sie ihre älteste Schwiegertochter Alexandra von Dänemark, auch wenn sie manchmal darüber erschüttert war, daß Alexandra moderne Manieren angenommen hatte, was die Königin mißbilligte. Ihr zweiter Sohn, Alfred, der einmal seinem kinderlosen Onkel Ernst von Coburg folgen sollte, heiratete im Jahre 1873 Marie, die einzige Tochter des russischen Zaren. Die Königin mochte die Verbindung nicht. Ihr Mißtrauen gegen Rußland saß zu tief, und die Tatsache, daß ihr Sohn in ein kaiserliches Haus einheiratete, trug wahrscheinlich dazu bei, in ihr den Ehrgeiz zu erregen, daß sie selbst auch Kaiserin werden wollte. Später söhnte sie sich mit der Ehe aus und mochte ihre Schwiegertochter immer lieber. Sie sagte von ihr, sie habe ein freundliches Benehmen und ein angenehmes Gesicht. Sie habe »etwas sehr Frisches und Anziehendes an sich«. Victoria entdeckte auch mit Wohlgefallen, daß ihre neue Schwiegertochter ein sehr gutes Englisch sprach.

Noch eine Ehehürde wurde erfolgreich genommen: Im Jahre 1878 berichtete Arthur seiner Mutter, daß er Prinzessin Luise Margarete von Preußen heiraten wolle, in die er sich verliebt habe. Wiederum zeigte sich Victoria nicht gerade begeistert. Sie mochte Luises Eltern nicht, deren Ehe zerbrochen war, und versuchte Arthur zu überreden. Als sie aber sah, wie ihr Lieblingssohn »so traurig und so ernst, doch so lieb und so sanft« dreinblickte, schmolz das Herz der Mutter, vor allem, da sie nichts als Gutes von seiner zukünftigen Braut gehört hatte. Die Heirat fand im Jahre 1879 statt.

Königin Victoria im April 1894 in Coburg anläßlich eines Besuches bei ihrer ältesten Tochter, der Kaiserin Friedrich. Von links nach rechts: Arthur, Herzog von Connaught, Alfred, Herzog von Edinburgh, Königin Victoria, ihr ältester Enkel, Kaiser Wilhelm II., die Kaiserin Friedrich und Edward, Prinz von Wales.

Die Schwierigkeit, für Prinz Leopold, der gern heiraten wollte, eine passende Braut zu finden, komplizierte sich noch durch seine schwache Gesundheit. Im Jahre 1880 jedoch begegnete er der Prinzessin Helene von Waldeck, und er lernte sie lieben. Im nächsten Jahr machte er seinen Antrag und wurde angenommen. Sie heirateten im Jahre 1882. Die Königin war traurig darüber, daß der Bräutigam »noch lahm und wackelig« aussah, aber man berichtet, daß sie bei bester Laune war. Sie trug ihr Witwenkleid mit langen Gaze-Bändern, auf ihrem Kopf eine glitzernde Tiara und die kleine Kaiserkrone, auf ihrer Brust das breite Band des Hosenbandordens und den großen Koh-i-Noor-Diamanten.
Die letzte, die fortging, war das Baby der Familie, Prinzessin Beatrice, in mancher Hinsicht die Tochter, die ihrer Mutter am nächsten stand. Sie war erst vier Jahre alt gewesen, als ihr Vater starb, und war in den traurigen Jahren danach ständige Begleiterin ihrer Mutter gewesen. Sie war es, die die Witwenmütze Victorias »ihre Trauermütze« nannte. Sie hatte dazu beigetragen, mit ihrem fröhlichen und manchmal unartigen Wesen die Königin aufzuheitern.
Für Victoria war es ein harter Schlag, als sich Beatrice in den gutaussehenden Prinzen Heinrich von Battenberg verliebte. Beatrice lernte ihn im Jahre 1884 bei der Hochzeit seines Bruders Ludwig mit der Prinzessin Victoria von Hessen kennen. Eine Zeitlang weigerte sie sich, der Möglichkeit ins Auge zu sehen, aber schließlich gab sie ihre Zustimmung unter der Bedingung, daß Beatrice und ihr Gatte, in der

königlichen Familie mit Spitznamen »Liko«, bei der Königin Wohnung nahmen. Victoria erklärte dem Herzog von Grafton, »es habe *für ihre Tochter ganz außer Frage gestanden,* daß sie je die Königin verlassen hätte. Und *sie* würde es *nie* selbst *gewünscht* haben, da sie wußte, wie unmöglich es für sie war, ihre Mutter zu verlassen.« Für moderne Ohren klingt ein solcher Besitzanspruch nicht gerade angenehm. Zur Entschuldigung dieser Ichbezogenheit Victorias muß man sich daran erinnern, daß man von viktorianischen Töchtern das Opfer ihres eigenen Glückes vor dem Glück ihrer Eltern erwartete. Zeitgenossen wäre die Haltung der Königin nicht unvernünftig erschienen.

Die Hochzeit fand in der Pfarrkirche von Wippingham in der Nähe von Osborne statt. Es war die erste Hochzeit – außer der Hochzeit Alices –, die nicht als große Angelegenheit behandelt wurde. Victoria aber erklärte, »daß kaum je ein glücklicheres Paar zusammen vor dem Altar kniend beobachtet werden konnte«. Es war eine in jeder Hinsicht erfolgreiche Ehe. Nach dem alten Sprichwort hatte die Königin nicht eine Tochter verloren, sondern einen Sohn hinzugewonnen. Es sollte jedoch die Zeit kommen, zu der »Liko« die Atmosphäre der Abgetrenntheit in der Familie und in der Hofroutine als so erstickend empfand, daß er sich danach sehnte, in das aktive Leben eines Soldaten zurückzukehren.

Bei so vielen Heiraten und der Haltung des 19. Jahrhunderts gegenüber dem Kinderkriegen füllten sich die königlichen Kinderhorte schnell. Victoria hatte neunundzwanzig Enkelkinder, die ihre Kindheit überlebten, und sie nahm an allen starkes Interesse. Der erste war Vickys Sohn Wilhelm, der spätere Kaiser Wilhelm II. Als ihr ältester Enkel hatte er stets einen besonderen Platz in Victorias Zuneigung, obgleich er ein schwieriges Kind war und sie oft dadurch ärgerte, daß er sich einen äußeren Anschein gab. Später, als er Kaiser geworden war, nahm er in seiner Politik eine anti-britische Haltung ein, was sie ihm als Königin übelnahm. Trotzdem verband Wilhelm eine tiefe persönliche Liebe mit seiner Großmutter, und am Ende ihres Lebens eilte er an das Bett seiner »geliebten Großmama« und war bei ihrem Tode zugegen.

Nach der Geburt von zwei weiteren Kindern Vickys brachte auch die Prinzessin von Wales kurz nacheinander zwei Söhne zur Welt: Albert Victor, in der Familie als Eddy bekannt und 1864 geboren, und 1865 George, den späteren George V. Von Anfang an nahm die Königin größtes Interesse an den Jungen des Prinzen von Wales. Sie pflegte sie bei sich zu halten, und später, als sie als Seekadetten auf der *Britannia* zur See gingen, zeigte sie sich um ihr Wohlergehen ängstlich besorgt. Sie gaben ihr ihre Liebe zurück. Zwar konnte sich die Königin im Alter, wie Sir Frederick Ponsonbys *Memoiren* offenbaren, zu ih-

Folgende Seiten:
Die Königin kommt am 22. Juni 1897 in einer offenen Kutsche vor der St.-Pauls-Kathedrale an, um einem Dankgottesdienst anläßlich ihres diamantenen Thronjubiläums beizuwohnen. Gemälde von Andrew Gow.

Vier Generationen britischer Monarchie: Königin Victoria mit ihrem ältesten Sohn Edward, Prinz von Wales (später Edward VII.), ihrem Enkel George (später George V.) und dessen ältestem Sohn, Prinz Edward von York (später Edward VIII.)

rem Hofstaat wie ein Drache verhalten, im Familienkreis in Osborne war sie aber eine oft fröhliche alte Dame. Sehr glücklich erschien sie, als sie im Jahre 1890 bei einem Tanz in Balmoral mit Eddy eine Quadrille tanzte.

Sobald ihre Enkel ins heiratsfähige Alter kamen, nahm die Königin erneut lebhaftes Interesse an der Auswahl passender Partner für sie, und die Verzweigungen ihrer Familie breiteten sich schnell noch weiter über ganz Europa aus, als ihre Enkel sie mit Urenkeln beschenkten. Eine von ihnen, Alice, Tochter von Viktoria von Hessen, die Ludwig von Battenberg geheiratet hatte, ehelichte ihrerseits Andreas von Griechenland, dessen Sohn Prinz Philip seinerseits wiederum eine andere Ururgroßenkelin von Königin Victoria zur Frau nahm, die heutige Königin Elisabeth II. von England.

Andere Kinder, die aus der Ehe der Viktoria von Hessen stammten, waren Luise, die den König von Schweden heiratete, und Louis, der spätere Earl Mountbatten von Burma. Viktorias jüngere Schwester

Alix heiratete den vom Schicksal verfolgten Zaren Nikolaus II. von Rußland und fand mit ihm im Jahre 1918 während der russischen Revolution den Tod.
Die Ehe, die die Königin Victoria am meisten interessierte, war die ihres Enkels Eddy, der seinem Vater eines Tages als König von England folgen sollte. Sie freute sich, als ihr Eddy im Jahre 1891 eröffnete, daß er May, die junge Nichte von Victorias Neffen George, Herzog von Cambridge, zu heiraten gedenke. May Teck – ihre Mutter Mary hatte Franz von Teck aus Württemberg geheiratet – »paßte so gut zu ihm«. Victorias Urteil war nicht falsch: Als Königin Mary spielte die junge May ihre königliche Rolle auf höchst bewundernswerte Weise, wenn auch nicht als Frau von Eddy, der kurz vor dem Hochzeitstag an Lungenentzündung gestorben war, wohl aber als Gemahlin seines Bruders, des späteren George V.
Eddys Tod war nicht der erste, der den Familienkreis erschüttern und der Königin Kummer bereiten sollte. Alice war bereits verstorben, und ihr folgte im Jahre 1884 Prinz Leopold. In mancher Hinsicht hatte ihn seine schwache Gesundheit zu den schwierigsten ihrer Kinder gemacht, aber das hatte ihn ihr auch besonders lieb werden lassen. »Ich bin eine arme verlassene alte Frau, und mein Sorgenbecher fließt über«, so schrieb sie voller Trauer in ihr Tagebuch, und sie betete: »Oh Gott in Deiner Gnade, bewahre meine anderen lieben Kinder.«
Der nächste, den das Schicksal hinwegnahm, war der geliebte Schwiegersohn der Königin, Vickys Gemahl Fritz. Er war bereits an Kehlkopfkrebs erkrankt, als er seinem Vater als Kaiser von Deutschland folgte, und lebte nur noch die 99 Tage seiner Regierungszeit. Victoria hatte Fritz um seinetwillen geliebt und empfand nunmehr Kummer für ihre Tochter. Ihrem Enkel, nun Kaiser Wilhelm II., telegrafierte sie, das Herz sei ihr gebrochen.
Im Jahre 1892 traf sie die Nachricht vom Tode eines anderen Schwiegersohnes, Ludwigs von Hessen. Es war das gleiche Jahr, in dem sie das Herzeleid mit dem Ableben Eddys hatte. – Im Jahre 1895 traf sie ein letzter Schlag, als Beatrices Mann, Prinz Heinrich von Battenberg, der sich nach einem aktiveren Leben sehnte, der Königin die Erlaubnis abrang, an einer Militärexpedition gegen die Aschanti teilnehmen zu dürfen, die ständig Sklavenüberfälle auf die Goldküste verübten. Er gelangte jedoch nie an die Front. Er bekam Fieber und starb auf dem Heimweg. Prinzessin Beatrice überlebte ihn bis zum Jahre 1944. Sie war das letzte von Victorias Kindern, das die neue Welt erlebte. Der Königin wurde die Nachricht vom Tode ihrer ältesten Tochter erspart, der kurz nach Victorias eigenem Tode im Jahre 1901 erfolgte, aber sie wußte, daß Vicky tödlich erkrankt war. Sie

muß erkannt haben, daß die Tochter vermutlich nicht mehr gesunden würde. Während der letzten Jahre von Victorias Leben schien der Tod beständig überall zu lauern. Es war die Strafe dafür, daß sie jung geheiratet und ein hohes Lebensalter erreicht hatte.

Obwohl Victoria so bald verwitwet gewesen und obwohl sie als Mutter ihren angemessenen Anteil an mütterlichen Ängsten getragen hatte, hatten die Rollen als Frau und Mutter ihr großes Glück beschert, mehr Glück, als den meisten Frauen vergönnt ist.

Für die Königin endete das Leben mit einer triumphalen Note. Die traurigen Jahre der Zurückgezogenheit, als ihr die *Times* Vernachlässigung ihrer öffentlichen Pflichten entgegengeschleudert hatte und die Republikaner eine ständig wachsende Gefahr zu werden schienen, waren nicht nur vorüber, sie waren auch lange vergessen. Victoria war eine Institution geworden. Von 1880 an trat sie bei zahlreichen Gelegenheiten wieder in der Öffentlichkeit auf, und überall, wohin sie sich bei Staatsangelegenheiten begab, etwa zur Eröffnung des Parlamentes, oder wenn sie bloß vom Bahnhof zum Buckingham-Palast fuhr, wurde sie von freundlich gesonnenen Menschenmengen begrüßt. Die kleine alte Dame war ein verhätscheltes Maskottchen der Londoner Szene geworden.

Auch die Untertanen in den Provinzen hatten gelegentlich das Vergnügen, ihre Königin zu sehen, wie es schon der Fall gewesen war, als Victoria zu ihrer Unterstützung noch ihren Mann bei sich hatte. Im Jahre 1861 hatte sie mit ihm Liverpool besucht, jetzt im Jahre 1886 kehrte sie dorthin zurück, um eine »Internationale Schiffahrts- und Handelsausstellung« zu eröffnen. Diesmal ließ die Sonne sie im Stich, und statt des sprichwörtlichen »Königinwetters« wurde sie von Wind und Regen begrüßt. Unverzagt fuhr die königliche Gesellschaft im offenen Landauer daher, bewaffnet mit Regenmänteln und Regenschirmen. Alle Straßen waren fröhlich geschmückt, und selbst der Regen, der ständig herniederfiel, schien die gewaltige Begeisterung der Menge nicht dämpfen zu können. Diese Ausstellung und die Kolonial- und Indien-Ausstellung stellten jedoch nur die Präludien zur Feier des Goldenen Thronjubiläums dar, das das fünfzigste Jahr ihrer Herrschaft zum bedeutsamen Ereignis machen sollte.

Das Jubiläum wurde mit großer Pracht gefeiert, wie es einem derartigen Ereignis auch zukommt. Am 20. Juni fuhr die Königin in Begleitung von Prinzessin Beatrice und »Liko« durch die heiter geschmückten Straßen vom Schloß zum Bahnhof Windsor, dann im offenen Landauer von Paddington zum Buckingham-Palast, überall bewillkommnet von gewaltigen Massen jubelnder Menschen. Zur Begrüßung wartete in der Bildergalerie eine große Versammlung von Königen und Prinzen, ihre geladenen Gäste. Es folgte ein riesiges Mittagessen und am Abend im Speisesaal eine große Dinnerparty, eine wahrhaft großartige Angelegenheit. Die Gesellschaft saß um einen hufeisenförmigen Tisch, die Männer in glänzender Uniform, die Damen in elegantem Abendkleid, während im Hintergrund das Büfett von goldenen Schalen bedeckt war. Am nächsten Tag folgte die großartige Prozession zum Dankgottesdienst in der Westminster-Abtei. Ein zeitgenössischer Bericht schildert, wie »das Gesicht der Königin vor Rührung zitterte, und doch auch zeigte sich Triumph ebenso wie dankbare Höflichkeit in ihrer Haltung, als sie sich anerkennend zu ihren Untertanen hinunterbeugte«. In ihrem Wagen befanden sich zusammen mit der Königin die Prinzessin von Wales und die deutsche Kronprinzessin. Letztere strahlte »vor Freude und Glück darüber, daß ihre Landsleute sie noch in treuem Gedächtnis hielten«.

Eine der größten Ovationen war Vickys Mann Fritz vorbehalten, der, so geht die Schilderung weiter, »wie ein mittelalterlicher Ritter auf seinem Pferd« saß und dessen »schönes, offenes Gesicht vor Freude strahlte«, als ihn die Menge mit Beifall empfing.

Nach der Feier kehrte die Königin zum Palast zurück inmitten »der leidenschaftlichen Demonstration der Treue«. Ganz London feierte mit Feuerwerk und Illumination mit, während sich die Königin im Palast einem weiteren Festessen und einer Dinnerparty gegenübersah, gefolgt von weiteren Darbietungen im Ballsaal. Kein Wunder, daß sie danach, wie sie gestand, vor Müdigkeit halbtot war. Kein Wunder auch, daß sie in ihr Tagebuch niederschrieb: »Dieser unvergeßliche Tag wird bei mir stets die dankbarsten und zu Herzen gehenden Erinnerungen hinterlassen.« Als sie in der Westminster-Abtei auf dem Thronsessel saß, dachte sie daran, wie stolz Albert gewesen wäre, wenn er hätte neben ihr sitzen dürfen.

»Dieser unvergeßliche Tag wird bei mir stets die angenehmsten und zu Herzen gehenden Erinnerungen hinterlassen.«

Zehn Jahre später, 1897, feierte die Königin ihr diamantenes Thronjubiläum. Jetzt hatten Kummer und Alter ihre Energien geschwächt. Dieses Mal mußte Victoria ihre Gäste im Rollstuhl empfangen, während die Telegramme schneller hereinflogen, als man sie öffnen konnte. Am nächsten Tag fanden wieder Umzüge und ein Dankgottesdienst statt, aber aus Rücksicht vor dem Alter der Königin wurde letzterer auf einen kurzen Gottesdienst außerhalb der St.-Pauls-Kathedrale begrenzt. Wiederum wurde sie von den üblichen jubelnden Mengen begrüßt, als sie sich in ihrem Landauer, der von acht cremefarbenen Pferden gezogen wurde, dorthin begab.

Bei ihrem Jubiläum im Jahre 1887 hatten sich alle gekrönten Häupter Europas, zumeist ihre Verwandten, zusammengefunden, um sie zu begrüßen, und waren in ihrer Prozession mitgeritten. Das diamantene Jubiläum war eine andere Familienzusammenkunft. Es war die Versammlung ihrer größeren Familie, deren Vertreter nicht gekrönte

Das diamantene Thronjubiläum 1897

Bei den Feiern zum Goldenen Thronjubiläum der Königin waren gekrönte Häupter aus ganz Europa nach England gekommen, um ihr die Ehre zu erweisen, nun aber, beim diamantenen Jubiläum, zehn Jahre später, begleiteten sie die Vertreter eines jeden Teils des Imperiums. Truppen aus den Kolonien marschierten bei den Aufmärschen mit und demonstrierten dem englischen Volk ihr Reich, »in dem die Sonne nie untergeht«.

Links: Das Durbar-Zimmer in Osborne, das für Victoria geschaffen wurde, nachdem sie Kaiserin von Indien geworden war. Es enthält heute viele der Jubiläumsgaben, die der Königin von ihren kaiserlichen Gästen überreicht worden waren.

Oben: Die Queensland-Kavalleristen im Jubiläumsdefilee am 22. Juni 1897.

Links: Jubiläums-Erinnerungsteller zur Feier der längsten Regierungszeit, die je bekannt wurde. Dieser Teller ist typisch für die Souvenirs der Zeit.

Links: Die Königin im Alter mit einem ihrer Lieblingshunde. Porträt von William Nicholson.

Rechts: Victoria starb am 22. Januar 1901 im Osborne House. Dieses Foto zeigt den Trauerzug vom Landhaus bis zum Trinity Pier in Cowes, von wo aus der Sarg die Seereise nach London antrat. Der Prinz von Wales geht in der Mitte der zweiten Reihe der Trauergäste, rechts von ihm sein Neffe, Kaiser Wilhelm II.

Häupter waren, sondern Kolonial-Premierminister, die gekommen waren, um sich bei ihrer Kaiserin und Königin zu bedanken. Es war ein Zeichen einer neuen Welt, daß die Königin, bevor sie den Bukkingham-Palast verließ, einen elektrischen Knopf drückte, der eine Botschaft durch das Empire sandte: »Aus ganzem Herzen danke ich meinem geliebten Volk. Möge Gott es segnen.« Auf diese Weise schaffte sie einen Präzedenzfall für die königliche Rundfunkbotschaft zu Weihnachten, die noch immer das Commonwealth verbindet.

Die letzten vier Jahre ihrer Herrschaft lebte sie in wachsendem Schatten. Die meisten ihrer alten Freunde waren bereits gestorben: Lady Augusta, Lady Ely, Lady Churchill, ihr getreuer Sekretär Henry Ponsonby – er starb im Jahre 1895 –, Dean Stanley, alle waren sie dahingegangen, zusammen mit einer großen Schar von anderen bekannten Gesichtern. Selbst ihre Tochter Vicky sah aus, als wolle sie mit ihrer Mutter um die Wette zum Grabe laufen. Victoria war alt und gebrechlich, ihr Augenlicht schwand dahin, Rheumatismus machte ihr zu schaffen. Ruhelos waren ihre Nächte, und ihre Tage wurden mit

Modelle der Marmorbilder von Victoria und Albert, die auf den Sarkophagen in Frogmore liegen.

kompensierendem Schlaf verbraucht. Der Schatten des Krieges hing über der Nation. Wieder einmal kämpften ihre »lieben Soldaten« in Afrika, wo der Zusammenstoß zwischen Buren und »Ausländern« zum Krieg geführt hatte, ein Krieg, der in seinem Anfangsstadium schlecht für Großbritannien stand. Doch auch hier gab es einigen Trost in der Tatsache, daß die Kolonien Expeditionstruppen entsandten, damit sie dem Mutterland halfen. Als die Rückschläge zum schlimmsten kamen, erklärte die Königin stolz: »In diesem Haus herrscht keine Niedergeschlagenheit.« Trotzdem trug sie Kummer wegen der Erschlagenen, der Beraubten, der Verwundeten.
Im Februar 1900 besuchte die Königin das Herbert-Krankenhaus, fuhr mit ihrem Rollstuhl durch die Krankenabteilungen und überreichte den verwundeten Soldaten Blumensträuße. Für Victoria waren sie mit den Worten eines Volksliedes »die Soldaten der Königin«. Gerührt von der Tapferkeit der irischen Regimenter stattete sie noch im April 1900 Irland den längst fälligen Besuch ab. Während all den langen Jahren ihres Witwenstandes war sie niemals in Irland gewesen, obwohl sie viele Ferientage im Ausland verbracht hatte.
Die Königin kämpfte sich unbezähmbar durch bis Ende 1900. Sie weigerte sich, ihre Kontrolle über die öffentlichen Angelegenheiten aufzugeben. Am Neujahrstag jedoch, an dem sie für gewöhnlich Inventur machte, schrieb sie, sie fühle sich so schwach und unwohl, daß sie traurig in das neue Jahr gehe. Ihr Lebenswille war gebrochen, aber am 13. Januar leistete sie noch ein paar Unterschriften.
Dann hörte das Tagebuch auf, das sie seit ihrem dreizehnten Lebensjahr so getreulich geführt hatte. Am 19. Januar teilte ein Bulletin ihren Untertanen mit, daß sich die Königin nicht mehr bei gewohnter Gesundheit befinde.
Am 22. Januar starb Victoria, umgeben von ihren Kindern und Enkeln. Für die Menschen in Großbritannien erschien der Tod Victorias wie das Ende eines Zeitalters, und das war er auch. Zum letzten Mal versammelten sich die Menschenmengen in London, aber diesmal gab es keinen Jubel und keine Dekorationen, sondern nur Schleier der Trauer und des Verlustes, als der Leichenzug London bis zum Bahnhof Paddington durchquerte, der Anfangsstation so vieler ihrer Reisen.
Vor ihrem Tode hatte Victoria genaue Anweisungen für ihr Begräbnis hinterlassen. In Übereinstimmung damit machte ihr Sarg, auf einer Kanonenlafette und mit der königlichen Standarte bedeckt, seine letzte Reise nach Frogmore. Sie begruben sie in dem Mausoleum, wo sie als Witwe mit gebrochenem Herzen so oft Stärke und Trost gesucht hatte. Endlich war sie mit dem Mann vereinigt, den sie stets geliebt und so lange betrauert hatte. Auf dem Sarkophag liegen nunmehr ihre Marmorgestalten Seite an Seite.

VICTORIA (R. 1837-1901) ⚭ Albert von Sachsen – Coburg-Gotha (1819-61)

Victoria, Kronprinzessin (1840-1901) ⚭ Friedrich III., Deutscher Kaiser (1831-88)

EDWARD VII. (R 1901-10) ⚭ Alexandra von Dänemark (1844-1925)

Alice (1843-78) ⚭ Ludwig IV., Großherzog von Hessen-Darmstadt (1837-92)

Albert Victor, Herzog von Clarence (1864-92)

GEORGE V. (R. 1910-36) ⚭ Maria von Teck (1867-1953)

Louise (1867-1931) ⚭ Alexander Duff, Herzog von Fife (1849-1912)

Victoria (1868-1935)

Maud (1869-1938) ⚭ Haakon VII., König von Norwegen (1872-1957)

GROSSBRITANNIEN

NORWEGEN

Victoria (1863-1950) ⚭ Ludwig von Battenberg (1854-1921)

Elisabeth (1864-1918) ⚭ Serge, Großherzog von Rußland (1857-1905)

*Irene (1866-1953) ⚭ Heinrich von Preußen (1862-1929)

Ernst, Großherzog von Hessen (1868-1937) ⚭ Victoria ** Melita von Edinburgh (1876-1936) (gesch. 1901)

Alix (1872-1918) ⚭ Nikolaus II., Zar von Rußland (1868-1918)

Maria Victoria (1874-78)

RUSSLAND

Wilhelm II., Deutscher Kaiser (1859-1941) ⚭ Augusta von Schleswig-Holstein-Augustenburg (1858-1921)

Charlotte (1860-1919) ⚭ Bernhard von Sachsen-Meiningen (1851-1928)

Heinrich (1862-1929) ⚭ *Irene von Hessen (1866-1953)

Victoria (1866-1929) ⚭ Adolphus von Schaumburg-Lippe (1859-1916)

Sophie (1870-1932) ⚭ Constantine, König von Griechenland (1868-1923)

Margarethe (1872-1954) ⚭ Friedrich Karl von Hessen (1868-1940)

Sigismund (1864-66)

Waldemar (1868-79)

DEUTSCHLAND

- Alfred, Herzog von Edinburgh +Sachsen-Coburg-Gotha (1844-1900) ⚭ Marie von Rußland (1853-1920)
  - Alfred (1874-99)
  - Marie (1875-1938) ⚭ Ferdinand, König von Rumänien (1865-1927)
    - RUMÄNIEN
  - Ernst von Hessen ⚭ Victoria ** Melita (1876-1936) (gesch. 1901) ⚭ Cyril von Rußland (1876-1938)
  - Alexandra (1878-1942) ⚭ Ernst von Hohenlohe-Langenburg
  - Beatrice (1884-1966) ⚭ Alfonso von Spanien
- Helena (1846-1923) ⚭ Christian, Prinz von Schleswig-Holstein (1831-1917)
  - Christian Victor (1867-1900)
  - Albert (1869-1931)
  - Helena Victoria (1870-1948)
  - Marie Louise (1872-1957) ⚭ Aribert von Anhalt (1864-1933) (gesch. 1900)
- Louise (1848-1939) ⚭ John Campbell, Herzog von Argyll (1845-1914)
- Arthur, Herzog von Connaught (1850-1942) ⚭ Louise von Preußen (1860-1917)
  - Margaret (1882-1920) ⚭ Gustav von Schweden (geb. 1882)
    - SCHWEDEN
  - Arthur (1883-1938) ⚭ Alexandra, Herzogin von Fife (1891-1956)
  - Victoria Patricia (geb. 1886) ⚭ Alexander Ramsey
- Leopold, Herzog von Albany (1853-84) ⚭ Helene von Waldeck-Pyrmont (1861-1922)
  - Karl Eduard Herzog von Sachsen-Coburg-Gotha (1884-1954) ⚭ Viktoria von Schleswig-Holstein
  - Alice (geb. 1883) ⚭ Alexander von Teck (1874-1957)
- Beatrice (1857-1944) ⚭ Heinrich von Battenberg (1858-96)
  - Alexander, Marquis von Carisbrooke (1886-1960) ⚭ Irene Denison
  - Victoria Eugenie (1887-1969) ⚭ Alfonso XIII., König von Spanien (1886-1941)
    - SPANIEN
  - Leopold (1889-1922)
  - Moritz (1891-1914)

Bibliographie

PRIMÄRQUELLEN

Die Kindheit der Königin Victoria (1912)

Die Briefe der Königin Victoria

1. Reihe 1837–1861 (1907)
2. Reihe 1861/2–1885 (1926–1928)
3. Reihe 1886–1901 (1930–1932)

Liebstes Kind (Dearest Child), Briefe zwischen Königin Victoria und der Kronprinzessin von Preußen, 1858–1861, Herausgegeben von R. Fulford (1964)

Liebste Mama (Dearest Mama), Briefe zwischen Königin Victoria und der Kronprinzessin von Preußen, 1861–1864. Herausgegeben von R. Fulford (1968)

BIOGRAPHIEN

Blake, R., *Disraëli* (1966)

Bolitho, H., *Die Herrschaft der Königin Victoria (The reign of Queen Victoria)* (1949)

– *Der Prinzgemahl (The Prince Consort)* (1964)

Cecil, David, *Lord M.* (1954)

Fulford, R., *Der Prinzgemahl (The Prince Consort)* (1949)

Longford, Elizabeth, *Victoria RI* (Paperbackausgabe) (1966)

Magnus, P., *König Eduard VII.* (1964)

– *Gladstone,* eine Biographie (1954)

Strachey, Lytton, *Königin Victoria (Queen Victoria)* (Neudruck 1961)

ZEITGESCHICHTE

SOZIALGESCHICHTE

Clark, G. Kitson, *Die Schaffung des viktorianischen England (The Making of Victorian England)* (1962)

Laver, J., *Viktorianische Perspektiven (Victorian Vista)* (1954)

Young, G. M. (Herausgeber), *Das frühviktorianische England, 1830–1865 (Early Victorian England, 1830–1865)* (1934, Neuauflage 1963)

POLITISCHE GESCHICHTE

Woodward, E. L. *Das Zeitalter der Reform 1815–1870 (The Age of Reform 1815–1870)* (1938)

Ensor, R. C. K., *England 1870–1914* (1936)

Bildnachweis

Die Fotografien und Abbildungen mit freundlicher Genehmigung der folgenden Stellen: Die Bilder auf Seiten 2, 3, 14, 18/1, 18/2, 21, 25, 28, 37, 38, 45, 47, 50–1, 62–3, 69, 74, 78/2, 81, 82/1, 82/2, 84, 101, 116/1, 116/2, 125, 129, 131, 132, 133/1, 133/2, 146–7, 148, 150–1, 155, 156, 160, 161, 166–7, 186, 202–3, 204 werden mit freundlicher Genehmigung Ihrer Majestät der *Königin* veröffentlicht. *Aerofilms:* 158; *Nicholas Bentley:* 201; *Gordon Barnes:* 198/1; *Britisches Museum:* 10–11, 13, 16/2, 47, 48, 58–9, 69, 88–9, 93, 100, 106, 121, 126, 163, 177, 181, 182, 191; *Britisches Bahnamt:* 136/2; *Transportmuseum Clapham:* 136/1; *John Curtis:* 194; *Umweltbehörde* (Crown Copyright): 212; *John Freeman:* 13, 104; *Sammlung Gernsheim:* 71, 78/1, 188–9, 215; *Guildhall Bibliothek:* 42, 109/2, 113/1, 113/2, 195, 198/2, 200/2, 2/6–7; *Illustrated London News:* 79, 96/1, 96/2, 111/2, 114, 137, 138, 140, 144, 170–1; *A. F. Kersting:* 159; *Theatersammlung Mander und Mitchenson:* 80; *Sammlung Mansell:* 115; *National Monuments Record:* 198/1; *Nationale Gemäldegalerie:* 16/1, 41, 54, 61, 92, 105, 109, 111/1, 178/2, 183/2; *Testamentvollstrecker von William Nicholson:* 214; *Bildbibliothek Radio Times Hulton:* 91, 116, 123, 178/1, 208, 213/1; *Königliches Institut für Britische Architektur:* 142, 143/1, 143/2; *Heilsarmee:* 200/1, 201; *Naturwissenschaftliches Museum:* 22–3, 23/1, 23/2; *Edwin Smith:* 136/1; *Tate-Galerie:* 15; *Bibliothek des Gewerkschaftskongresses:* 97; *Penny Tweedie:* 183/3; *Victoria-und-Albert-Museum:* 34–5, 174, 216–7; *Margaret Willes:* 213/2; *Derek Witty:* 169.

Der Verfasser dankt den folgenden Stellen für Zitate: Roger Fulford, Dearest Child (1964) und Dearest Maria (1966), Evans Bros Ltd.; George Earle Buckle, Letters of Queen Victoria, Reihe 2 und 3, Verlag John Murray Ltd. Bildbeschaffung: Gillian Mounsey.

Register